김뺑과 아멘보살

김뺑과 아멘보살

초판인쇄_2021년 12월 15일
초판발행_2021년 12월 22일

지은이_허진호
펴낸이_유재옥
펴낸곳_(주)소미미디어
출판등록_제2015-000008호
디자인 • 편집_디자인감7
본부장_조병권
디지털_박상섭 이성호 최서윤 김지연
주소_서울시 마포구 토정로 222, 403호(신수동, 한국출판콘텐츠센터)
판매_(주)소미미디어
제작처_코리아피앤피
영업_박종욱
마케팅_한민지 최정연 김보미
물류_허석용 백철기
전화_편집부(070)4164-3960, (070)4253-9250, 기획실(02)567-3388
　　　 판매 및 마케팅(070)4165-6888, Fax(02)322-7665
ISBN_979-11-384-0663-5　03230

김뻥과 아멘보살

허진호 지음

김뻥과 아멘보살

어느 율사의 신앙 간증과
성경 묵상

들어가면서

성삼위 하나님의 은혜로 예수 그리스도를 나의 주님으로 영접한 이래 예수님께서 나에게 밀착하여 계심을 믿고 나도 예수님께 껌 딱지처럼 딱 붙어 있으려고 애쓰며 지내 오는 동안 실제의 생활 가운데에서 특별한 돌보심을 받아 왔다.

때로는 기도 응답으로, 때로는 말씀에 대한 감동으로, 때로는 평안으로, 은혜를 받을 때에 간단한 메모로 남긴 것들 중 일부를 이제 하나로 묶어 책으로 펴낸다. 그러한 연유로 여기의 간증과 묵상은 이 책의 출판을 위하여 새삼스레 기록한 것은 극히 적고 대부분이 오래되고 묵은 글이다.

이전에 출간했던 신약성경 서브노트, 구약성경 서브노트와 마찬가지로 이 책의 내용도 나 혼자만 간직하다가 흐지부지 잊혀지는 것이 아쉬워서 좀 다듬어서 모아 놓는 것이다.

과장하지 않고 외식하지 않고 자랑하지 않으려고 애를 썼다.

제1부에는 간증의 글을 모았고 제2부에는 성경 묵상의 글을 모았지만 여기에 수록된 내용들은 모두 나 개인에게 국한된 신앙경험과 깨달음에 불과한 것이므로 어느 것이든 보편적으로 적용될 수는 없는 내용이다.

당연히 오류도 있을 수 있음을 나 스스로 인정한다. 감동을 주신 하나님께 감사드리며 조언하고 도와준 아내 엄영희 권사에게도 고마움을 표한다.

허진호

목 차

제2부 　성경 묵상

제 1 부

간 증

1
천막교회 선생님

초등학교 5학년 때쯤 내가 살던 천막촌 달동네에 교회가 생겼다. 새로 이사 온 몇 가정이 조그만 천막 속에 모여 예배드리는 그런 수준이었는데 모두 다 서울 말씨를 쓰는 가정들이었다.

새로 사귄 서울내기(→그때는 그렇게 불렀다) 친구의 안내로 그 교회 주일학교에 주일 4번을 다녔으나 다른 친구들로부터, 다가오는 성탄절에 공책 받으려는 꿍심으로 교회 나간다고 놀림을 받고서 자존심이 상하여 발길을 끊었다.

서울내기 친구의 아버지인 주일학교 선생님은 이런 말을 해주었다.

'사람이 태어날 때에는 양심이 하얗고 깨끗하단다. 그러다가 죄를 지으면 죄의 검은 점이 먹물처럼 그 하얀 양심에 남게 되는 거야. 작은 죄를 지으면 작게, 큰 죄를 지으면 크게, 그렇게 검은 점이 하나씩 찍혀져 나가면서 우리의 양심은 자꾸만 더러워져 가게 되는 거야!'

나는 교회에 다니지 않은 이후에도 그 말만은 잊혀지지 않았다.

평소에는 잊어졌다가도 스스로 크게 가책이 되는 행동을 한 후에는 그 말이 수면위로 떠오르는 경우가 많았다.

내 양심에는 또 얼마나 큰 죄의 먹물로 얼룩지게 되었을까 생각해 보게 되었다.

그 교회 선생님의 말씀이 정확한 것인지, 근거가 있는 것인지 아닌지 알아볼 수는 없었지만 내가 장성한 이후까지 이따금 내 양심을 찌르며 불편하게 한 것은 틀림없다.

군법무관으로 재직할 때에 가까이 지낸 천주교 신부님에게 그 선생님 말을 하면서 내 양심은 자꾸만 더러워져가고 있다고 고백했더니 그 신부님은 나더러 종교성이 깊다고 했다.

사실 나는 양심의 눌림에서 벗어 날 수 있는 비법이 있을는지를 넌지시 물어 본 것이었는데 더 이상의 대답은 없었다. 어쩌면 그 신부님은 아직 내가 예수 믿을 때가 이르지 않았다고 보았든지 아니면 도저히 예수 믿을 가망이 없는 인간이라고 보았을 수도 있다.

그러한 연유로 나는 양심이라는 것에 대하여 이론적인 관심이 많았다.

내가 알게 된 바로는 다음과 같다.

조물주가 사람의 마음속에 죄의식, 수치심, 회의, 두려움, 걱정, 절망을 일으킴으로써 죄를 알려 주어 사람을 경고하기 위하여 두신 것이 양심이다. 어떤 행위에 대하여 죄의식이나 수치심, 회의 등이 든다면 그것은 양심이 작동하여 가책(苛責)을 받기 때문이다.

양심은 사람에게 스스로 동기와 행동에 대해 반성하고 무엇이 옳고 그른가에 대한 도덕적 평가를 내리게 하는 경고체계이므로 양심의 경고를 반복적으로 무시하면 양심이 마비되고 또한 마음이 더러우면 양심이 고장 나게 되어 죄악에 대하여 무감각 해진다는 것이다.

그런데 예수님을 믿고 나서 알고 보니 사실 내가 우려한 양심 문제의 해결책과 정답은 성경에 똑부러지게 제시되어 있었다.

'……그리스도의 피가 어찌 너희 양심을 죽은 행실에서 깨끗하게 하고 살아 계신 하나님을 섬기게 하지 못하겠느냐'(히브리서 9:14)

'우리가 마음에 뿌림을 받아 악한 양심으로부터 벗어나고 몸은 맑은 물로 씻음을 받았으니'(히 10:22) '우리에게 선한 양심이 있는 줄을 확신하노니'(히 13:18)

2
정말 살고 싶은 집

내가 다닌 국민학교(→ 요즘의 초등학교)는 6.25 동란으로 인하여 부산 보수동 뒷산, 지금의 보수동 산복도로 쯤에 임시의 판자교실을 지어 있었다.

그때가 3, 4학년쯤이었으리라. 아직 산등성의 기운이 그리 따사롭지는 않았지만 그래도 봄이라고 하여 어느 날 미술 수업시간에 선생님은 우리들을 교실 밖으로 내보내면서 각자 가장 마음에 드는 곳의 풍경을 그려오도록 했다.

나는 좀 떨어진 곳의 잔챙이 소나무 틈에 자리 잡고 앉았다.
적당한 대상을 고를 량으로 저 멀리 부산 송도 바다로부터 맞은편 산과 저 아래 도심 속의 개울(→ 후에 알고 보니 보수천 이었다)과 거리와 나지막한 집들을 찬찬히 살펴 나갔다.

그러다가 내 눈에 기막히게 아름다운 풍경이 들어왔다.
유난스레 웅장하고 깨끗한 기와집과 그 곁의 빨간 벽돌건물, 그 건물을 감싸 안고 있는 듯한 녹색의 정원수, 운동장에서 줄을 지어 열병훈련을 하는 제복의 무리 등이 어우러져 주변 환경과는 판연히 구별되는 출중한 장면이 보였던 것이다.

무엇하는 곳인지 알 수는 없으나 예사롭지 않은 곳만은 틀림없었다.

나는 그 기와집과 정원수의 풍경을 그려 보려고 정성을 들여 애써 보았지만 어림도 없었다.

그 시절 형편없는 품질의 도화지와 크레용 탓도 있지만 무엇보다도 대상이 워낙 아름다워서 나의 솜씨 따위로는 더 이상 엄두를 내지 못하고 포기하고 말았다.

그러면서 저 집에는 누가 살까, 나도 저 집에 한번 살아봤으면, 생각하며 한참이나 그 집으로부터 눈을 떼지 못했다.

그 집은 왜정시대에 경상남도 도청사로 지어져 사용되었으며 6.25 사변 때에는 부산으로 피난 온 임시수도 정부청사이었다가 서울 수복 이후에 다시 경남 도청과 경찰국으로 쓰이고 있는 중이라는 역사를 알게 된 것은 내가 웬만큼 자란 이후의 일이지만 나는 어릴 때 본 그 집의 모습을 잊지 못했다.

세월이 지난 후 그 경남 도청이 창원시로 옮겨지면서 1984년 경 그곳을 부산지방법원이 인수하여 그 기와집은 법정동(法庭棟)으로 사용되고 운동장은 주차장으로 변했다.

덕분에 변호사인 나는 재판업무로 하루에도 몇 번씩 그 기와집 법정으로 들락거리며 그곳에서 반쯤은 살다시피 하게 되었다.

때때로 나는 그 기와집 앞에 서서 예전과는 정반대방향으로 보수동 뒷산을 올려다보며, 동경어린 눈으로 이곳을 응시하고 있는 어린 시절의 나를 찾아보곤 하였다. [1]

* * * * * *

대구에서 육군 법무관으로 복무하던 어느 해 현충일에, 가깝게 지내던 상급 장교의 제의로 대구 대명동의 '앞산공원'으로 바람 쏘이러 가게 되었다.

그 공원 아래의 안지랭이라는 동네는 새로운 주거지로 개발되면서 예쁜 새집들이 많이 들어서고 있었으나 그 중에 저만큼 아래에 특이하게 눈을 끄는 한 집이 보였다. 불란서 여배우처럼 말쑥하며 초여름 햇살에 전혀 노곤해 보이지 않는, 삼각 지붕의 멋진 양옥이었다.

나는 혼자서 감탄하기 아까워 그 상급 장교에게도 손가락질로 가리켜 보이며 집 안은 어떻게 생겼을까, 어떤 사람들이 살까, 궁금해 하였다.

그러자 그는 뜻밖에도 마침 자기가 아는 집이니 양해를 구하고 한번 들어가 보겠느냐고 제안하여 체면불구 그렇게 했다.

우연인지 인연인지 섭리인지 희한하게도 후에 나는 그 집의 하나 뿐인 딸과 중매결혼하게 되었고 결혼 후 서울로 전근 갈 때까지 1년 이상이나 그 집에서 함께 살았다.

* * * * * *

지금까지 살아오는 동안 꼭 들어가 살아보고 싶었던 집이 두 곳이었으나 위에서 적은 것처럼 공교롭게도 그 소원이 다 이루어졌다.

---

1 2001. 9. 20. 부산법원은 그곳으로부터 현재의 연제구 거제동 청사로 이전하였다. (2005. 1. 추가기록)

그러나 이제 나는 마지막 또 한군데 살고 싶은 집이 있다.

다름 아닌 천국의 집, 예수님이 나를 위하여 예비해 놓으신 처소이다.

그곳에는 어떤 사람들이 사는지 익히 알고, 또 어떻게 생겼는지 짐작은 가지만 정말 가슴 뿌듯하게 기대되는 집이다. (1997. 6. 27.)

3
그 아내의 행실로 말미암아

　옛날에 신혼여행에서 돌아오며 대구 공항에 내렸을 때 아내가 어떤 일로 기분이 상하자 그는 불같이 화를 내며 하이힐 구두 발로 여행 가방을 축구 공처럼 뻥뻥 차댔다. 나는 나뒹구는 가방을 챙기며 내가 과연 이 새색시와 한 평생 살 수 있을까 난감해 했다.

　그러한 성격의 아내도 친정아버지에게 만은 꼼짝을 못했다. 아버지가 우상이었다.

　뱃심 좋고 사업 잘 하고 남에게 통 크게 잘 베푸는 멋진 사나이, 이 세상 누구보다 무엇보다 의지할만한 보호자, 그렇게 새기어져 있었다.

　친정아버지가 환갑도 되기 전에 이 세상을 떠나자 아내는 상실감이 이만 저만 아니었다. 삶의 의미를 잃은, 속은 텅 비고 표정도 없는 마네킹처럼 되어 버렸다.

　허탈 정도가 아니라 거의 실성하다시피 하였다.

　그러던 어느 날 아내는 매우 조심스럽게 더듬거리며 말을 꺼냈다.

　이웃의 전도(傳道)에 의하여 2~3주전부터 나 몰래 교회에 나가게 되었으니 허락해 달라는 것이었다.

나는 교회에 나가는 것이 아내의 공허한 마음에 다소간 도움을 줄 수 있겠다는 생각으로, 동의하면서 2가지 요구를 내세웠다.

교회에 다님을 핑계하여 가정살림을 소홀히 하거나 불편을 주면 안 된다는 것, 그리고 나에게까지 함께 교회 가자는 말을 절대로 끄집어내지 말 것 이었다.

그 후부터 아내는 열심히 교회를 다녔지만 나와의 약속을 잘 지켰다. 이따금 내가 묻기라도 하면 교회에서 경험한 일을 간단하게 말하기는 하였지만 내가 묻기 전에 먼저 끄집어 내어놓지는 않았다.

그러면서 시일이 지날수록 아내는 놀랍도록 급속도로 변화되어 가고 있음이 느껴졌다.

그동안 나에게 너무 잘못 대하여 미안하다든지 나를 사랑한다든지 가족들을 위해 수고해 주어서 고맙다든지, 그런 쑥스런(?) 말을 아무렇지도 않게 하기도 했다.

밤늦게 귀가 하더라도 이전과 같은 바가지는커녕 얼마나 고생했느냐고 하며 웃음으로 맞이하며 뒷바라지를 했다.

그러한 일들은 이전에는 전혀 없던 일인지라 연극의 연기를 하는 듯 너무 어색하게 느껴지기도 하였지만 시일을 두고 자세히 살펴보아도 말로만 하는 가식이 아니라 진심임을 알 수 있었다.

더구나 그 때까지의 우울 증세에서 완전히 벗어날 뿐 아니라 원래의 좀 예민하고 날카로운 성격까지도 매우 명랑하고 태평스런 성품으로 변하면서 살도 부쩍부쩍 쩌갔다.

6개월이 지나도록 아내는 약속대로 나에게 예수 믿으라는 말은 입 밖에 내지 않았다.

오히려 내가, 도대체 교회에서 무엇을 어떻게 가르치기에 사람을 이렇게 변화시켜 놓는지 궁금해졌고, 교회 가서 탐색해보려는 생각이 들기 시작하였다.

그래서 염탐 삼아 아내를 따라 수영로교회로 나가 보았다가 그 길로 예수를 믿게 되어 1981. 11. 새신자로 등록하고 학습, 세례를 거쳐 1988. 10. 29. 장로로 임직 받았다.

신앙의 년 수가 더 해 가면서 아내의 태도에는 옛날 초기에 비하여 굴곡이 영 없지는 않았지만 늘 교회의 구심력을 벗어나지는 않았다.

남들은 웃을지 모르지만, 나는 그에게 별명을 지어 주고 지금껏 그 별명으로 곧잘 불러오며 이제는 본인도 전혀 어색해 하지 않는다.

아로마(aroma)이다. 그리스도의 향기를 뜻한다.

후에 성경을 보니 '아내들아 이와 같이 자기 남편에게 순종하라 이는 혹 말씀을 순종하지 않는 자라도 말로 말미암지 않고 그 아내의 행실로 말미암아 구원을 받게 하려 함'(베드로전서 3:1) 이라고 되어있음을 알게 되었다.

물론 아내가 초신 자일 당시에 그 말씀을 알 턱이 없었겠지만 결과적으로는 그 말씀 그대로 행한 셈이다.

만약 아내가 나에게 애초에 '내가 교회 나가보니 예수 안 믿는 사람들은 마귀의 자식이라 카더라, 지옥 간다 카더라. 당신도 예수 안 믿으면 똑 같다'는 식으로 윽박질렀더라면, 모르긴 몰라도 예수 믿는 데에 좀 더 시일이 걸렸을 것이다.

4
만일 하나님이 우리를 위하시면 [2]

    나는 서울대학교 법과대학 4학년 재학 중에 제1회 군법무관시험에 합격하고 육군 군사법원 군판사, 검찰관으로 복무를 한 후 부산에서 변호사 개업을 하였는데 몇 년 동안 부산에서는 가장 젊은 변호사였다.

    이처럼 나는 변호사 개업 당시 나이도 어리고 군사법원 근무 외에 별다른 사회경험이 없는데다가 일반 법원 검찰에서의 재직경력도 없던 터이라 자칫 소송사건 수임관계로 실수를 하거나 본의 아니게 손가락질 받는 일이 생기지나 않을까 매우 조심하고 또 무리한 사건은 맡지 않으려 하였으며 당사자가 원하는 결과를 이루어 낼 자신이 없는 사건은 상담과정에서 솔직하게 말해주고 수임을 사양하였다.

    그러다보니 가끔은 나의 사무실 사무장이 사건 당사자를 잘 설득하여 거의 수임하기에 이르렀던 사건까지도 수임 직전에 내가 직접 면담을 함으로

---

2 이 글은 기독 법조인 모임인 애증회에 2010. 8. 9. 기고한 글이다.

써 오히려 판이 깨어지고 수임이 무산되는 일도 있었다.

　재판결과가 잘 되겠느냐는 고객의 질문에 판사도 아닌 내가 재판결과를 어떻게 장담하겠느냐 그저 우리는 최선을 다하는 것이다라는 식으로 애매한 소리를 하기 때문이다.

　변호사 개업 3~4년 후에 처음으로 예수를 믿게 되었는데 나의 분위기가 매우 밝고 즐거워하는 모습으로 변했다고 주위 사람들이 신기해하였고 어쩌다가 그 까닭을 물어 오기라도 하면 나는 예수를 믿게 되었기 때문이라고 서슴없이 간증하곤 하였다.

　그리고 그것은 과장되지 않은 사실 그대로였다.
　만나는 사람마다 반가웠고 고객들에 대하여도 찾아와 준 사실만으로 고마운 생각이 들었다. 몇 번이고 몇 시간이고 물어보고서는 무료로 가 버리는 상담고객까지도 야속하다는 생각보다는 조금이라도 도움을 준 듯하여 다행이라 여겨졌다.

　그러나 언제쯤부터인가 간혹이기는 하지만 나의 그러한 간증을 무색하게 하는 일들을 경험하게 되었다.
　나의 대인관계가 이전보다 한결 부드러워지고 사람들과 부딪히지 않으려고 애쓰는 것이 느껴졌기 때문인지는 모르겠으나 어쩐지 무리한 요구를 하며 억지를 부리는 사건의뢰인들이 더러 생기면서 나를 우울하게 만드는 일들이 일어나는 것이었다.

　예를 들면 패색(敗色)이 짙은 손해배상 피고사건이어서 배상액수라도 최소액으로 감해지도록 노력해 달라는 요청과 함께 위임했다가 나중에는 꼭 원고 청구기각의 전부승소(全部勝訴) 판결을 받아주지 않으면 안 된다고 우긴다든지, 집행유예 결격자(缺格者)인 형사 피고사건에 대하여 실형 형량(刑量)이나 감해지도록 해 달라고 하며 맡긴 후 소송 막바지에 이르러서는 벌금형의 선고를 요구하는 따위였다.

나와 직원들이 애초의 약속이 그렇지 않았다고 상기(想起)시키고 또 그렇게 될 수도 없는 사건이라고 되풀이 설명하면 사건 위임 당시에 자기들의 내심으로는, 비록 변호사가 말은 그렇게 하더라도 승소나 벌금형 선고의 확실한 자신이 있기 때문에 사건을 수임하지 않겠느냐고 짐작했었다는 것이다.

때로는 확답을 하라고 큰소리를 치며 사무실의 분위기를 침울하게 만들어 놓기도 하고 크게 망신을 줄 것처럼 노골적으로 위협하기도 하였다.
더욱 나를 난감하게 하는 경우는, 내가 예수 믿는 걸 은근히 빗대어 표현하는 자들 이었다.

그렇다고 하여 명색이 예수 믿는다는 터에 옛날 버릇대로 그들과 맞서서 고함치며 싸울 수도 없는 노릇이어서 좋게 대하려고 하다 보니 속골병만 들어갔다.

이러한 일을 몇 차례 경험하는 중에 나는 사건의뢰인들이 싫어지기 시작했다. 돈을 싸들고 와서 사건을 맡기겠다는 사람도 별로 반갑지 않았다.
의뢰인 만나기를 가급적 피하고 만나더라도 책잡히지 않으려고 말을 매우 조심하고 듣기만 할 뿐 거의 말을 하지 않게 되었다.
대인기피증과 같은 증상이라고 할까.

더 나아가 내가 고문변호사로 있던 단골의 기관들이나 기업체가 아닌 일반 개인의 사건은 아예 수임 자체를 하지 않으려 하였다.

그러던 어느 날 밤 교회의 철야예배에 참석하였다가 우연히 로마서 8:31을 대하게 되었다.

그 날의 설교 주제는 그 구절이 아니고 그 부근의 다른 무슨 말씀이었는데 성경 그 페이지를 펼쳐 놓은 채 잡생각을 하고 있던 중 그 구절이 눈에 들어왔다.

그러므로 그것은 우연이라고 할 수밖에 없었다.

그런데 희한하게도 그 구절을 보는 순간 정신이 번쩍 들었다.

'만일 하나님이 우리를 위하시면 누가 우리를 대적하리요'[3] 그렇게 적혀 있었다.

그때는 지금보다 더욱 성경에 대하여 아무 것도 모르는 초신자이었고 더구나 그 말씀의 자세한 뜻이나 전후 문맥의 연결은 전혀 모른 채 그저 딱 그 문장 하나만 눈에 들어왔을 뿐인데 맞다! 맞다! 라는 생각이 자꾸 들었다.

그리고 하나님이 나의 아버지이신데……라는 생각으로 온통 가득 찼고 갑자기 뿌듯한 자신감이 생기는 것 같으면서 기분이 매우 좋아지고 마음이 홀가분해졌다.

---

[3] 본문의 '만일'이라는 표현 때문에 마치 가정법으로 보일 수도 있으나 맥아더 성경 주석 1265쪽에는, 헬라어 구문에 따르면 '하나님이 우리를 위하시므로'가 더 나은 번역이다 라고 한다.

나는 그 순간 그 말씀으로 치유를 받은 것이었다.

그 후부터 나의 대인관계 태도는 옛날대로 돌아갔다.

혹시 껄끄러운 사람과 마주 앉아서도 그 성경말씀을 묵상하면서 나의 아버지 하나님이 나를 위하시는데 당신 따위가 어떻게 나를 해코지 하겠어! 이런 생각을 하였다.

자연이 어느 누구에게나 여유 있게 대하게 되었으며 그러자 상대방의 태도도 바뀌었다.

엉뚱한 트집으로 괴롭히는 사람도 없어졌다.

그 말씀은 나로 하여금 어느 누구 앞에서도 자신 있고 당당하도록 치유하셨고 지금까지, 아니 한 평생 나를 지켜주시는 참으로 소중한 말씀이다.

(2010. 8. 9. 애증회 기고문)

5
가훈(家訓)

　나의 아버지는 학력이 높지는 않으셨는데 청소년 시절을 일본에서 보내신 관계로 일본어 회화는 원어민 급이셨고 한글 맞춤법은 엉망이신 반면에 실용 한자는 불편 없이 쓰셨다.

　그리고 어떤 계기로 착안하신 것인지는 모르나 가훈(家訓)이라는 것을 정하여 우리 형제들에게 어릴 적부터 주입시키셨다.

　그 가훈은 '성실과 정직'이었다.

　그냥 구호로만 정하신 것이 아니고 틈나는 대로 강조하시고 성실과 정직의 잣대로 자식들을 평가하셨으며 우리더러 장차 사회생활을 할 때에도 성실·정직하지 않은 사람은 조심하라고 일러 주셨다.

　조무래기 아이들이 무엇을 실감했을까 마는 귀에 못이 박히도록 들어온 우리 형제들이 이제껏 그것을 까먹은 사람은 없다.

　지금 생각해보면, 나라를 다스리는 고관대작(高官大爵)이나 득도(得道)한 종교인의 집안에서나 어울릴 듯한 단어를, 달동네에서 올망졸망 7남매를 키우기도 쩔쩔매는 가난한 집안의 가훈으로 삼아 아이들에게 주입시킬 작정을 하셨는지 오히려 신기하다.

말씀만 그렇게 하신 것이 아니라 본인께서도 매사에 열심을 다하시고 작은 일에도 정말 정직하셨다. 그렇게 되려고 노력하시는 것이 아니라 아예 체화(體化)되어 있음을 온 식구들이 알았다.

필자와 동생

내가 서울대 법대로 진학한 후 아버지께서는 '인재 양성'을 제2의 가훈으로 추가하셨다.

그 무렵 가난한 집안에서는 장남하나 잘 키워 놓으면 그가 동생들과 온 집안을 경제적으로 책임지리라고 기대하던 시절인지라 장남인 나를 인재로 양성 시키고자 하시는 바램을 포함하여 줄줄이 뒤따라 자라는 동생들까지 모두 당대의 인재로 키우고 싶어 셨던 것 같다.

가훈의 영향 때문일까, 나의 형제들은 학창시절에는 다 공부도 제대로 하면서 부모 속 썩히지 않았고 사회로 진출하여서도 시인, 금융인, 대학교수, 공학박사 등으로 제 몫을 잘 하고 있다.

후에 되돌아보시고, 한평생 자신을 누르던 가난의 무게가 후손들에게는 전해지지 않기를 염원하셨든지 자식들이 다 자란 후 언제인가 아버지께서는 제3의 가훈을 추가하셨다.

'빈곤타파'이다.

그러시면서 그것은 자식들 세대에서는 이루어지기 어려울 것 같고 손자들 세대쯤에 가서야 이루어 질 것으로 보셨다.

국민소득이 지금처럼 급성장할 줄은 미처 가늠하지 못하신 거다.

아마 나더러 정하라고 하셨더라면 순서를 거꾸로 돌려 빈곤타파, 인재양성이 제1, 2순위이고 성실 정직은 맨 끄트머리쯤이라도 될까 말까 하였을 것 같은데 정작 예수를 모르고 교회를 싫어하신 아버지께

필자의 어머니

서는 수십 년 전 어떻게 하여 결과적으로 성경 말씀과 정확하게 맞아 떨어지는 성실·정직이라는 단어를 제1순위 가훈으로 삼으셨는지 참 불가사의한 일이다.

'내가 주를 바라오니 성실과 정직으로 나를 보호하소서'(시편 25:21).

6
장로는 교회의 봉?

우리 집안은 원래부터 교회를 몰랐다.

오히려 어머니가 절에 열심이어서 사월 초파일에는 내 이름으로 절에 시주하여 큼지막한 등(燈)도 붙이고 대구 팔공산 갓바위 부처 상 앞에서는 나를 멀찍이 보초로 세워 두신 채 밤새워 천배(千拜)를 하기도 하셨으며, 어느 절에서 새로 종(鐘)을 만든다며 적잖게 시주하여 종 어딘가에 내 이름이 새기어 지게도 하시었다.

아버지께서는 불교에 관심도 없으시면서 유난히 기독교에 대하여는 부정적이셨다.

직장 동료 중에 기독교인이 있었다는데 그로부터 나쁜 이미지를 많이 받은 듯하여 때때로 가족들 앞에서도 내 직장 아무개가 말이야 라고 그 기독교인의 언행을 비판하셨다.

아버지께서는 장차 우리 형제가 커서 결혼 때가 되더라도 절대로 배우자로 삼아서는 안 되는 두 가지 경우를 말씀하셨다.

그 중 하나는 경찰관에게 시집가면 안 된다는 것이고 또 하나는 기독교인의 집과 혼사를 맺으면 안 된다는 것이었다.

우리 형제들에게는 먼 훗날의 이야기이어서 건성으로 대답하고 말았지만 아버지께서는 번번이 나름대로의 이유까지 비교적 자세하게 덧붙여 설명하시곤 하였다.

세월이 지나 누나가 결혼을 하였다.

상대는 경찰관이 아닌, 다른 직을 가진 총각이었음은 말할 필요가 없다. 그러나 법과 대학을 나온 그는 경찰관이 적성에 더 맞을 것이라고 생각했는지 결혼 후에 시험을 보아 경찰관이 되고 말았다.

아버지께서는 대놓고 코멘트는 하지 않으셨지만 속으로는 실망이 컸을 것이다.

그 다음 결혼 차례인 나는 조심할 것이라곤 종교문제 뿐인데 내 자신이 교회에 다니지 않았으니까 별로 염려하지 않으셨다.

다만 이따금씩 기독교인의 경우에는 가풍이 너무 다르다느니, 사고방식이 다르다느니 하시며 은근히 상기시키곤 하셨다. 굳이 내가 종손이기 때문은 아니며 또 그 많은 조상 제사 때문에 그러시는 것도 아니라는 말씀도 하셨다.

그러나 혼담이 오고 갈 때에나 결혼 후에도 아내 역시 아무 종교가 없었으므로 그런 문제는 집안에서 더 이상 이야기 거리가 되지 않았다.

그러다가 결혼하여 10여년이 지난 후 아내가 뜻밖에 먼저 예수를 믿게 되고 뒤이어 큰 아들인 나도 같이 가며, 아직 꼬맹이인 두 손자까지 함께 교회에 나간다는 사실을 말씀드리자 부모님의 충격은 이만 저만이 아니었다.

그 이후 집안의 분위기는 확연히 달라졌다.

부모님은 자라면서 한 번도 속을 썩힌 적이 없는 모범생 맏아들이 집안의 금기(禁忌)를 깨고 예수 믿게 된 것은 오직 며느리 탓이라고 원망하시는 것이다.

당시는 부모님과 우리는 따로 살 때인데 아내가 시집에 다녀 온 분위기를 전해 듣노라면 전례 없는 냉랭함에 나도 속이 불편하였다.

　더 이상 그대로 지낼 수가 없어서 결국 부모님 앞에서 내가 설득을 벌였고 결국 서로 간에 신앙이나 제사의 문제를 반대하거나 불편해 하지 않기로 약속하여 봉합되었다.

　들리는 말로는 어머니께서는 그 후에도 '큰 며느리가 예수 믿는 거 아니면 흠잡을 게 없는데……'라며 여전히 아쉬워하신다는 말이 들렸다.

　몇 년 후에 내가 장로로 임직을 받게 되었다.

　그 때까지는 약속된 대로 교회 이야기를 서로 하지 않다가 그래도 일생일대의 일인 장로 임직식 만은 부모님께 말씀을 드리는 게 예의라고 여겨져 조심스럽게 말씀드렸다.

　그랬더니 아버지께서는 생각도 못한 의외의 말씀을 하셨다.

　'장로? 그거 교회의 봉 아니냐?'

　봉황새(鳳)라는 좋은 의미로 말씀하시는 것이 아니라 어수룩하여 쉽게 이용당하는 사람, 물질의 부담을 잘 뒤집어쓰는 사람으로 표현하신다는 것을 나도 단박에 알아 차렸다.

　장로가 되어서 앞으로 교회에서 봉 잡힐 것 아니냐고 은근히 우려하시는 투다.

　어디서 무슨 말을 듣고 하시는 말씀인지 모르지만 나는 말문이 막혀 버렸다.

　내가 장로로 택함을 받았을 때에, 나더러 신앙의 연조가 얼마 되지 않는다고 하여 스스로 사퇴하라고 권하는 교인이 있었으나 나는 그 이전에 교회의 집사, 장로 직분은 하나님께서 주신 것이므로 개인이 자기 취향대로 결정해서는 안 된다는 호된 책망을 하나님으로부터 받은 적이 있어서 장로 임직은 군소리 없이 그대로 받았다.

그러나 순전히 내 개인의 신앙 성장의 면(面)만을 생각한다면 차라리 장로가 되지 않는 것이 더 나았겠다는 생각이 한 참 이후에 들었다.

장로가 되어 교회안의 전반적인 사정을 속속들이 알다보니 때로는 나의 일천(日淺)한 믿음 정도로써는 이해나 감당이 안 되는 일도 있어서 혼자 속을 끓기도 했다.

더 큰 문제는 나 자신의 교만과 외식(外飾)이었다. 장로의 연수가 더 해 갈수록 교회 일에 대한 주장이 강해지려 하고, 교회 내에서 대접받는 것, 앞좌석에 앉는 것을 당연시하기도 했다.

교인들에게 본이 되어야 한다는 부담감 때문에 기도나 봉사를 열심히 하는 척, 신앙이 좋은 척, 사랑이 많은 척 하기도 한다.

때로는 하나님 보다 교회 내의 평판을 염두에 둔 적도 있을 것이다.

나에게 있어서 장로의 문제는 아버지가 우려하신 봉의 문제라기보다 오히려 나 자신의 문제, 특히 신앙의 순수성 문제였다.

그 이후 부모님은, 우리 교회에서 행한 대규모 야외 전도 집회 때에 초청을 드렸더니, 그래도 장로인 자식의 체면이라도 세워주어야 한다고 생각하셨든지 한 번 오셨다가 나도 모르는 사이에 슬그머니 빠져 나가셨다.

어느 날 내외분 함께 계신 자리에서, '이 말씀 드리지 않으면 내가 하나님으로부터 혼난다'고 하면서 오랜 시간 동안 조곤조곤 전도의 말을 했더니, 아무 말씀 없이 참을성 있게 들어 주셨다.

7
산상기도

교회에 다니게 되면서 교회나 교우들이 권유하는 대로 따라 하다 보니 한 주간의 삶이 무척 바빠졌었다.

그 중 대표적인 것이 경찰서 유치장 전도와 산상(山上)기도 이었다.

유치장 전도는 매주 토요일 오후에 경찰서 유치장 안으로 들어가 유치인들과 함께, 일반에게 잘 알려진 쉬운 찬송가 예를 들면 '천부여 의지 없어서'와 같은 찬송가를 부르고 또 간단하게 예수님을 소개하는 식이었다.

하긴 나도 생짜배기 초신 자인 터였지만, 변호사라고 하면 유치인들이 막연하게 자기편으로 생각하여 마음을 여는데 다소 도움이 되지 않겠느냐는 전도 팀의 제의에 따라 동참하게 되었다.

매주 월요일 밤에는 대략 10여명 내외의 내 또래 남자 성도들을 따라 경남 양산시에 있는 감림산 기도원 뒤 야산으로 기도하러 갔다.

한 밤에 기도원 뒷산에서 뿔뿔이 흩어져 각자 개인 기도한 후 다시 모여 산을 내려오는 식이었는데 서로 보이지 않을 만큼 멀찍이 떨어져 숲 속 바위 위에 앉아 밤하늘을 향해 목청 높여 찬송도 하며 기도도 할 수 있는 시간이었다.

깜깜한 산 속이 주는 묘한 적막감 속에서 고래고래 악을 쓰며 실컷 부르짖고 나면 하나님 앞에서 나의 사정과 소원을 다 토해낸 것 같아 속도 후련하고 하나님과 더욱 가까워진 듯한 자기 만족감 같은 것이 느껴졌다.

때로는 한 시간 이상 끙끙 앓으며 한 숨만 쉬다가 내려오는 경우도 있었다.

더러 아내가 함께 갈 때도 있었지만 아내는 무섭다고 하며 내 옆에 꼭 붙어 앉아 기도하려 드는 바람에 오히려 방해가 되기도 했다.

그래서 억지로 얼마간 거리로 떼어 놓으면 자주 자주 '여보'라고 불러 내가 근방에 여전히 있는지를 확인하곤 했다.

어느 추운 겨울 우리 기도 팀이 한 번은 장소를 옮겨 부산 영도 청학동에 있는 다른 기도원의 산으로 야간 기도를 하러 갔다.

익숙하지 않은 주위 환경이었다.

역시 기도 자리를 찾아 각자 흩어졌는데 나는 마침 평평하게 다듬어진 무덤을 발견하고 거기서 기도했다.

시간이 얼마나 지났을까 갑자기 주위가 너무 적막하다는 느낌이 들어서 다른 사람들을 불러 봤다.

아무 반응이 없으므로 다들 하산(下山) 했구나 여기고 평소처럼 성경과 담요를 주섬주섬 챙기는데 갑자기 두려움이 엄습했다. 얼마나 무서운지 머리가 어지러워지고 덜덜 떨리며 전신에 소름이 끼쳤다.

앞 뒤 생각할 겨를 없이, 경사가 심한 비탈길을 달려 내려왔는데 내 발이 땅에 닿았는지 아닌지 분간이 안 갔다.

나는 순간적으로 아 마귀가 공격하는구나하고 알아 차렸지만 성경에서 배운 대로 그 자리에서 대적하기는커녕 도망치기에 바빴다.

일행을 만나 정신을 차리고 나서야, 소년 다윗이 골리앗을 꾸짖은 것처럼 당당하고 폼 나게 처신했더라면 하고 아쉽고 부끄러웠다.

그래도 한 가지는 분명하게 체험했다고 스스로 위로했다.

내 기도는 마귀도 긴장시킨다.

그래서 마귀가 내 기도를 막거나 방해하려 한다!

그러한 산상(山上)기도는 꼬박 5년 간 계속하였으며 그 5년 동안 1~2
번을 제외하고는 비가 오나 눈이 오나 거르지 않고 계속하다 보니 기도의
습관을 키우는 데에 많은 유익이 있었던 것 같다.

무엇보다도 그 기간 동안 나는 도저히 불가능 할 것 같은 기도 제목에 대
하여 기적적인 응답의 은혜도 많이 받았다.

특히 하나님께서 꼭 하려고 하시면, 법을, 제도를, 대법원 판례를, 관련
사람을 바꾸어 가시면서도 응답하신다는 체험도 누렸다.

지금 나더러 다시 옛날의 산상기도 자리에 가서 기도하라고 한다면 당장
엉덩이가 아파서 기도의 바위에 앉지도 못할 것이다.

나이가 든 후에는 허리가 아파 장시간 의자에 앉아 있지 못하여, 서서 기
도해야 할 때도 많다.

그래서 내가 자식들에게 전하는 경험담 중 하나는 기도를 하고 싶어도
건강 때문에 기도할 수 없는 때가 온다는 것이다.

8
아저씨, 기도 하세요

어느 해 성탄절 아침이다.

초등학교에 다니는 아들놈들이 주일학교 선생님께서 오늘은 교회에 늦게 오면 안 되는 날이라고 하셨으니 빨리 가자고 채근이다.

더구나 아파트 몇 동 너머에 사는 아무개와 아무개도 오늘 함께 가기로 약속되어 있다고 했다.

그 당시에는 내가 아직 자동차 운전을 할 줄 모르던 때 인지라 주일에는 승용차를 아파트 마당에 버젓이 세워둔 채 택시를 이용했어야 했다.

조무래기 몇 녀석과 함께 길가에 서서 지나가는 택시들에 열심히 손을 들어 보았지만 빈 택시 없이 그냥 지나가 버리기만 한다.

공휴일 아침이어서 지나가는 차량마저도 흔하지 않다.

날씨마저 왜 그리 춥든지. 아이들도 춥다고 성화가 이만 저만 아니다.

아이들로 하여금 교회 가는 것이 신나게 느껴질 수 있도록 척척 풀리면 좋겠는데 영 내 체면도 말이 아니고 안달이 났다.

한 참을 눈이 빠져라 빈 택시가 오는 지를 살피고 있을 때에 어느 맹랑한 녀석이 고함을 질렀다.

'아저씨 추워 죽겠어요, 차 보내달라고 기도 하세요'

나는 한 대 호되게 맞은 듯했다. 정신이 번쩍 들고 얼굴이 화끈했다. 그렇구나. 내가 깜박했네. 기도할게 하며 눈을 뜬 채 중얼거렸다.

'하나님, 교회 시각 늦겠습니다. 애들 보셔서 차 좀 보내 주십시오, 날씨도 너무 춥고요'

그렇다고 차량이 금방 하늘에서 뚝 떨어질 리는 없다.

얼마 후 검은 자가용 승용차가 우리 앞을 휙 지나갔다.

그런데 저만큼 가더니 끼익 차를 세운 후 후진하여 우리 앞으로 되돌아오는 게 아닌가?

운전하던 분이 차창을 열며 '변호사님 아니세요? 교회 가시는 길 아니에요?' 묻는다.

보니 서울에서 부산 법원으로 전근 와서 근무하는 서울 S교회의 S장로가 운전 중이었다.

수영로교회에서 예배드릴 양으로 나섰는데 어떻게 찾아가야할지 길을 몰라(→그 때는 차량 내비게이션이 없던 시절이다) 염려하며 대강 방향만 잡아가던 중 마침 내가 도로변에 서 있는 것을 보게 되었다는 것이다.

그 장로님도, 우리 아이들도 모두 순적하고 평안하게 교회로 가게 되었음은 말할 나위가 없다.

도대체 이 일을 뭐라고 표현해야 맞을까?

혹자들은 너무 잘 맞아 떨어진 우연이라 할 것이다.

그러나 우리는 안다. 정하신 때에 정하신 곳에 퍼즐 조각 하나 하나를 제자리에 맞추어 나가시는 하나님이심을.

소름 돋도록 정확하신 하나님이심을.

9
카레라이스 알리바이

어떤 청년의 어머니가 내 변호사 사무실을 찾아왔다.

구치소에 구속되어 재판을 기다리고 있는 아들이 어머니에게 부탁하기를, 법원 앞에 예수 믿는 변호사가 있다고 하니 그를 찾아서 변론을 의뢰해 달라고 하여 물어물어 찾아 왔다는 것이다.

친구들 4~5명과 어울려 야간에 남의 가게에 들어가 물건을 훔쳐 나왔다는 혐의라고 했다.

다른 친구들은 이미 유죄판결을 받고 끝난 상태이나 그의 아들 광우(가명)는 전혀 가담하지 않았고 상관없는 일이기에 생각조차 하지 않았는데 근 1여 년이 지난 후 느닷없이 집으로 찾아온 경찰관에 의해 체포되어 갔다는 것이다.

나는 일부러 물어서까지 나를 찾아 준 것은 너무 고마운 일이나 광우의 혐의와 같은 특수절도 사건은 비록 본인이 가담한 사실이 없다 하더라도 다른 피고인들이 함께 범행했노라고 걸고 들어갔다면 빠져 나오는 것이 거의 불가능하여 억울함을 밝힐 도리가 없으니 나는 변론을 맡을 수 없다고 사양하였다.

대개 이러한 형태의 사건에서는 먼저 재판을 받는 피고인들이 아직 체포되지 않은 다른 공범자를 주범으로 몰아 그에게 다 죄책을 미루어 자기들은 정상참작을 받아 종결되고, 뒤늦게 체포된 자는 이전에 재판받은 피고인들에게 거꾸로 미루기가 일쑤다.

그래서 나는 광우 어머니에게 만약 그동안 다른 친구들의 재판에서나 수사과정에서 광우가 도저히 빠져 나올 수 없을 정도로 얽혀져 조사 되어 있다면 광우가 가담하지 않았다고 항변할수록 자칫하면 범행을 뉘우치지 않고 부인하는 것으로 오해 되어 형량이 올라 갈 수도 있으니 억울하지만 차라리 단념하고 잘못했다고 비는 편이 나은 경우도 있다고 조언하면서 다른 변호사에게 의뢰 할 때에 참고로 하라고 했다.

그러자 그의 어머니는 정색을 하여, 광우도 자기에겐 귀하고 귀한 자식인데 어찌 단념하라고 하느냐, 얼마나 어렵사리 찾아 온 변호사인데 어떻게 변론을 거절할 수 있느냐고 달려드는 바람에 마지못해 사건을 맡게 되었지만 절도현장에 없었다는 알리바이를 입증 할 마땅한 증거가 없는 터이어서 마음이 무거웠다.

광우나 그의 가족들은 예수를 믿지 않는 사람들이었다.

그럼에도 불구하고 예수 믿는 변호사를 일부러 찾아온 까닭은 예수 믿는 변호사는 무언가 다를 것이라고 기대했기 때문이 아니겠는가,

만약 그들을 하나님께서 보내셨다면 나를 통해서 그들에게 전하실 메시지가 있지 않겠느냐는 생각을 하게 되었다.

나는 그들에게 이 사건의 매듭을 풀 수 있는 분은 하나님뿐이시니 변호사도 광우도 가족들도 모두 하나님께 기도하는 도리밖에 없다고 설득하고 기도의 방법을 간단하게 일러 주었다.

또 광우를 공범자라고 진술했던 다른 친구들이 용기를 내어 다시 진실

을 증언할 수 있도록 해달라고 계속 기도하자고 요청했고, 만날 때마다 기도하고 있는지를 물어 확인했다.

몇 차례 재판이 진행되는 동안 공범자들이라는 광우 친구들이 법정으로 불려나와 증언을 하였는데 한 결 같이 광우를 주범으로 몰고 자기들은 부화뇌동한 것처럼 꾸며 자기들의 형량을 가볍게 하자고 의논되어 이전 재판에서 허위 진술했었으나 사실은 범행 당일 그 자리에 광우는 없었노라고 증언을 하였다.

그러나 재판부는 그 증언들을 좀처럼 믿지 않고 오히려 증인들의 재판이 이미 끝났기 때문에 친구를 살리려고 위증하고 있다고 보는 눈치였다.
나는 다시 광우의 가족들에게 '하나님, 무죄의 증거를 주십시오, 알리바이를 입증할 수 있는 다른 증거를 주십시오'라고 기도하자고 했다.

어느 날 광우의 누나가 찾아와 낡은 공책 한 권을 건네주면서 혹시 이것이라도 증거가 될 수 있는지 검토해 달라고 했다. 문학을 지망하면서 매일매일 일기를 쓰는 습관을 가진 그의 친구의 일기장이라고 했다.
광우가 범행했다고 지목받는 일자의 일기를 찾아보았더니 거기에는 이런 내용이 촘촘한 글씨로 있었다.
'유진이(광우의 누나에 대한 가명임) 집에 놀러갔더니 어머니께서 카레라이스를 만들어 주기에 어머니랑 광우랑 함께 저녁식사를 맛있게 하고 늦게까지 놀다 돌아왔다.'
그 일기장의 다른 곳에는 그 외에도 간혹 광우의 누나에 대해 적혀 있었다.

그 내용대로라면 광우가 친구들과 어울려 남의 가게에 들어가 절도를 했다고 지목받은 그 날 저녁에는 광우는 오히려 외출하지 않고 집에서 카레라이스로 가족들과 누나의 친구와 함께 저녁식사를 하고 늦게까지 집에 있었다는 것이 된다.

결국 그 일기장과 일기장 주인의 증언에 의하여 광우의 알리바이가 입증되고 무죄선고를 받아 석방되었다.

이 모든 과정을 어찌 우연이라 할 수 있으랴.

광우의 가족들도 하나님께서 기도를 들으시고 그 재판과정을 다스린 것으로 깨닫고 그 후 계속하여 예수를 믿게 되었다.

10
그런 묘수(妙手)가 있었군요

변호사 개업 후 약 4~5년쯤 되었을 때의 일이다.

어느 오래된 동네의 수많은 주민들이 단합하여 그들이 입주해 있는 낡은 대형 건물을 헐고 다시 건축하기 위하여 관할 시장(市長)에게 건축허가 신청을 하였으나 번번이 거부당하자 관할 시장(市長)을 상대로 건축허가를 받기 위한 행정소송을 제기하게 되었다.(→ 요즘의 재개발, 재건축과는 다소 개념이 다른 것이었다)

주민들 편을 내가 맡았는데, 관여된 주민들 수가 엄청 많았고 건축허가가 날 줄로 기대하여 이미 건축회사와 건축공사 가계약까지 체결 되어 있어서 만약 주민들이 승소하지 못하면 자칫 계약위반에 따른 배상 문제까지 비화될 수 있는 형편이었다.

이래저래 여간 신경이 쓰이지 않는 사건이었다.

그 당시는 행정법원이 따로 없고 행정소송을 지방법원이 아닌 고등법원에서부터 시작했는데 내가 변호사 업무를 하던 부산에는 고등법원이 설치되기 전 인지라 대구고등법원에 행정소송을 제기하고서 근 1년 6개월가량

오가며 열심히 하였다.

　소송이 막바지로 갈수록 승소를 예감하면서 드디어 최종 변론기일을 맞았다. 재판장 판사는 변론을 종결하겠다고 하면서 소송기록을 건성으로 뒤적거리더니 혼잣말처럼 '행정심판도 거쳤을 터이고……'라며 중얼거렸다.

　행정소송을 제기할 때에는 일단 해당 행정기관의 상급관청에다가 문제된 행정처분을 시정해달라고 청구하는 절차를 반드시 거치도록 되어 있다. 그것을 행정심판청구라 한다.

　그러나 그 당시엔 관료주의가 심하던 시기이어서 심판청구를 하더라도 행정기관에 의하여 스스로 시정되는 경우는 실제로는 거의 없었으므로 그 결과만 기다리고 있다가는 공연히 기일만 늦어지기 일쑤다.

　시기적으로 반드시 행정소송보다 먼저 청구해야하는 것은 아니고 행정처분이 있은 날로부터 90일 이내에만 제기하면 되었기 때문에 행정소송을 먼저 진행해나가면서 기회를 보아 심판청구서를 접수하기도 하였다.

　그러나 90일이 지나도록 행정심판청구를 하지 않으면 행정소송도 할 수 없고 먼저 제기한 행정소송도 요건을 보완하지 못한 것이 되어 각하되어 버린다.

　방금 재판장이 중얼거린 말은 그 말이었는데 행정심판은 변호사로서는 상식에 속하는 문제이므로 재판장도 당연히 그 절차를 거쳤을 것으로 여기고 그냥 해보는 말투였다.

　그러나 나는 그 순간 갑자기 얼굴이 화끈 달아오르고 온몸에 진땀이 났다.
　애당초 나는 우선 급한 대로 소송을 먼저 제기하고 행정심판은 나중에 제기하겠노라고 작정해 놓고서는 결국 영영 잊어버린 채 있다가 재판장의 말을 듣는 순간 아차하고 깨달아진 것이다.

그러나 그때는 이미 행정심판을 제기할 수 있는 기간도 훨씬 지난 후이어서 어떻게 해볼 도리가 없는 상태였다.

내가 벌겋게 달아올라 연신 진땀을 닦으면서 쩔쩔매고 있는 모습을 보고서야 재판장도 상대방 변호사도 비로소 뜻밖의 사태를 눈치 채게 되어 한동안 아무도 입을 열지 않아 법정에 잠시 침묵이 흘렀다.

최선을 다했다가 패소하는 것은 있을 수도 있고 또 어쩔 수도 없는 노릇이다.

그러나 소송에 필요한 상식적인 절차를 거치지 않아 유리한 사건의 승소를 놓친다는 것은 변호사로서는 변명의 여지가 없는 실수인 것이다.

나는 재판장에게 한번만 더 변론기일을 정해줄 것을 요청하였고 재판장이나 상대방 변호사는 어차피 결론은 드러났다고 보는지 나의 요청을 받아들여 3주 후에 마지막 변론을 하기로 연기되었다.

법정 문을 나서자마자 그때까지의 광경을 방청석에서 지켜보던 우리 측 주민들이 우르르 따라 나오며 재판장과 방금 나눈 말이 무슨 말이냐, 왜 오늘 변론을 종결시키지 않고 연기하였느냐는 등을 물었지만 나는 그저 좀 더 연구할게 있어서 그렇다고 얼버무렸다.

그때부터 나는 다각도로 검토하면서도 속이 타들어 갔다.

기도를 해야겠다는 생각도 들었지만 정작 기도를 하고자 하면 아무 생각도 나지 않고 아무 말도 나오지 않으면서 그저 '윽! 윽!' 신음 소리밖에 나오지 않았다. (→ 이때 나는 정말로 절박한 상황에서는 청산유수 같은 기도는 안 나오고 오직 억장 무너지는 소리밖에 나오지 않는다는 것을 체험했다.)

그리고 나의 실수가, 나의 안일한 경솔함이 너무나 뻔한데, 하나님께 무얼 어떻게 해 주십사고 기도한단 말인가.

내가 보기에는 하나님께서도 난감하실 것으로 여겨졌다.

그래서 그저 막연하게 '하나님 무슨 수가 없습니까. 어쩌면 좋습니까' 이런 기도만 되풀이 하며 끙끙 앓았다.

한 주간 쯤 지나자 나는 사건 의뢰인들도 이제는 사정을 모두 알게 되었을 것으로 여겨졌다. 그 많은 주민들이, 당장이라도 몰려와서 아우성치고 엄청 질책해 올 것 같았다.

나는 순간순간 초조했고 전화벨이 울려도, 사무실 입구에서 인기척만 나도 긴장하는 가운데 시일은 흘렀고 마지막 변론기일은 하루하루 가까워 왔다.

그러던 어느 날 의뢰인의 대표들 몇 사람이 나를 찾아왔다.

나는 물론이요 사무실의 모든 직원들이 아연 긴장하였다.

나는 그들과 눈을 맞추기조차 거북했다.

그 중 한 사람이 '그동안 변호사님, 참 많이 수고하셨는데……' 라고 말문을 연 뒤 멈칫멈칫하며 그 뒤의 말은 서로 다른 사람에게 미루는 표정이었다.

이윽고 또 다른 사람이 '변호사님, 그 소송을 할 필요가 없게 되었네요' 라고 했다.

나는 드디어 올 것이 왔구나 생각하며 그래도 애써 태연한 척 웃음을 띠며 '그래도 무슨 방법이 있겠죠. 좀 더 기다려 보지요' 라고 했으나 그들은 그럴 필요가 없다고 했고 나는 두어 번 더 '그래도 요' 라고 기어 들어가는 목소리로 대꾸했다.

그러자 주민 대표는 '사실은 시(市)와 주민들 간에 원만히 합의가 되어 버렸습니다. 그래서 이 소송을 더 할 필요가 없어서 소를 취하해 달라고 부탁드리러 왔습니다'라고 매우 정중한 태도를 취하였다.(→ 소취하는 소송 제기한 것을 취소하여 소송을 없어지게 하는 것이므로 더 이상 진행할 여지가 없다.)

그때만 하더라도 1980년대 초반이어서 요즘과는 달리 재건축·재개발이라는 관념이 없었고 행정기관과 공무원들이 관료적으로 경직되어 있어서 소송 중에 합의나 양보니 하는 일은 아예 없고, 질 때 지더라도 소송 끝까지 가보고서 지고나면 그제야 할 수 없이 고쳐주는 그런 시절이었다. 더구나 이 사건소송을 제기하기 전에 주민들이 관할 시(市)와 타협해보려고 수차례 노력하였지만 번번이 거절 박대 당해왔지 않는가.

내가 행정심판을 거치지 않아 결정적으로 시(市)가 유리하다는 것이 뻔히 드러났고 이제는 시(市)도 그의 변호사를 통하여 다 들어 모를 리가 없을 것 아닌가.

그런데 갑자기 합의는 무슨 합의며 소취하는 무슨 소린가.

주민들의 설명은 이러했다. 2~3일 전에 시(市)의 담당공무원으로부터 갑작스런 연락을 받고 만났더니 무조건 이 소송 취하하고 합의하자고 하면서 주민들에게 유리한 내용의 제안을 해 주었으며 하도 급하게 다그치는 바람에 하루 이틀 사이에 원만한 합의가 끝나 버렸다는 것이었다.

시(市)측이 왜 갑자기 태도가 바뀌었는지는 주민들로서도 알 수가 없는 노릇이지만 오랫동안 수고해 온 변호사와 의논하지도 아니한 채 자기들끼리 합의해버렸고 그 동안의 변호사 수고에 대하여 달리 사례를 할 수 없어서 여간 민망하지 않다는 것이었다.

그들은 내가 행정심판을 빠뜨린 것과 그것이 소송에 어떤 영향을 미치는지를 그때까지도 모르는 것 같았다. 그러면 시(市)는 웬일인가 의문이었지만 나는 '사례'고 '민망'이고 다 상관없이 즉시 소취하 해주겠다고 하며 그들을 떠밀다시피 보낸 후 기도드렸다.

'하나님, 그런 묘수(妙手)가 있었군요. 정말 놀랍습니다. 하나님은 참 대단하십니다. 정말 감사합니다.'

'필설로 표현할 수 없는 감동'이라는 것은 이럴 때 하는 말이 아니겠는가.

11
차라리 재판장을 바꾸어 주마

1990년 **혜라는 부인으로부터 토지에 관한 민사소송을 수임하였다.

제1심에서 그 부인 스스로 소송 수행하여 승소하자 상대방이 항소한 사건이었다.

의뢰인의 성격이 매우 까다로운 편인데다가 내가 상대방 변호사의 지연작전에 끌려 다닌다고 불평하면서 하루 속히 소송을 끝내어 달라고 채근이 이만저만이 아니었다.

여러 차례의 재판이 진행되고 마지막으로 변론을 종결하기로 예정된 날 나는 최후 진술에서, 상대방의 주장이 아무런 근거가 없는 것임을 다시 한 번 강조하기 위하여 '이 소송이 제기되기까지 수년이 지났지만 그동안 상대방이 나의 의뢰인 **혜를 상대로 별다른 청구를 한 적이 전혀 없었다. 그 이유는 자기에게 아무런 권리가 없다는 사실을 그 자신도 잘 알고 있었기 때문이다'라는 주장을 하였다.

그러자 재판장은 그 말이 상대방의 권리가 소멸시효로 인하여 소멸하였다는 취지로 하는 것이냐고 묻기에(일정한 기간이 지날 때까지 권리를 행사하지 않으면 그 권리가 소멸하게 되는 제도를 소멸시효라 한다.) 나는 그것까지를 주장하는 것은 아니고 상대방이 내 세우는 권리 자체가 처음부터 없다는 취지의 말이라고 답변했다.

그러자 재판장은 그 날 변론을 종결하기로 했던 예정을 바꾸어 심리를 좀 더 해야겠다고 하였다.

그 다음 변론기일에는 공개 법정이 아닌 판사실에서 재판을 하게 되었는데 재판장은 우리 측이 상대방에게 상당한 금전을 지급하고 그 대신 상대방은 우리의 요구를 들어주는 내용으로 서로 합의를 하는 것이 어떻겠느냐고 하였다.

그렇게 되면 1심에서 전부 승소했던 우리 측이 대폭 양보하는 셈이 되었다.

상대방 변호사는 반색을 하며 즉각적으로 수용하겠다고 했으나 나는 전혀 뜻밖이어서 단숨에 거절하였다.

그러자 재판장은 직전의 변론기일에 내가 스스로 소멸시효의 이익을 포기한다는 변론을 해 버렸으므로 더 이상 승소의 가망은 없어졌으나 그렇다고 하여 우리 측을 완전히 패소시키는 판결을 선고하기에는 너무 억울한 것 같아서 화해권유를 하는 것이니 그대로 따르는 편이 좋겠다는 것이다.

재판장은 위의 내 변론이 소멸시효로 얻을 수 있는 이익을 스스로 포기하는 주장이라고 해석하면서 내가 결정적으로 변론을 잘못했다는 취지이다.

그러나 나는 시효이익을 스스로 포기하는 변호사가 어디 있겠느냐.

다시 한 번 변론조서를 잘 읽어봐라. '포기'라는 말 한마디도 없지 않느냐. 그리고 문맥상으로도 어떻게 그렇게 해석될 수 있느냐고 설득도 하고 항의도 했지만 재판장은 요지부동이었다.

하는 수 없이 며칠 후 의뢰인을 불러 넌지시 의중을 떠보았더니 펄쩍 뛴다.

1심에서는 변호사 없이 나 홀로 소송하여도 완전히 승소하였고 항소심에서는 변호사까지 선임하였는데 1심 판결보다 대폭 양보하여 합의하자는 것이 무슨 말이냐. 그리고 그동안 말도 안 되는 소리로 괴롭혀온 상대방에게 왜 돈을 준다는 말이냐면서 나에게 달려든다.

　당연히 맞는 말이다.

　소송은 공전(空轉)되면서, 재판장은 만약 화해하지 않으면 우리 측의 패소로 판결하겠다는 뜻을 내비치고 그 낌새를 알아챈 상대방 변호사는 이제는 자기들 측에서도 합의하지 않겠다면서 속히 판결 선고 해달라고 기고만장하고, 속사정을 모르는 나의 의뢰인은 빨리 승소시켜 주지 않는다고 성화를 부렸다.

　나는 몇 번이나 읽어보고 뒤집어 생각해보아도 재판장의 해석을 도저히 용납할 수 없었지만 어쩔 수 없는 노릇이었다.

　결국은 나의 변론 한마디로 빌미를 잡혀 패소판결을 받는다면 나 자신의 속 쓰림도 그러하겠지만 의뢰인의 서슬 퍼런 원망도 만만치 않을 것 같아서 감당할 엄두가 나지 않아 법정에서 우기기도 하고 통사정하기도 하여 2~3차례 재판을 연기시키기도 하였지만 그렇다고 하여 사정이 달라지는 것도 아니었다.

　나는 년 말 휴가 때의 외국 여행 중에도 그 사건이 잊혀 지지 않아 마음이 무거웠고 꿈에서도 분한 생각이 들기도 하였다.

　그러는 중에 나는 하나님께 간절히 기도도 드렸다.

　'어떻게 해결 좀 해 주십시오'라고. 그리고 담당 재판장에게 지혜를 주어 말귀를 바로 알아듣게 해 주십사고.

재판은 이제 더 이상 연기할 수 없는 데까지 왔고 나도 이판사판으로 판결을 선고받기로 작정했다.

마지막 변론기일에 어금니를 깨물고 법정 문을 열고 들어갔더니 재판장 자리에 다른 판사가 앉아 있었다. 나는 혹시 내가 딴 법정으로 잘 못 찾아 왔나라고 의아해 하였는데 그게 아니었다. 알고 보니 그 사건의 재판장이 바뀌어 버린 것이었다.

이전의 재판장이 변호사 개업을 한다면서 갑자기 사표를 내어 버렸다고 한다.

그런데 새로 온 재판장은 전 재판장과는 전혀 달리 해석하면서 이 사건은 더 이상 볼 것이 없다고 하며 단번에 우리 측의 승소로 판결을 선고해버렸다.

나는 전 재판장이 왜 그렇게 갑자기 사표를 내었는지 그 까닭을 알지는 못한다.

어쨌건 나는 위기를 모면하였고 정말이지 천만다행이었다.

그러나 그 보다 더 중요한 것은 내 기도를 하나님께서 들어 주셨고 하나님의 기묘하신 섭리는 우리의 작은 머리로써는 짐작조차 할 수 없음을 또 다시 깨달은 것이다.

우리 아버지 멋쟁이!!

12
큰 산 몇 개가 날아갈 뻔

  부산의 대 기업(피고)이 오래 동안 소유해 오던 토지에 대하여 전(前) 소
유주(원고)가 소유권 등기를 말소하라는 청구를 해 온 소송에 대하여 내가
피고 측을 변론하게 되었다.
  당시의 일간지 신문기사로는 소송물(訴訟物)의 실제가격이 부산지방법
원의 개원 이래 가장 큰 사건이라고 표현될 정도의 사건이었으며, 만약 우
리 측이 패소하면 부산 근교의 큰 산(山) 몇 개의 소유권을 몽땅 빼앗기게
되는 판이었다.

  제1심에서 우리 측이 승소하자 상대방은 부산고등법원에 항소하면서 당
시 그 법원 수석부장판사로 재직하다가 갓 개업한 변호사를 소송대리인으
로 선임하였다.
  변론 횟수가 거듭되면서 재판장은 상대방 변호사의 주장에 귀를 기울이
며 우리 측에 대하여는 부정적인 심증을 가지는 듯이 느껴졌다.
  심지어는 나에게 예상 밖의 질문을 툭 던지면서 '그렇게 된 것이지요?
그렇지요? 그렇게 변론조서에 기재해도 되겠지요?'라고 다그치기도 하였
는데 내가 답변을 미루고 사무실로 돌아와 곰곰이 되씹어보니 만약 그 질

문 그대로 '예. 예'라고 가볍게 대답했더라면 헤어날 수 없는 늪에 빠지는 셈이 될 뻔하였다.

그는 서울로부터 부산으로 전근 온 부장판사였으며 기독교인이어서 법조 외부의 기독교 행사에서 마주치기도 하던 터이라 나는 막연한 친근감을 가지고 있었다.

그렇다고 하여 법조인의 생리상 소송에 이·불리(利·不利)간의 영향을 미칠 수 있는 것은 아니었지만 그 사건 재판에 임하는 재판장의 태도는 나에게는 걱정거리였다.

그렇다고 하여 막 대어놓고 대들 수는 없고 그대로 나간다면 영락없이 패소할 것 같은 예감이 들어서 의뢰인 회사의 흥망이 걸린 중대한 사건을 망쳐 놓을 것 같았다.

생각다 못해 나는 의뢰인 회사에게, 사건이 워낙 중대하여 나로서는 감당하기가 어려워 사임할 터이니 다른 변호사를 물색해 보라고 했다. 더 이상의 자세한 설명은 차마 할 수가 없었다.

회사 측은, 1심에서 승소로 이끌고 여기까지 왔는데 이제 와서 무슨 소리냐고 펄쩍 뛰면서, 변론 연구를 보조해 줄 만한 다른 변호사를 추가로 선임해 달라면 그렇게 하겠고 소송 수임료를 더 달라면 또 그렇게 할 터이니 제발 이 사건에서 손을 떼겠다는 말은 하지 말아 달라고 하는 바람에 하는 수 없이 내가 그대로 계속하기로 하였다.

그러면서 나는 특별히 그 사건을 위하여 하나님께 기도하기 시작했다.

나는 직업상 내가 변론하는 소송의 대부분을 위하여 기도하지만 아무 사건도 나로 하여금 승소하도록 해 주십사는 기도는 드리지 않는다.

대개의 경우, '재판은 하나님께 속한 것'이라는 신명기 1:17의 말씀에 따라 하나님께서 최고의 재판장으로서 이 사건 재판의 모든 과정과 결론을 다스려 주십사고 기도드림이 보통이다.

그러고 보니 한평생 그 말씀을 무던히도 많이 인용하였고 어지간히 많이도 응답받았다.

위 사건에서도 얼마 후 그 재판장은 법관인사로 딴 곳으로 전근을 갔고 내 나름으로는 그것이 기도응답이라고 여기면서 한시름 놓았다.

새로 온 재판장도 역시 서울로부터 전근 온 부장판사였고 역시 기독교인이라고 들렸다.

그러나 참 이상한 일이다. 그 사건에 관한 한 전 재판장의 태도와 조금도 다르지 않았고 오히려 더 심한 것 같았다.

아직 사건 파악도 덜 되었을 것 같은데 확신에 가까운 편견을 가지고 있는 모습을 첫 재판의 법정에서 그대로 읽을 수 있었다.

나는 또다시 그 사건을 위하여 그리고 그 재판장에 대하여 기도했다. 공정한 시각과 마음을 가지도록 해 달라고, 그리고 사건의 실상을 정확히 알 수 있는 지혜를 갖도록 해 달라고 기도했다.

그것도 아니면 이전의 지방법원의 **혜의 사건 때처럼 다른 재판장으로 바뀌도록 해달라고 기도했다.

그러는 중에 나는 재판장의 질책을 받아가며 핑계를 대어 변론을 더러 공전(空轉)시켰다. 그대로는 도저히 승소 판결을 받기 어려울 것 같아서 판결 선고를 받을 엄두가 나지 않았기 때문이다.

2~3개월이 지나 이제는 아무래도 그 사건의 변론이 종결되어야 할 막바지 무렵이 되었는데 그 재판장은 느닷없이 사직하고 떠났다.

들리는 소문으로는 가정형편 상 변호사 개업을 하겠다면서 사직을 했다는 것이다.

나는 그것이 그 판사에게 돌발적으로 생긴 일 때문인지 전부터 계획된 일인지는 모를 일이나 부임해 온지 몇 개월 만에 사직한 것을 보면 오래 전부터 계획된 일은 아닌 것 같았다.

나는 그것이 결코 우연이 아니요 하나님의 크신 손아래에서 다스려진 일로 믿었다.

어쨌건 또다시 서울로부터 새로운 재판장이 부임해 왔다.

그 사건으로서는 서울에서 전근 온 3번째 재판장이다.

그런데 그 사건의 법정 변론 분위기도 이전과는 달랐거니와 그는 우리 측의 승소로 판결을 선고 하였다.

그 사건은 그 후 대법원에서도 고등법원의 판결대로 확정되었다.

나는 그 모든 과정이 하나님의 은혜라고 믿는다.

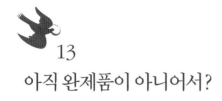

13
아직 완제품이 아니어서?

교회에 다닌 후 나에게 생긴 대표적 변화 중의 하나는 교인들이 하나같이 너무 선량하고 착하게 보였다는 것이다.

모두가 교회생활에 열심인 모습과 예외 없이 친절하고 다정한 태도들을 보노라면 나의 속물성이 부끄러워질 지경이었다.

우리 교회 교인이건 아니건 기독교인이라면 일단 반가워졌다. 형제, 자매라고 부르는 호칭 그대로 무조건 친근감이 느껴졌다.

어느 날 오후에, 전도 활동에 열심인 젊은 남자 교인으로부터 전화가 왔다.

오후 몇 시까지 은행에 돈 얼마를 입금시키지 않으면 부도가 날판이니 돈을 빌려 달라고 했다. 내일 오전이면 외상대금이 수금되기로 약속되어 있어서 하루 동안만 빌리면 된다고 했다.

그러면서 부족한 대금 중 일부는 나로부터 빌리고, 나머지는 우리 교회 아무개 교인으로부터 빌려지면 해결이 된다고 하였다.

그 당시는 그러한 갑작스런 자금경색으로 어음이나 당좌수표의 부도가 더러 나고 그런 일로 구속도 되던 시절이긴 하였다.

나는 곧바로 승낙을 하면서 한술 더 떠서 여기저기 빌릴 것 없이 내가 다

빌려 주겠다고 했더니 그 교인은 한 걸음에 내 사무실로 달려 왔다.

돈을 빌려간 그 교인은 나에게는 아무 사정 설명도 없이 일주일 쯤 후부터 교회에서 더 이상 보이지 않았으며, 주위에서 들리는 말로는 다른 교인들로부터도 돈을 빌려 자취를 감추었다고 했다.

큰돈이 아니어서 다행이긴 하였지만 나는 교인 중에도 그런 짓을 하는 사람도 있구나, 변호사 돈도 떼먹으려 드는 사람이 있네 라고 경험을 하였으며 그 후에는 교인에게라도 돈을 빌려 주지 아니하든가 아니면 빌려 달라는 돈 액수의 일부 금액만 주면서, 그냥 주는 것이니 갚지 않아도 된다고 하며 끝내곤 하였다.

* * * * * *

나는 대학 다닐 때에, 고시준비생들이 많이 이용하던 사설 독서실에서 오래 동안 고생스런 생활을 하며 공부하였는데 그 무렵 서로 유달리 가깝게 지내며 내가 형이라고 부르던 다른 대학 복학생이 있었다.

그는 일찌감치 미국으로 유학을 간 후에는 수십 년간 소식도 제대로 전하지 않더니 뜻밖에 귀국하여 서울에 와 있다는 소식을 전해 왔다. 얼마나 반갑든지 나는 일부러 부산으로부터 서울까지 가서 만나는 등으로 옛날의 격의 없던 교분을 회복해 갔다.

더구나 그는 미국에서 새로 예수를 믿게 되어 기독교 장로가 되었다고 하는 바람에 서로간의 관심사도, 화제의 폭도 넓어 졌다.

미국에 본사를 둔 어떤 식음(食飮) 분야 프렌차이즈의 한국 내 판매 독점권을 취득해 왔노라고 나에게 계약서를 보여 주며 법률상담도 해 오던 중 서울 이태원에 제1호 영업점포를 개설하게 되었다고 했다.

그러다가 어느 날 이태원 영업점 개설 관계로 돈이 부족하게 되었다고 하며 나더러 빌려 달라고 한다. 머지않아 이렇게 이렇게 한꺼번에 변제하게 된다는 계획을 덧붙여 설명하면서.

한국을 떠난 지 오래되어 내가 아니면 어디 말붙여 볼 곳도 없다는 데 차마 매몰차게 자를 수가 없었다.

적금을 깨고, 보험도 해약하는 등으로 마련하여 적지 않은 액수를 빌려주었다.

아내는 미심쩍어 하였지만 나는 그 형이 미국에서 양심 팔아먹고 오지 않은 이상 안심해도 되는 사람이라고, 특히 새로 예수를 믿어 장로까지 되었다고 하지 않느냐, 장로가 남의 돈 떼어 먹겠느냐, 오랜 세월 지나 귀국하여 살 길을 찾겠다고 하는데 어떻게 야박하게 거절하겠느냐고 아내를 안심시켰다.

그 형은 얼마간은, 내 덕분에 사업이 잘 진행되어 가고 있다는 형식적인 인사말을 전해 오다가 그 회수도 뜸해지고 점점 연락조차 어려워지기 시작했다.

해가 바뀌고 또 바뀌어도 깜깜 무소식이다.

몇 해 후 우연히 그가 서울 어느 큰 교회의 협동장로가 되었다는 소문을 듣게 되고 또 국민일보에 실린 그의 간증문을 보게 되었다.

그 간증문에는, 사업자금을 마련하지 못하여 무산될 즈음에 하나님께서 예상 밖의 사람을 통하여 자금을 마련해 주셨노라는 내용이 들어 있었다. 돈을 빌려가서 나를 어렵게 만들어 놓은 상황을 그는 그렇게 표현하고 있었던 것이다.

나는 머리가 어지러웠다.

그 간증문이 계기가 되어 나는 그를 상대로 민사소송을 제기하고 형사고소도 하였다. 가만두지 않겠다고 다짐을 하였지만 마음은 오히려 더욱 불편하였다.

어느 주일 예배 때 용서에 관한 설교를 들었다. 우리는 영원히 지옥에 갈 죄도 용서 받았으면서도 우리에게 죄지은 자를 용서하지 못하고 있다는 질책의 말씀을 듣고서 견딜 수가 없었다.

이튿날 출근하자마자 그의 연락처로 팩스를 보냈다.

'그리스도의 이름으로 당신의 죄를 용서합니다'고.

그랬더니 빛의 속도로 회신의 팩스를 보내어 왔다.

'그리스도의 이름으로 당신의 돈을 반드시 갚겠다'고

내가 보낸 팩스로 인하여 그는 내가 형사고소한 사건에서 벌금형만으로 형사처벌을 모면하였다.

그러나 그리스도의 이름을 걸고 갚겠다는 약속은 끝내 지키지 않았다. 오히려 돈을 쌓아 두고서 안 갚는 것이 아니라는 태도를 보였다.

나는 그리 대범하지를 못한가 보다. 차라리 말 그대로 진정으로 용서가 되면 좋겠는데 말은 용서한다고 해놓고서도 이따금씩 그 일로 속이 뒤집혔다.

성경에는 우리의 힘과 의지만으로는 지키기가 어려운 말씀들이 많다. 성령의 도우심 없이는 어림도 없다.

나의 경우에는 용서가 그 대표적인 말씀 중 하나이다.

뒤돌아보니 그리스도인이라고 하여 불신자들보다 정직할 것이라든가, 장로라고 하여 남에게 해를 입히는 행동을 하지 않을 것이라는 나의 기대는 오히려 내가 너무 순진하게 착각한 것이었다.

정도의 차이는 있겠지만 나도, 그들도 다 함께 하나님의 백성으로 다듬어져 나가고 있는 중이지 아직 완제품이 아니기 때문이다.

그렇다고 하여 다른 사람에게 해를 가해도 무방하다는 뜻은 결코 아니지만 예수를 믿더라도 그럴 가능성이 충분히 있는 죄성(罪性) 덩어리임을 알아야 했었다.

  하나님께서 우리더러 우리에게 죄지은 자를 용서하라고 하심은 가해자
를 위해서 하신 말씀이 아니고, 바로 피해자인 우리 자신을 마음 상처로부
터 회복시키기 위해서라는 해설도 있다.
  그래도 나는 아직도 궁금하다.
  가령 어느 누구에게든, 나는 가해자를 용서하였는데 그가 하나님 앞에
서 회개하지 않으면 어떻게 되는지, 그래도 땅에서 풀렸으니 하늘에서도
풀리는 것인지?
  그리고 그 반대로 나는 용서하지 않았는데 가해자가 하나님 앞에서 회개
한다면 어떻게 되는지?

14
김뻥과 아멘보살

십년이 넘도록 법원 주위 한 동네에 사무실을 차려 놓고 맴 돌면서 그곳 주변의 웬만한 음식점은 여러 번씩 안 가본 곳이 없는 터이라 점심때만 되면 무엇을 먹으러 어디로 갈까로 한참이나 망설이게 되지만 어디로 가든지 여럿이 모이면 혼자인 경우보다는 아무래도 입맛이 낫다.

그렇다고 하더라도 격식이나 조심 없이 함부로 웃고 떠들 수 있는 부담 없는 자리가 아니라면 차라리 혼자인 것만 못하다.

그런 연유에서인지 또 언제부터 어떻게 하여 시작되었는지 잘은 알 수 없으나 나랑 동료 김 변호사, 권 변호사가 거의 매일이다시피 점심식사 때마다 어우르게 되지도 3년은 족히 될 성싶다.

김 변호사의 별명은 '뻥'이다. 성과 함께 붙여서 김뻥이라고 불리운다.
과장된 표현을 잘 쓰는 말투는 결코 아닌데 어쩌다가 객쩍은 우스갯소리 한 두 마디 한 것이 책잡혀 얻게 된 별명이다.
나보다 몇 살 위인데도 너나들이로 마구 지낸다. 나더러 존대를 하게 하면 아예 자기를 외면해 버릴 것이 염려되어 그렇게 한단다.

그는 성품이 매우 착한 카톨릭 신자이다.

누구든지 김 변호사를 화나게 만들면 이유를 물어 볼 것도 없이 그 사람이 잘 못한 게 틀림없다고 나는 공언하기도 한다.

기독교 신자인 나에게, 그런 식으로 그럴듯하게 믿는 것처럼 보이면 장로로 뽑힐 위험성(?)이 크다면서 조심하라고 몇 번이나 충고하더니 내가 장로가 된 얼마 후 자기도 천주교 성당의 평신도협의회 회장으로 뽑혔다.

또 한사람 권 변호사는 제법 열심 있는 불교도이다.

조그만 일에도 곧잘 즐거워하고 온화한 성품에다가 적당히 살찐 체격까지 조화되어 영판 보살형이다.

매사에 철저하려 하고 싹둑싹둑 자르기 잘하는 나와는 퍽이나 대조적이리라.

우리 셋은 정오가 되기 무섭게 누가 먼저랄 것도 없이 서로 전화하여 만난다.

더러는 전화가 동시에 교차되기까지 한다.

어느 식당으로 갈 것인가는 원칙으로 내가 정하기로 되어 있다.

한 사람이 빠지면 나머지 끼리 간다.

이틀만 연달아 안보여도 궁금해 하고 다음 만날 때엔, 사람이 변했다는 둥 어디로 뺑치러 다녔느냐는 둥 어디 가서 무슨 짓을 했느냐는 둥 놀려준다.

그런데 이렇게 하여 모이는 우리의 식탁에서는 식사 때마다 묘한 광경이 벌어진다. 공교롭게도 서로의 종교가 다르다보니 함께 앉아 식사기도를 하면서도 그 모습이 구구각색이다.

나는 고개를 숙여 눈을 감고 기독교식으로, 김뺑은 손을 들어 가슴에 상하좌우로 성호를 긋고 천주교식으로 기도를 한다.

그 사이에 불교도인 권 변호사는 천정을 보는지, 음식을 살펴보고 있는지, 무엇을 하는지 알 수가 없지만 함께 기도하는 몸가짐을 취하지 않고 있음은 틀림없다.

그러면서도 우리의 기도가 끝나는 순간을 포착하려고 노리고 있나보다.

김뺑과 내가 마음속으로 묵기도를 마치고 마악 고개를 들 때면 권 변호사는 기다렸다는 듯이 아멘! 하고 소리 내어 말한다.

이따금씩이 아니고 번번이 그렇게 한다.

내가 무어라고 기도하는지 알면서 그러느냐고 물으면 그는 모르긴 하지만 명색이 장로인데 해로운 기도야 하겠느냐고 대답한다.

물론 그의 '아멘'은 원래의 의미대로 우리의 기도에 전적으로 공감하거나 동참한다는 표시로 하는 것은 아닐 가능성도 많다.

동석자에 대한 예의 때문에 하거나 다소간 장난 끼가 섞였을 수도 있고 아니면 막연하나마 한 오라기 기도의 염(念)이 있을 수도 있다.

그러나 동기야 어떻든지 간에 내가 가르쳐 준 이래 최소한 우리끼리의 식사자리에서는 한 번도 아멘을 잊어버리거나 거르지 않는 것이 신통하기 짝이 없다.

이렇게 하여 그에게는 아멘보살이라는 별명을 붙여 주었다.

처음 얼마간은 각자 기도가 끝나는 시각도 제멋 대로였고 아멘보살의 아멘 소리도 대중이 없었다.

아직 기도가 끝나지 않았는데도 아멘이 튀어나오는가 하면 어떤 때는 딴전을 피우고 있다가 '어, 끝났나? 아멘이다 아멘'하고 뒷북을 치는 바람에 박자 좀 잘 맞추라고 핀잔을 듣기도 했다.

너무 일찍 '아'를 시작했다가 한참 후 기도 끝나기를 기다려 '멘'하다 보니 그 사이가 대 여섯 박자 쯤 되는 때도 있었다.

오랫동안 함께 출연한 어느 코미디언들은 입만 보아도 상대방이 무슨 말을 하려는지 알아맞힌다더니 우리의 기도도 횟수가 거듭되자 이제는 타이밍이 척척 맞아 떨어진다.

김뺑과 내가 눈감고 각자 기도를 하는데도 끝나는 시각이 거의 일치하고 아멘보살의 아멘 소리도 동시에 튀어나와서 별로 어긋나지 않는다.

음성도 한결 자연스러워지고 세련되어 졌다.

하기야 지금도 아멘보살은 음식이 차려지기도 전에 빨리 아멘 하라면서 기도를 재촉하는 때도 있고 한창 기도하고 있는 중에 불쑥 아멘! 해 버리고서는 '야, 됐다. 먹자'고 하여 우리더러 서둘러 기도를 끝내도록 하는 바람에 폭소가 터지는 때도 있다.

그가 아멘을 시작한 후부터 나의 짧은 점심식사기도는 더욱 바빠졌다.

'주님, 이 아멘보살을 ……'

그 뒤엔 어김없이 그의 아멘 소리가 따른다. (1990. 10. 25.)

15
아들은 한 번만, 아내는 평생 동안

　내 아내는 첫 아들을 출산하면서 수혈을 많이 하였는데 그 후유증으로 그 이후부터 알레르기 체질이 되었다. 특히 알레르기 비염이 심하다.

　주로 늦가을 초겨울 환절기에 그 증세가 심하여 고생을 많이 한다. 꽃가루나 먼지, 진드기 등 알레르기 물질이 호흡을 통하여 코의 점막을 자극함으로써 일어나는 현상이라고 했다.

　둘째이자 막내아들이 어릴 때부터 그 증상을 그대로 이어 받아 초겨울 공기가 차가워지기 시작할 즈음에는 그 비염으로 인한 재채기를 수없이 해 대었다.

　병원 치료건 약이건 별로 도움이 되지 않아서 옆에서 뻔히 보면서도 콧물을 닦아 주는 일 외에는 전혀 도움을 줄 수가 없었다.

　그 아이가 초등학교 저학년 일 때 어느 날 아침 등교 준비를 하면서 또 재채기를 하기 시작했다.

　한 번 시작하면 언제 멈출지도 모르게 연달아 계속 해 대었으며 콧물은 말할 것도 없고 눈물을 쏟고 눈이 심하게 충혈 되는데다가 온 얼굴도 벌겋게 부어오른다. 몰골이 말이 아니고 차마 볼 수가 없다.

　그 날은 평소보다 더 심했다.

보기 애처로운 지경이었지만 달리 어떻게 도울 수 있는 방도가 없었다. 보다 못한 나는 아빠랑 기도하자고 하며 콧물 범벅이 된 녀석을 무릎에 앉히어 꼬옥 끌어안았다. 으스러뜨리기라도 할 듯이 온 힘을 다하여 껴안은 채 엉엉 울면서 기도했다.

하나님 저는 애처로워서 차마 볼 수가 없습니다, 하나님은 안 그렇습니까 라고 기도드렸던 것 같다.

기적이 일어났다.

그 때부터 막내의 알레르기 재채기는 뚝 멈추어 나았고 성인이 되도록 재발도 하지 않는다.

한때 나의 위(胃)에는 직경 3 cm이상 크기의 동그란 물혹이 있었다. 내시경 때에 내 눈으로도 보았다. 당장 건강에 영향을 주는 것은 아니라고 하지만 늘 주의하고 관찰해야 한다는 의사의 주의 때문에 신경이 쓰여서 오랫동안 기도를 해 왔던 문제이다.

그런데 그 물혹이 언제인지도 모르게 흔적조차 보이지 않게 되었다. 또 한때 나에게는, 잘 낫지 않는다는 다른 질병도 있어서 기도해 왔다. 어느 날 그 부위 위에 손을 얹고 기도하는데 갑자기 찬바람이 지나 가듯 시원한 느낌을 받았다. 하나님이 고쳐 주신 것이다.

당연히 나는 아내의 비염도 고쳐주시도록 계속 기도해 왔으며 횟수와 시간의 분량으로 비교하면 막내아들을 위한 경우와는 비교도 안 될 정도로 많이 기도했다.

그럼에도 불구하고 아내의 비염은 수십 년 간 여전히 낫지 않고 있다.

도대체 자기를 위해서 기도하기는 하는 것이냐 라든가 건성으로 기도하는 것 아니냐 라고 때때로 나에게 핀잔을 주기도 한다.

나 혼자 생각으로는 어쩌면 막내를 위한 기도가 아내를 위한 기도보다 더 간절했던 것 아니냐고 여긴다.

우연한 기회에 나는 우리 교회 당회 원들에게 위의 사실을 간단히 간증하였다.
그랬더니 담임 이규현 목사께서 즉석에서 명쾌한 해석을 내려 주셨다.

아들은 평생에 한번만 안고 기도하고 아내는 한 평생 안고 기도하라는 뜻이라고.

16

일어나 걸어라

　내가 다닌 부산 수영로교회의 교육 프로그램 중에는 대략 10개월 정도 집중적으로 성경 말씀과 기도의 영성훈련을 받게 한 후 마지막에는 국내 또는 국외로 팀별로 나가 단기선교와 전도활동을 하여 실제로 적용, 실습하는 과정이 있었다. 사명자 학교라는 것이었다.

　나는 1999년 하반기에 그 과정에 교육생으로 참여하여 스파르타식으로 진행된 소정의 집중교육을 받은 후 졸업여행으로 2000. 7. 13.부터 같은 팀원인 남녀 성도 10여명과 함께 경남 남해의 어느 어촌으로 단기 선교여행을 다녀오게 되었다.

　다른 팀들과 마찬가지로 우리 팀원들은 모두 성인들이었으나 전도의 메시지가 담긴 율동과 찬양을 유치원 어린이들 마냥 열심히 익히어, 목적지로 가는 도중이라도 사람들이 모이는 곳이면 그들 앞에서 부끄럼 없이 율동을 선보이곤 하였다.

　목적지 어촌에 도착하여 율도교회에 짐을 푼 후에는 팀원들이 흩어져 가가호호 방문하며 준비해간 선물을 전하고, 또 우리 일행 중 의사 2사람이 함께 와서 내일 교회에서 무료 진료를 해 드리니 누구든지 스스럼없이 방문하여 진찰을 받아 보시라고 권했다.

그랬더니 이튿날에는 아침부터 주민들이 교회로 와서 진찰을 받아 보고, 의사가 용하다느니 교회가 좋은 일 한다느니 덕담을 해 주기도 하고 또 교회 마룻바닥에 끼리끼리 모여 앉아 사랑방처럼 반갑게 담소를 나누기도 하므로 우리들은 간식을 대접하며 틈틈이 준비된 프로그램을 지혜롭게 진행하기도 했다.

그렇게 분위기가 은혜롭게 어우러져 있을 때, 마을에 나갔던 팀원 중 덩치가 크고 힘이 센 박 집사가 남자 환자 한 분을 업고 교회로 돌아왔다.

중풍환자라고 했다. 입술이 바로 닫히지 않아 침이 흘러내리므로 그의 부인이 연신 수건으로 침을 닦아주고 있었고 당연히 걸을 수 없는 상태였다.

먼저 와 있던 마을 주민들도 그가 누구인지 단박에 알아보면서 저 사람도 왔네라는 표정들 이었다.

사실 우리 일행은 모두 난감해 했다. 그런 중증 환자를 일부러 업기까지 하여 데리고 오면 어쩌자는 말이냐는 눈치였다. 모여 있는 주민들도 아무 말 없이 우리를 주시하고 있는 분위기를 느낄 수 있었다. 의사인 팀원 두 사람도 가타부타 말이 없었고.

그렇다고 하여 교회까지 업고 온 환자를 무작정 우두커니 보고만 있을 수는 없고 그냥 가라고 돌려보내는 것은 더더구나 말이 안 되는 판국이었다. 자칫하면 우리가 허풍만 친 우스꽝스런 예수쟁이들이 될지도 모른다.

결국 잘 앉지도 못하는 그 환자를 좀 무리해서 의자에 앉힌 후 모든 팀원들이 빙 둘러서 함께 찬송하고 또 그를 붙들든지 혹은 손을 내 밀든지 하여 큰 소리로 기도하기를 몇 차례 반복하였다.

성경에서 보여 주셨던 것처럼 이 사람도 오늘 이 자리에서 걷도록 해 주십사고.

하고 또 하고…… 모두 땀범벅이 되도록 하였다.

그러다가 그 때까지 다른 주민을 진료하고 있던 우리 팀원 의사가 가까이 오더니 중풍 환자에게 '걸을 수 있을 것 같은데 한 번 걸어 보세요'라고 점잖게 말을 했다.

그러자 그 환자는 부축을 받아 부스스 일어서더니 뒤뚱뒤뚱 몇 발짝 걸었다.

그 순간 우리들과 동네 주민들이 동시에 와~ 하고 탄성이 터졌다.

환자 자신도 너무 신기했는지 몇 발짝씩 걷다가 앉기를 되풀이 하다가 나중에는 예배당 안을 빙글빙글 돌며 걸어 다녔다.

의사가, 갑자기 너무 많이 걸으면 안 좋을 거라고 말렸지만 환자는 입술 사이로 침을 흘리면서도 신기하다는 표정으로 계속 걸으려 하였다.

환자가 오랫동안 누워서 지내 오던 사정을 잘 아는 마을 주민들은 우리보다 더 놀라는 것 같았다.

결국 교회에 올 때에는 업혀서 왔던 그 환자는 돌아 갈 때에는 부인과 함께 걸어서 갔다.

감격스럽게 하루 일정을 마치고 온 팀원들이 저녁 식사를 하고 있을 때 그 환자의 부인으로부터 전화가 왔다. 남편이 교회에 다녀 온 후 방광이 막혔는지 몇 시간 동안 소변을 보지 못하여 너무 괴로워 한다는 것이다.

다시 교회로 데려오게 하고 이번엔 남자 성도들만이 기도에 참석했다. 환자의 하복부에 손을 얹고 함께 기도한 후, 이제 집에 가면 고통 없이 소변이 나올 터이니 그리 알고 돌아가라고 했다.

잠시 후 그의 부인으로부터 다시 전화가 왔다. 시원하게 소변을 보게 되고 하복부의 통증도 사라졌다고.

우리는 과연 하나님께서 이 중풍병자를 고쳐 주실지 않으실지는 모르지만 적어도 하나님께서 원하시면 그를 낫게 하실 수 있다는 사실은 다 안다.

그리고 우리로서는 달리 어떻게 손을 쓸 수 있는 여지가 없고 오직 하나님의 기적만 바랄 뿐이다. 그래서 기도 한 것이다.

어쩌면 우리들의 속마음에는 그 병자를 불쌍히 여기기보다, 둘러선 마을 주민들을 의식하여 그들에게 하나님의 사랑과 능력을 보여주고, 하나님이 우리들의 아버지이심을 보여주고 싶은 생각이 더 컸을 가능성이 많다.

기도도 진정 애절한 마음으로 하지 않았을 수도 있다.

어느 팀원이든 하나님께서 반드시 낫게 해 주실 줄 철석같이 믿고서 기도했었노라는 말은 듣지 못했다.

그럼에도 불구하고 하나님께서는 그 자리에 임재하심을 나타내시고 우리의 형편없는 함량미달 기도를 들어 병자를 고쳐 주셨다.

후에 그 일을 되새기면서 하나님께서 그렇게 당장 고쳐 주실 줄 알았더라면 좀 더 의젓하고 큰 소리로 성경에서 배운 대로 '예수의 이름으로 명하노니 일어나 걸어라'고 선포하고 그 순간 중풍 병자가 벌떡 일어났더라면 폼도 나고 더 극적이었지 않았을까 라는 우스꽝스런 생각이 스쳐간 때도 있었지만 사람이란 역시 어떻게 해서든 제 자랑도 끼어 넣어 폼 잡고 싶어 하고 기도에 응답해 주신 하나님보다 열심히 기도한 자신들을 더 드러내고 싶어 하는 무서운 교만 덩어리임을 숨길 수 없나 보다.

17
해운대 달맞이 언덕, 잘 생긴 아빠

　오래 동안 전세 살던 바닷가의 비치아파트가 팔리는 바람에 비워 주고 이사 간 곳은 해운대 달맞이언덕 이었다.

　해운대 백사장이 내려다보이고 맑은 날에는 대마도까지 보이는 동네이다.

　그 곳에도 우리 교회 성도들이 많이 살고 있었으나 내가 이사 감으로써 장로가 그곳 교구의 식구가 되기는 처음이라고 한다.

　이제 장로가 왔으니 특별히 환자들을 심방하며 기도도 해 주기를 바란다는 말도 들렸다.

　얼마가지 않아 바로 과제가 떨어졌다.

　어느 신실한 기도의 맹장 최** 여(女) 집사가 요청하기를, 자기 구역에 젊은 부부와 어린 아이 하나 이렇게 3식구가 사는 가난한 가정에서 남편이 중병에 걸려서 곧 죽게 되어 있으니 가서 기도를 해 주면 좋겠다는 것이다.

　성경에 병든 자는 장로를 청하고 장로는 그를 위하여 기도하라고 되어 있으니[4] 장로가 심방하여 기도해 주면 낫지 않겠느냐고 까지 하더라는 것이다.

---

4 야고보서 5:14 참조

낫고 말고는 다음 문제이고 일단 가서 기도는 하겠다고 했다.

가서 보니 영화배우처럼 잘 생기고 키도 큰 젊은 남자가 배가 심하게 부어올라 기동을 하지 못한 채 조그만 방에 누워 있는 모습이 정말 죽음을 앞둔 사람처럼 보였다.

무슨 병인지 물어 보지는 않았으나 본인도 거의 포기한 듯이 보였다.

환자를 심방할 경우에는 대개의 경우 함께 찬송과 설교 등 예배를 드리면서 기도를 하는데 나는 보통 그냥 기도만 한다.

그 날도 나 혼자, 부어 오른 그의 배를 여러 번 부드럽게 어루만지며 기도만 했다.

그 후에는 나는 그를 잊고 있었다.

그가 병이 완쾌되었고 살아났다는 말을 들은 것은 한두 달 후의 일이다. 그러면서 내가 어떻게 했기에 나았는지 환자 본인도 궁금해 한다는 말도 들렸다.

교회에서 마주 칠 때 마다 말쑥하게 차려 입고 정중하게 내게 인사를 하는 그 젊은이를 보면 나도 신통하여 그에게서 눈을 못 떼게 된다.

그렇다고 하여 나는 흔히 말하는 것처럼 하나님께서 내게 병 고치는 은사를 주셨다는 생각은 해 보지 않았다.

그 후 언젠가는 이런 일도 있었다.

교회의 C 안수집사가 입원하였으며 거의 임종을 기다리고 있는 정도이니 마지막인 셈 치고 와서 기도를 해 달라는 전갈이 왔다.

여러 해 동안 교회 교육부서에서 열심히 사역해 왔으며 나 보다 나이는 훨씬 위이면서도 내가 장로랍시고 깍듯이 예의를 갖추려 하는 분이다.

병원에 갔더니 몰골은 말이 아니었고 피를 자주 토하며 멈추지 않는다고 하였다.

내가 기도를 하려 하였는데 평소의 정(情) 때문인지 제대로 시작도 하기 전에 눈물부터 나왔다.

나는 기도할 때에 잘 우는 경향이 있다.

회중 앞에서 대표기도를 할 때에도 그리하여 민망한 때가 더러 있는데 이날도 눈물이 솟구치고 목이 메이는 바람에 꺽꺽대며 울다가 끝난 거 같다.

어!! 그런데 얼마 후 C 집사는 밝은 웃음과 함께 교회에 나타났다. 자초지종을 물어보지 않았고 물어 볼 필요도 없지만 그 후에도 교회에서 나를 멀리서 보기라도 하면 온 가족이 우르르 몰려 와서 인사를 하는 바람에 나는 여간 뿌듯하지 않았다.

그 일 후에 나는 하나님께서 나에게 병 고치는 은사를 주셨거나 병자를 위한 나의 기도를 잘 들어 주신다는 생각을 하게 되었고 병자를 위하여 기도하는 것을 사양하지 않고 일부러 내 편에서 권하기까지 하여 함께 기도를 하곤 했지만 중병이 나았다는 말은 더 이상 들려오지 않았다.

심지어 알레르기 비염으로 반평생 고통 받는 아내를 위해서도 기도 하지만 그는 여전히 낫지 않고 있다.

18
하나님의 돈 주머니

　나는 교회에 출석한 후 비교적 일찌감치 십일조 헌금을 해왔다.
그런데 나름대로 하노라고 하면서도 제대로 하고 있기는 한지 때때로 찝
찝한 경우도 있었다. 혹시 내가 원래 바쳐야 할 액수보다 적게 드리고 있
지는 않는가 하는 의심 때문이었다.

　개인 변호사 사무실을 운영하다보니 그달그달 들어오는 소송 수임료
를 비롯한 수입이 모두 내 개인의 가방에 들어가고 지출 또한 비교적 편
하게 관리한 관계로 십일조 액수도 정확한 계산보다는 대충 어림잡아 하
기가 일쑤였다.

　아내도 그런 생각이 들었는지 '온전한 십일조'를 드리도록 기도하자고
하여 우리는 이를 위하여 기도했다.

　그러면서 우선 매달마다 한 달 동안의 수입금을 현금으로 모두 모아 보
기로 하여 진홍색 벨벳 천으로 큼지막한 돈주머니를 만들었다.

　그리고 사무실을 통하여 받게 된 수입금을 그날그날 그대로 그 주머니
속에 갖다 넣었다. 예금계좌로 부쳐오는 돈은 일부러 현금으로 인출하여
갖다 넣었다.

우리 가족들은 그것을 하나님의 돈주머니라 부르고 그 속의 돈은 하나님이 임시로 맡겨 놓으신 것으로 여겼다.

그리하여 나 외에는 아내까지도 손을 대지 아니 하였다.

그렇게 하여 한 달을 차곡차곡 모았더니 주머니가 팽팽 할 만큼 가득 찼다.

모으는 중에 직원들의 급여를 주거나 사무실의 운영에 필요한 돈은 그 주머니에서 끄집어내어 갔다.

그러나 나의 개인적 생활이나 용도를 위해서는 손을 대지 않으려 하였으며 부득이한 경우에는 하나님으로부터 빌리는 식으로 하여 차용증을 써서 주머니 속에 넣어두고 돈을 꺼내 간 후 나중에 도로 갚아 넣거나 월말의 계산 때에 누락되지 않도록 했다.

아내가 꼭 필요한 돈을 나에게 달라고 요구하지만 가진 돈이 없을 때가 있다. 그럴 때 아내는 '당신 아버지로부터 좀 빌려서라도 주시오'라고 요구하기도 한다.

그것은 하나님의 돈 주머니로부터 차용 좀 하라는 뜻이다.

그렇게 하여 모은 돈은 월말에 모두 끄집어내어 세어 보고서 그 중 10분의 1만 십일조헌금 몫으로 따로 구별하고, 나머지는 내 몫으로 제친다.

나머지 내 몫이라는 건 10분의 9를 말한다.

그래놓고 둘을 한 자리에서 보면 10분의 9는 10분의 1보다 부피나 액수에서 비교가 되지 않을 만큼 크다는 현실을 바로 알게 된다.

당연한 것이지만 머릿속에서 산수로 계산할 때와는 감각이 확연히 다르다.

그 주머니에 든 돈은 모두 하나님께서 맡겨 놓으신 것이므로 하나님께 다 드리는 것이 맞을 게다.

그런데도 하나님께서는 그 중 10분의 1만 바치게 하시고 나머지 10분의 9를 나에게 주시고 있다는 사실을, 그리고 그 둘의 차이는 매우 크다는 현실을 새삼스레 내 눈으로 보게 되고 손으로 만지고 있는 것이었다.

그 이전에는 은연중에 내가 나의 수입 중 10분의 1을 하나님께 드린다는 생각이 도사리고 있었는데 알고 보니 그게 아니라 거꾸로 하나님께서 하나님의 돈 중 10분의 9를 나에게 주시는 것임을 실감하게 되었다.

그 10분의 9까지도 당연히 하나님의 소유라는 고백을 담아서 그에 대한 감사의 증거로 10분의 1만 구별하여 바치라고 하신 것이다.

이러한 인식의 변화는 나로 하여금 10분의 1을 주목하기보다 10분의 9를 보고서 더 감사할 수 있게 하였다.

그렇게 하여 하나님으로부터 내가 월급 받는 날은 매월 말일이 되었다.

월말마다 돈 주머니를 쏟아서 하나님의 월수입을 셈하는 일은 큰 즐거움이었다.

주머니의 입이 닫히지 않을 정도로 액수가 많은 달도 있었다.

그럴 때에 나는 '하나님 축하합니다. 이번 달에는 돈 많이 버셨네요' 이렇게 속삭이기도 하였다.

흔히들 돈을 잘 벌면 생활에 여유가 생겨, 수입이 적을 때보다 십일조헌금을 더 잘 할 것 같이 여긴다.

대개의 경우 십일조 액수가 크지 않을 때에는 큰 거리낌 없이 드려진다. 1~2백만 원 정도가 되더라고 눈 질끈 감고 흔쾌히 드릴 수 있다.

그러나 내 경험으로는 십일조의 액수가 일정 선 이상으로 넘어서면 마음이 캥기려 하고 손이 오그려들려고 한다.

나에게 주어지는 10분의 9는 잘 안 보이고 하나님께 드리는 10분의 1의

액수만 눈에 들어와 자꾸 크게 보이려 한다.

사실이지, 그럴 때면 내가 즐거운 마음으로, 당연한 생각으로 드릴 수 있도록 마음을 다스려 주십사고 기도를 하지 않으면 안 된다.

나와 가깝게 지내면서 고급 공무원으로 재직하던 어떤 성도가 옛날에는 십일조 헌금을 잘 했는데 근래에는 그 헌금이 잘 되지 않는다는 말을 하기에 혹시 수입이 많아져서 십일조로 바쳐야 할 액수가 많아진 것이 아니냐고 물었더니 그렇다는 것이다.

나는 불안해 졌다. 정액 월급을 받는 공무원이 수입이 많아졌다니? 얼마 후 그 성도는 뇌물을 받은 것이 탄로나 형사처벌을 받았다.

내가 변호사를 그만두고 공직생활을 할 때에는 매월 급여를 예금통장으로 송금 받아 보니 하나님의 돈 10분의 10. 그 중 나에게 주시는 10분의 9를 세어보고 만져보고 느껴보는 즐거움이 없어져서 아쉬웠다. (2005. 12. 16.)

19
다양성(多樣性)

어느 정당으로부터 전략공천을 받아 부산의 어느 지역구에 국회의원 후
보로 출마한 적이 있었다.

내가 속한 정당이 부산에서는 인기가 없는 정당이어서 결코 쉽지 않은
여정일 것을 예상하기는 하였지만 실제로 선거운동에 들어가 보니 생각
이상으로 어려웠다.

나보다도 아내는 더 어려워했다.

원래부터 사람들 앞에 나서기를 싫어하여 선착순 줄을 서더라도 꽁무니
쪽에 서고, 몇 사람 앞에 서서 인사말이나 대표기도를 해야 할 경우에도 나
더러 대신하라고 하고, 낯선 외국으로 여행을 가면 언제나 내 뒤에만 붙어
다니는 그런 성격인지라 사람들에게 말을 건네면서 후보자인 남편의 명함
을 나누어 주고 선거 운동을 하는 것이 체질과는 정 반대였던 거다.

게다가 길거리에서 맞대어 놓고 인신공격성 말을 해 오는 유권자를 만
나기라도 하는 경우에는 허허벌판에서 여름 소나기 맞듯이 도망가지도 못
한 채 멋쩍게 미소를 머금으며 고스란히 당해야 한다.

그나마도 승산도 별로 없어 보여서 힘이 나지도 않는다.

투표일이 임박하자 결국 아내는 더 이상 참지 못하고 울분을 터뜨리고 말았다.

그것도 하나님 앞에서.

교회에 가서 눈물 콧물 쏟으며 아우성으로 기도를 하였는데 남편을 당선되도록 해 달라거나 앞길을 열어 달라는 내용이 아니라, '내가 왜 남편 때문에 이 꼴을 당해야 합니까, 사람들이 나에게 화살을 쏘아 댑니다. 때로는 잘 아는 우리 교인도 그러합니다. 너무 아픕니다. 나는 도저히 못 하겠습니다'라고 했단다.

말 그대로 하소연뿐이었던 거다.

한참을 기도하던 중 갑자기 기도의 언어가 방언으로 바뀌면서 방언 한 구절 기도하고 그 말을 우리말도 통변하고, 또다시 방언으로 기도하고 우리말로 통변하고…… 그런 식으로 기도가 바뀌었다.

아내는 그 이전에 방언의 은사를 받아 있었지만 통변은사는 받지 못하여 자기가 방언을 하면서도 그 의미를 알지 못하였는데 그 날은 달랐다.

그런 식으로 아내가 받은 기도 응답은 3구절 이었는데, 여기서는 조심스러워 소개할 수가 없다.

하나님께서는 선거 당선 여부에 대한 직접적인 표현은 하지 않으셨지만 우리 내외는 전체의 내용으로 보아 당연히 당선에 대한 응답이라고 여겼고 남은 며칠 동안은 즐겁게 선거 운동을 하였다.

그러나 기대와는 달리 낙선하였다. 나뿐만 아니라 부산지역에서는 내가 속한 정당 후보자는 1곳을 제외하고 모두 낙선하였다.

우리 내외는 하나님의 기도 응답이 당선에 대한 응답이 아니라 다른 방향의 응답이었음을 시일이 지나면서 차츰 깨닫게 되었고 계속하여 지금까지도 그 응답의 열매를 먹고 있다.

그런데 정작 나는 그 선거의 낙선 결과 보다 더 큰 상처를 받은 실망꺼리가 있었다. 눈물겹도록 물심양면으로 도우고 헌신해준 친구, 친지도 많지만 이해되지 않을 정도로 외면하는 사람도 적지 않았다.

그 중에서도 내가 가장 실망한 사람은 두 사람이었다.

한 사람은 고교 재학 때부터 수 십 년간 허물없이 지내오는 친구이고 또한 사람은 내가 교회에 다니면서 새로 알게 된 대학교 선배였다.

그 친구는 교회에 다니지는 않았지만 서로 간에 마음 씀이 유별나서 도울 일이 있으면 기꺼이 서로 도왔다.

또 대학교 선배는 내가 오래 동안 신앙지도를 받고 교분을 쌓으면서도 늘 조심스러웠지만 사실 내 딴에는 할 수 있는 일이라면 그를 위하여 기도도 하고 물심양면으로 최선을 다 해 왔다고 해도 과장이 아닐 거다.

내가 수십 일 간 선거운동을 하느라고 온갖 수모와 어려움을 당하고 심신이 곤고할 때 위의 두 사람은 마음에서 우러난 격려 전화 한 번도 없었다.

우리의 관계를 잘 아는 주위 사람들도 의아스러워 할 정도였다.

내가 속한 정당이 마음에 안 들었기 때문일 가능성이 제일 크고 내가 뜬금없이 정치판으로 들어간 것 자체가 마음에 안 들었기 때문일 수도 있다.

그런걸 보면 정치적 신조는 무섭고 선거는 더러운 것이라는 생각도 든다. 그 까짓게 무엇이기에 오래 쌓아온 친분마저 외면해야하는가 라는 푸념도 해 보았다.

그래도 만약 입장이 뒤바뀌었더라면 친구나 선배가 몹쓸 범죄를 저지르지 않은 이상 나라면 그렇게까지 몰라라 하지는 않았을 것 같은데 그들이 야속하기도 하고 도통 이해가 되지 않아서 참을 수 없었다.

결국 나는 친구를 만났다. 여태 해 본적이 없는 험한 말을 쏟아 부었고 친구는 진정으로 사과했다. 어찌 어영부영하다보니 그렇게 되었다고 했다.

그렇게 하여 우리는 회복되었다.

그러나 선배에게는 내가 그렇게 퍼부을 처지가 되지 못한다. 선배이기 때문이기도 하고 또 사실 만나기조차 싫었다.

참다못해 나는 하나님께 여쭈어 보았다. 이럴 수가 있느냐고, 그래도 되는 것이냐고, 내게 무슨 문제가 있었던 것이냐고.

나의 경험에 의하면 내가 대인관계의 일로 다른 사람을 하나님께 고자질 하면 하나님은 오히려 나를 나무라시지 상대방 탓으로 말씀하시는 경우는 한 번도 없었다.

그래서 나는 아예 다른 사람으로부터 받았던 상처를 가지고 하나님께 일러바치는 식의 기도는 하지 않으려 한다.

그러나 그 선배의 경우는 도저히 참을 수가 없고 이해도 되지 않아 기도를 드렸던 것이다.

결국 하나님으로부터 응답을 받았다.

위로의 말씀? 역시 아니었다.

'다양성을 인정하라'는 것이다:

다양성?

이런 사람은 이렇고 저런 사람은 저러니 서로 다름을 인정해야지 나의 잣대로 평가하지 말라는 말씀이다.

'아, 그렇군요, 알았습니다. 과연 하나님은 어떤 문제이건, 해답을 몰라서 답변 못하시는 경우는 없으시군요, 좋습니다. 그러면 앞으로 저도, 경우와 사람에 따라 이렇게 저렇게 대하고 그 선배에게도 그렇게 대할 터이니 저의 다양성도 인정해 주십시오'라고 몽니를 부리고 마무리 지었다.

20
술과 담배, 그리고 십일조

아버지는 술을 즐기셨다. 본인만 즐기신 것이 아니고 내가 어릴 때부터, 남자는 사회생활을 원만히 하기 위 하여는 술을 예의바르게 마실 줄 알아야 된다고 하시면서 저녁 식사 반주(飯酒)에서 어린 자식들에게도 한 모금씩 주시기도 하셨다.

술을 마시되 절대로 비틀거리거나 헛소리할 정도로 마시면 안 된다는 당부를 잊지 않으셨다.

그 덕분에 우리 형제들은 다들 주량(酒量)이 엄청 세다.

내가 교회 다닌 후에는 신앙 양심 상 그 문제가 큰 걸림돌이 되었다.

교회 다니면서도 술에 잔뜩 취하여 정신없이 쓰러져 잔 어느 날 밤이었다.

잠결에 옆구리가 건질 거렸다.

긁으려고 손을 대는 순간 깜짝 놀랐다. 큰 혹 같은 게 만져 졌다.

주변을 쓰다듬어 보니 한 개가 아니라 몇 개의 혹이 포도송이처럼 만져 졌다.

아, 이런 거는 암이라고들 하던데……, 덜컥 겁이 났다.

하나님 저 좀 살려 주십시오라고 고함을 질렀다.

그리고 무슨 영문인지 뜬금없이 '저는 어릴 때부터 고생스레 공부한 것밖에 없는 데요'라는 밑도 끝도 없는 소리도 했다.

내 소리에 내가 놀라 깼었다. 꿈이었다.

반사적으로 옆구리를 만져보니 혹은 없었다. 휴, 다행이다!!

하나님이 주신 옐로우 카드(yellow card)였던 거다.

담배의 문제는 술과는 비교가 안 될 정도로 더욱 끈질겼다.

우리 사회에 지금처럼 금연구역, 금연건물, 흡연 과태료, 금연치료 등이 생긴 건 사실 그리 오래지 않다.

그 이전에는 우리나라에서는 담배인심이 제일 좋다고 해도 과언이 아니었고 흡연 문화가 널리 보편화 되어 있었다.

나는 평균 이상으로 담배를 즐겼고 흡연 량도 많았다. 하루 종일 피우다 보면 혓바닥이 갈라져 짠 음식을 먹기 거북할 정도였다.

교회에서 주일학교 중등부 교사를 하며 흰 와이셔츠 호주머니에 담배 갑을 넣어둔 것을 잊고서 학생들 앞에 서는 경우도 있었다.

아무리 애를 쓰고 기도를 해도 끊을 수 없었다.

어느 해 신정(新正) 연휴에는 파주 오산리 금식 기도원에 가서 오직 한 가지, 담배 끊도록 해 주십사고, 담배가 싫어지게 해 주십사고 만 기도드렸다. 그렇게 4일 간 금식기도를 하니 이젠 끊어진 것 같은 느낌이 들었다.

집에 돌아오니 과연 담배가 끊어졌는지 궁금했다.

실험삼아 한 개 피를 물어 보았다. 그러나 그것으로 도루묵이 되어 버렸다.

그 이후엔 전보다 흡연 량이 더 많아졌다.

어느 주일 오후 소파에 앉아 낮잠을 자다가 잠깐 꿈을 꾸었다.

나의 입안과 목구멍이 마치 늙은 나무의 껍데기가 바짝 말라 일어나듯이 더덕더덕 하얗게 일어나 있는 꿈을 꾸었다.

꿈이지만 끔직하여 소름이 끼쳤다.

그것 역시 하나님이 주신 경고장 이었다.

그 길로 담배가 딱 끊어졌다.

아예 피우고 싶은 생각이 들지 않았다.

남자들 중에는 가끔 술, 담배를 끊지 못하여 교회에 나갈 수 없다고 말하는 사람을 본다. 나는 그 문제라면 전혀 염려하지 말고 교회에 나오라고 권한다.

술 담배 안 하면서 교회에 안 나오는 편 보다 술 담배 하더라도 교회 나오는 편이 하나님 앞에서 훨씬 점수가 높다고 말해준다.

또 위에서 적은 내 경험을 말해 주면서, 어금니 깨물고 끊으려 하지 않아도 정말로 끊을 마음만 있으면 하나님께서 자연스레 끊게 해 주실 것이라고 말해 준다.

아끼고 좋아하는 후배에게 전도했더니 그의 부인이, 교회가게 되면 십일조 헌금이라는 걸 해야 된다던데 라며 우려한다기에 그 문제라면 아무 걱정하지 말고 교회오라고 권유했다.

헌금하고 싶은 마음이 생길 때까지 헌금이나 십일조 같은 건 생각도 하지 말라고 권유했다.

지금은 그의 온 가족 5식구가 모범적인 신앙생활을 하면서 자발적으로 십일조 헌금까지 잘 하고 있어서 주위에 감동을 주고 있다.

나는 교회에 다니면서도 술, 담배를 해도 괜찮다든가, 십일조 헌금을 하지 않아도 된다는 말을 하려는 것이 아니다.

아직 신앙의 뿌리를 견고하게 내리지 못한 사람에게 공연히 그런 걸 들어 정죄하거나 압박하여 전도의 문을 닫지 말며 하나님께서 순적하게 인도하시도록 기도해 주며 의탁해야 한다는 것이다.

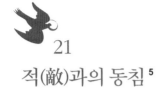

21
적(敵)과의 동침 [5]

정**선교사가 사역하는 인도 벵갈로의 주인도 한국선교부를 내가 처음 방문한 때는 1998. 3월 이었다.

당시 부산 수영로교회의 선교부서 담당 장로로서 선교실정을 체험하고 선교안목을 넓히기 위하여 여러 해외 선교지를 여행하던 중 그곳에도 들르게 되었을 뿐 사전에 일면식도 없고 특별한 소개를 받은 적도 없는 터였다.

가보니 정**, 변** 부부선교사를 중심으로 여러 한국인 선교사들이 팀을 이루어 사역을 하고 있었다.

오래 전에 그곳으로 와서 아시아 신학대학과 대학원, 그리고 바울학교라는 청소년 미션 스쿨을 개척, 설립하여 운영하면서 복음을 가르치고 기독교 지도자를 양성하는 사역을 하고 있었다.

---

5 이 글은 내가 부산 수영로교회에서 2003. 5. 4 주일 저녁 예배 때에 간증한 내용의 일부만을 발췌한 것이며 인도 선교여행기이다.

바울학교(St.Paul School)는 정부인가를 받아 우리나라의 유치원부터 고등학교 1학년 정도까지를 학년별로 모아놓은 학교였고 수십 명의 크리스천 인도 교사들이 수 백 명의 학생들을 기독교 정신으로 교육하고 있었다.

까마 짭짤한 피부, 오똑한 콧날, 반짝거리는 눈망울의 어린 학생들이 한 목소리로 성경구절을 줄줄 암송하는 모습은 가히 감탄스러웠다.

그러나 학교시설은 열악하기 그지없어서 포장되지 않은 교실바닥은 흙먼지가 풀썩거리는 맨땅이고 벽도 있는 둥 없는 둥하며 낡은 슬레이트 지붕이 햇빛만 가리는 정도이어서 우리 농촌의 웬만한 창고보다 더 초라해 보였다.

함께 있는 신학대학의 건물과 기숙사는 바울학교보다는 좀 낫긴 했으나 엇비슷하였다.

우리 일행은 그곳에 머무는 동안 교사, 학생들과 어울리고 때 마침 치러진 신학대학과 바울학교의 합동졸업식에 참석하기도 하였으며 그 신학교 출신들이 시골고향에 개척한 교회들을 방문하여 함께 예배하고 성도들의 가정을 심방하는 등 분주하면서도 감동적인 일정들을 보냈다.

계획된 귀국일, 공항으로 출발하기 직전에 정 선교사의 제안으로 우리는 바울학교 운동장 끝 공터에 한 자 정도 깊이의 구덩이를 판 후 큰 돌 3~4개를 주워 와서 절반씩 묻히도록 심었다.

영문을 몰라 하는 우리에게 정 선교사는 그 돌 하나씩을 붙잡고 합심(合心) 기도를 하자고 하였다. 그 돌이 놓인 곳에 바울학교의 새 영구건물이 세워지도록 기도하자는 것이다.

그것은 전혀 예상하지 못했던 돌발사건인데다가 여태까지 한마디도 서로 나누지 않았던 기도제목이어서 매우 당혹스러웠지만 비행기 탑승시각에 쫓겨 마음이 달아있었기 때문에 묻고 어쩌고 할 겨를도 없이 시키는 대로 서둘러 대충 기도하고 그 자리를 떠났다.

그렇게 엉겁결에 마지못해 건성으로 하게 된 기도였지만 나는 귀국 후에도 바울학교와 신학교의 교사신축을 위하여 계속 기도하게 되었고 다른 선교지의 기도는 못하더라도 정 선교사의 인도사역을 위해서는 꼬박꼬박 기도하려고 애썼다.

그러다가 우리 수영로교회의 정필도 담임목사께서 인도 이웃나라에서 선교집회를 한 후 바울학교를 방문하게 되었고 교회가 얼마간의 학교건물 신축헌금을 해주었지만 그 후에도 좀처럼 신축이 진행되는 기미를 보이지 않고 있다가 1년 후인 1999. 2.에 기공예배를 하여 나도 함께 참석하였다.

기공예배를 드리고 귀국한 후에도 한동안 건축 진행 소식을 듣지 못하여 답답하던 중 하루는 굵고 진한 글씨로 SOS라고 쓴 팩스가 인도로부터 왔다. 내용인즉 신축공사를 시작하기는 했으나 공사 감독할 사람이 없어서 아무 경험도 없는 선교사들끼리 번갈아 감독하고 있으며 그 나마도 제대로 감독이 되고 있는 것인지 조차 알 수가 없으니 감독할 만한 평신도 기술자를 보내어 달라는 다급한 내용이었다.

하기야 선교사들이 언제 집을 지어보았겠는가. 더구나 4층짜리 큰 공공
건물을 짓는 것을 눈여겨 구경이라도 하였겠는가. 무슨 수로 설계도면을
읽을 수 있을 것이며 콘크리트 배합이나 철근의 강도가 제대로 된 것인지
어찌 식별하겠는가.

그리하여 수영로교회 주보에 인도로 선교여행 다녀 올만한 자비량(自費
糧)의 건축전문가를 구한다는 광고를 계속내면서 골고루 조건을 갖춘 헌
신된 평신도 적임자를 보내어 달라고 기도하던 중 몇몇 지원자와 함께 이
(李)** 집사가 자원해 왔다.

나도 그랬고 다른 장로들도 그를 잘 알지는 못했지만 그는 건축회사의 사
장이라고 하였고 건강, 시간, 경제력, 마음가짐 등에서 안성맞춤으로 평가
되었으므로 그를 인도로 보내기로 결정하고 길 안내는 내가 하기로 하였다.
(나는 변호사이다. 위의 일이 있기 1여 년 전에 어떤 회사의 위임에 의하여
다른 회사를 상대로 부동산 관련 민사소송을 제기하였는데 나중에 알고 보
니 그 소송 상대방 회사의 사장이 이 집사라고 했다. 내가 이 집사와 그의
회사를 몰랐던 관계로 공교롭게도 맞상대가 되어 온 사정을 이 집사도 이해
하였으며 나는 앞으로의 소송수행과정에서 양심대로 페어플레이를 하겠다
고 약속하고 그대로 지켰다. 함께 인도에 갈 때까지도 소송은 끝나지 않고
계속 중이었으나 우리는 개인적인 감정의 대립이 있는 것은 아니었으므로
동행하기로 하였다. 우리끼리는 이것을 '적(敵)과의 동침'이라고 불렀다)

나는 몇 번이고 이 집사에게 내가 잘 모시고 다녀 올 터이니 편안한 마음
으로 가면 된다고 하였고 이 집사는 '잘 모신다'는 표현을 듣기 거북해 했

지만 사실 나는 이 집사의 인도행이 그 동안의 기도의 열매이며 소중한 걸음이라고 여겨졌기 때문에 모시고 갔다 오겠다는 말이 영 빈말은 아니었다.

3개월간의 기도준비를 한 후 함께 인도로 갔다.
가서 보니 애초에 돌무더기를 심고 기도했던 바로 그곳에 건물 신축공사가 시작되었으나 기초공사와 그 위에 1층을 올리기 위한 철근 콘크리트 기둥만 세워둔 채 1층 슬래브도 치지 못하고 하염없이 중단된 채 철근이 녹슬어 가고 있었다.

이 집사의 방문은 엄청난 도움이 되었다. 설계도면을 검토하고 안전진단을 하고 현지의 설계사와 공사업자를 만나 의논하며 충고하고 선교사들에게 공사감독을 할 때에는 어떤 점을 착안하고 점검해야 하는지를 가르치는 등 전문가의 면모를 그대로 보여주었다.

우리는 열흘정도 체류한 후 몇 가지 해결할 연구과제까지 숙제로 떠안고 귀국하게 되었다. 일단 국내선 비행기로 첸나이라는 국제공항도시로 간 후 싱가포르 항공편으로 싱가포르를 경유하여 한국으로 오는 여정이었다.

선교사들과 함께 마지막 저녁식사를 한 후 서둘러 인도 국내선 비행기에 올랐다. 그런데 비행기가 아직 출발도 하기 전부터 이 집사는 기내 화장실을 몇 차례 들락거리더니 점점 얼굴이 창백해져 가고 비행기가 첸나이에 도착하여 트랩을 내리자마자 건물기둥 옆에 쪼그려 앉아 음식물을 토하였다.
나는 아마 저녁식사를 급하게 하여 체한 줄로만 알고 그리 심각하게 여기지는 않았으며 오히려 동행인으로서 주위 외국 사람보기에 민망한 생각까지 들었다.

국제선공항으로 이동하여 출국수속을 마치고서도 비행기 탑승은 4~5시간 후인 자정 무렵까지 기다려야 했다. 무덥고 비좁고 냄새나는 대합실에서 대기하는 동안 이 집사는 괴로운 표정을 지으며 빈번히 화장실을 오갔다.

구토와 설사를 되풀이 하는듯하여 그의 상태가 심상치 않음을 느끼게 되었지만 무슨 말을 걸기라도 하면 그는 버럭 신경질을 부리는 바람에 나는 어찌해야할 바를 모르고 비행기 탑승시각만을 초조하게 세고 있었다. 시원한 비행기에 타기만 하더라도 이집사의 상태는 나아질 것 같기도 하였고 인도보다는 환경이 나은 싱가포르까지라도 가면 무슨 수가 생길 것 같았다.

드디어 비행기에 올랐다. 내 좌석에까지 걸쳐서 이 집사를 새우처럼 눕힌 후 승무원에게 요청하여 약을 얻어 먹이고 구토 봉투를 듬뿍 준비해 주었다.

나는 비행기 맨 후미의 화장실 앞에 서서 가면서 이 집사에게로 빈번히 왔다 갔다 하며 살폈다. 그러나 그의 고통은 조금도 수그러지지 않고 밤새도록 오히려 더욱 심해졌으며 좌석에 누운 채 끊임없이 토하고 설사하여 주위에는 구토봉투가 너부러지고 바지에서는 오물이 흥건하게 베어 나와 악취가 심했으며 몸을 가누지 못하고 눈도 뜨지 못하였다.

내 느낌으로는 그는 의식을 잃어가고 있었고 점차 죽음으로 빠져들고 있는 것 같았다. 야간 비행기인지라 다른 승객들은 모두 자고 있었고 나는 아무 손도 써 볼 수없이 바라만 보고 있어야 하는 현실 앞에서 기도하기보다는 오만가지 생각으로 어지러웠다.

멀쩡하던 사람이 불과 몇 시간 사이에 왜 이렇게까지 되었을까, 이러다가 정말 죽으면 어떻게 하나, 그의 가족들이 나를 얼마나 원망할까, 장로는 멀쩡하고 집사는 송장이 되어 돌아간다면 교회에서는 어떻게 여길 것인가.

안 된다 안 돼, 죽으면 안 돼, 제발…… 속으로 되풀이하고 되풀이 했다.

새벽녘 싱가포르 공항에 가까워지자 나는 승무원에게 공항 내에 구급차를 불러 싱가포르 시내의 병원으로 응급 후송되도록 해 달라고 부탁을 했다.

밤새도록 이 집사를 함께 걱정해 준 고마운 승무원이었다.

그는 나에게 치료비를 지급할 수 있는 신용카드를 가지고 있는지를 먼저 확인한 후, 일단 공항 내 응급실로 응급처치 의사가 출동할 것이며 진료비 외에 별도의 새벽 당직비용을 지급해야 한다고 자세히 가르쳐 주었다.

비행기에서 내려 연결 복도를 간신히 빠져 나오자마자 이 집사는 탑승구 입구에 대기하고 있는 응급차에 태울 겨를도 없이, 사람이 오가는 복도 바닥에 양팔과 양다리를 크게 벌리고 벌렁 나자빠졌다.

간신히 오픈카에 들어 올려놓고 함께 공항 내 응급실로 가는 중에 그의 팔과 다리는 맥없이 제멋대로 차 밖으로 건들거렸고 멍하니 뜬 눈에는 초점이 없었다.

어제 저녁 이후로 한 마디도 하지 않던 그가 다 죽어가는 목소리로 나를 불렀다.

'장로님'

'예'

'나는 아무래도 죽겠습니다'

어쩌면 죽을지도 모른다는 방정스런 생각이 떨쳐지지 않고 있던 터에 막상 본인의 입으로부터 그런 말을 들으니 기가 막히고 억장이 무너졌다.

아무 대답도 위로도 할 수가 없었다.

그는 또 말했다.

'한국에서 장로님이 자꾸 나를 모시고 갔다 오겠다더니 정말 이렇게 저를 모시게 되었네요'

우리가 공항 응급실에 당도하자 젊은 의사는 나에게 여러 가지 질문을 하였다.

사실 나는 영어에 능통하지 못하다. 빠른 영어는 잘 알아듣지 못할뿐더러 말하기는 더욱 서툴다. 그러나 나는 그 의사와 빠른 영어로 주고받으며 막힘없이 소통하고 있어서 내 스스로 희한하다는 생각이 들었다. 아마 다급하면 그렇게 되는 모양이다.

이 집사는 치료받으면서도 링거주사를 꽂은 채 화장실을 들락날락하였고 나는 링거 병을 들고 따라 다녔다. 그는 변기에 풀썩 주저 앉더니 또 다시 '장로님, 나는 정말 안되겠습니다.'라고 했다.

그때의 처절한 나의 심정은 말로 표현할 수 없었다.

다행히 몇 시간의 치료 끝에 이 집사는 구토와 설사가 다소 진정되는 듯 조금은 나아보였다.

우리가 타고 왔던 서울행 비행기는 이미 떠난 뒤였고 의사의 탑승허가 없이는 비행기를 탈수 없도록 공항리스트에 등재되어 있었다.

얼마나 지났을까. 가까스로 의사를 설득하여 탑승허가증을 받아 쥐고 싱가포르 항공사의 배려에 의하여 다른 서울행 비행기를 탈 수 있었다.

탑승을 기다리는 중에도 자꾸만 쓰러지려하던 이 집사는 비행기에 오르자마자 언제 치료를 받았냐는 듯이 또 다시 무너져 내렸다.

검은 차도르를 쓴 옆 좌석의 모슬렘 여자 쪽으로 쓰러지기도 하고 복도 바닥이 더 편해보였는지 바닥에 누우려고도 하였다.

그 광경을 본 외국인승객들이 승무원에게 항의를 하는 바람에 내가 의사의 탑승허가증을 흔들어 보이고서야 잠잠해졌다.

드디어 비행기가 이륙하였다. 이제는 당장 죽더라도 시체라도 메고 한국까지는 갈수 있게 되어 조금은 마음이 놓였다.

'하나님 이 집사가 저렇게 괴로워하는데 고통을 잊을 수 있도록 잠이라도 좀 재워주십시오' 기도를 하였다.

잠시 후 아무 기척이 없기에 옆을 보니 이 집사가 코를 골며 잠에 곯아떨어져 있었다.

나는 실로 오랜만에 제 정신으로 돌아왔다.

부끄러운 일이지만 이 집사가 사경을 헤매는 동안 나는 너무나 팽팽한 긴장감 가운데 울음도, 기도도 나오지 않았다. 나는 이전에 어떤 감당하기 어려운 극한 상황에서 아무리 기도하려고 애써도 억! 억! 신음소리만 나올 뿐 제대로 기도를 할 수 없었던 체험을 했던 적이 있었거니와 이 집사의 경우에도 그러하였다.

이 집사가 잠들고 나서야 나는 인도 벵갈로를 떠난 후 처음으로 묵상기도를 하였다.

그러나 그것은 기도라기보다 원망 투성이었다.

'하나님, 이 집사가 안쓰러워서 못 보겠습니다. 하나님은 그렇지 않습니까. 왜 이러십니까. 왜 우리가 이 꼴을 당해야 합니까. 우리가 인도에 놀러 갔었습니까. 우리 욕심 따라 갔습니까. 우리도 바쁩니다. 시간 내고 돈 들여서 갔다 왔는데 이 지경이 되도록 내버려두시면 앞으로 누가 인도에 가려 하겠습니까'

벽에 머리라도 찧고 늑대 울음이라도 지르고 싶은 억한 심정의 원망이었다.

얼마나 지났을까. 다음과 같은 하나님의 음성이 내 속에 들렸다.

'너희가 갔던 일은 사탄의 총공격을 받을 만큼 중요한 일이었다. 그리고 이럼으로써 나의 고난에 참예시키는 것이다.'

그 순간 나는 칼로 베인 상처에 소금을 치듯이 가슴이 따갑고 찌릿한 소름이 느껴지면서 눈물이 왈칵 솟구쳤다.

'감사합니다. 감사합니다. 우리 같은 것이 뭔데 주님의 고난에 참예시켜 주십니까. 우리가 뭔데……'를 되풀이하면서 막혔던 봇물이 터지듯 걷잡을 수 없이 그 동안 밀렸던 눈물을 한꺼번에 쏟아 내고 있었다.

나는 이 사건을 되새겨 볼 때마다 이 대목에서는 어김없이 눈물이 난다. 몇 번이고 꼭 그렇고 이 글을 쓰고 있는 지금도 그렇다.

한차례 푹 자고 난 이 집사는 훨씬 나아보였고 결국 죽지 않고 무사히 가족의 품안으로 돌아갔다.

그러나 나는 하나님께서 하신 첫 번째 말씀 즉, 너희들이 갔던 일이 사탄의 총공격을 받을 만큼 중요한 일이었다는 부분은 무슨 의미인지 이해되지 않았다.

2003. 3.경 드디어 바울학교 건물이 완공되어 전교생들과 교사들 그리고 선교사들이 입교예배를 드리게 되었고 나도 참석하였다.

내가 그곳에 체재하는 동안 그 학교의 어떤 어린 여학생이 귀신 드는 사건이 발생했다. 멀쩡하던 어린 아이를 갑자기 귀신이 사로잡은 것이다.

여선교사들이 그 학생을 붙들고 온 힘을 다하여 찬송을 부르고 기도하며 마귀를 대적하였다.

그때 마귀는 놀랍게도 그 아이의 입을 통하여 '나는 이 학교를 파괴하고 싶다. 견딜 수 없다'고 말하는 것이 아닌가.

마귀는 그 학교건물이 신축되고 미션스쿨이 더욱 든든히 발전해 나가는 것을 도저히 참지 못하고 학교를 무너뜨리고 싶어 하는 본색을 드러낸 것이다.

나는 그제야 비로소 2년 전 비행기 속에서 하나님께서 하신 첫 번째 말씀의 뜻을 깨달을 수 있었다.

선교사들이 귀신들린 아이를 두고 찬송과 기도를 하다가 아이의 정신이 다소 드는 듯할 때에 기도를 따라 하라고 하며 한 구절씩 선창하였다.

아이는 한 구절씩 따라 하였으나 '예수님 이름으로 기도합니다'라는 부분에 닿으면 번번이 거절하며 넘어져 뒹구는 바람에 몇 번이나 다시 찬송하며 시도 한 끝에 결국 그 아이는 '예수님 이름으로 기도합니다'라고 고백하였고 그때 마귀는 떠나가고 아이는 나왔다.

참으로 위대하시고 전능하신 예수님의 이름이여!

'너희가 무엇이든지 내 이름으로 구하면 그대로 시행하리니…….'

보탬 글(追記)

죽다가 살아난 이 집사는 그 후에는 여러 차례 혼자서 인도를 오가며 학교건축을 도왔다.

수영로교회 이＊주 여집사님은 형편상 가지고 있던 중고 승용차를 팔았는데 마침 내가 인도에 간다고 하니까 그 차량 매도 대금을 몽땅 선교헌금으로 전해 달라고 하며 가져 왔었다.

한참이나 실랑이를 벌였으나 나는 그의 뜻을 꺾지 못했다. 또 생면부지의 남(南)＊＊ 성도도 인도선교헌금을 하였다. 참 감사한 일이다. 그 헌금들을 받게 된 현지 선교사들이 얼마나 감동되고 힘이 났겠는가.

22
300만 원 × 5,000 구좌의 헌신

이 글은 부산 수영로교회가 현재의 해운대 해변로에 새 성전을 건축하여 입당한 후 입당을 감사하며 2003. 5. 4. 주일 저녁 예배 때에 필자가 간증한 원문의 일부만 옮긴 것이다

＊ ＊ ＊ ＊ ＊ ＊

우리 수영로교회가 지금의 이 땅(부산 해운대구 해변로)에 새 성전을 건축하기로 선포하면서 우리는 건축헌금으로서 1구좌 당 300만 원짜리 5,000구좌를 헌금하자는 목표를 정하고 매주 주보 한쪽 구석에 지난 주에 그 중 몇 구좌가 헌금되었고 앞으로 몇 구좌가 남았는지를 발표해 왔다.

새 성전이 완공되어 입당예배를 드린 2001. 9. 16.이나 헌당예배를 드린 2002. 6. 1.까지도 목표한 5,000구좌는 채워지지 않았지만, 그 후에도 헌금이 계속되어 2003. 3. 30. 주보에는 앞으로 단 3구좌만 남았다고 발표되더니 바로 그 다음 주에는 오히려 목표를 2구좌 더 초과하였다고 하였고 오늘(2003. 5. 4.) 주보에는 5,000구좌 목표 보다 14구좌가 초과되었다고 발표되었다.

우리 교회는 성전 신축에 즈음하여 개개인이 건축헌금을 얼마를 하겠다고 공식적으로 작정하거나 표명(表明)한 적이 없고 개개인의 실제 헌금 내역도 공개한 적이 없기 때문에 성전이 완공되면 건축헌금도 당연히 정지될 법도 한데 완공한지 1년 반이 지나고 이미 헌금목표를 초과했다고 하는데도 불구하고 계속하여 건축헌금이 드려지고 있다는 것은 참으로 이상한 교회라고 할 수도 있고 또 성도 개개인이 마음속으로 은밀히 액수를 작정한 바가 있기 때문이 아니겠느냐 생각해 본다.

이렇게 건축헌금이 목표를 초과하는 것을 보고서 그 동안 우리 교회가 수영로타리(수영구 광안동)옆의 조그만 구본당(舊本堂)부터 시작하여 그 옆의 본당으로, 다시 그 앞의 교육관으로, 그리고 넓은 주차장 부지로, 그런 후 바로 이 성전에 이르기까지 28년 동안 확장되고 부흥되어온 역사를 되새겨 보면서 고비 고비 마다 베풀어 주신 하나님의 은혜를 다시 한 번 절감하게 되었다.

＊ ＊ ＊ ＊ ＊ ＊

　그 중에서도, 나 개인적으로는 가장 애간장을 태우고 반면에 가장 극적인 감동을 받았던 사건은 우리가 이곳에 옮겨 올 때까지 주차장으로 사용하면서 자칭 '시온관'이라고 불렀던 부지를 살 때의 일이다.

　시온관 부지는 원래 어떤 큰 회사가 공장으로 사용하다가 이사 나가고 비워둔 곳이었다. 우리 교회가 그 땅을 사기로 바라면서 기도해 오던 중정 목사께서 어느 집회에서 소유자 측을 만나게 되어 살 수 있게 되었다. 그 때가 1993년이다.
　내가 변호사라고 해서 목사님을 수행하여 가서 매매계약을 하였는데 중도금까지 지불하면 잔금지급 전에 소유권이전등기를 먼저 넘겨받기로 하는, 유리한 조건으로 계약을 하였다.

　교회가 그 땅을 계약했다는 소문이 퍼지자 당장 이웃 주민들이 반대 플래카드를 붙이고 교회 앞에 와서 반대집회를 하고 관할 구청에 몰려가 데모를 하기도 했다.

　그 땅은 매매할 때 구청의 허가를 받아야 하는 땅은 아니었으나 매매신고 지역이어서 땅을 샀다는 신고를 구청에 해야 하고 구청이 그 신고를 받았다고 확인 도장을 찍어주면 법원에 등기신청을 할 수 있는 땅이었다.
　그렇다고 하여 구청이 매매해도 된다, 안 된다 그렇게 결정할 수 있는 재량권이 있는 것은 아니고 법률상 하자가 없으면 그저 신고를 받기만 하면 되는 것이다.
　우리는 계약대로 몇 차례의 중도금까지 지급한 후에 원 소유주로 부터 인감증명서와 등기신청서류를 받아서 구청에 매매신고를 하였다.

그런데 뜻밖에도 구청이 신고를 받았다는 신고필증을 발급해 주지 않아 등기신청을 못하게 하였다.
이유인 즉은 동네주민들이 심하게 반대하니 주민들과 합의를 하고 말썽 없이 해야 도장을 찍어 주겠다는 것이다.
아니, 땅을 사고파는데 엉뚱하게 이웃 주민들과의 합의는 무슨 합의냐 그리고 단지 신고를 받은데 대한 확인만 찍어달라는데 그게 왜 안 되느냐, 구청이 재량권이 있는 것 아니지 않느냐……. 구청에 가서 따지고 싸워보고 해도 주민들과 합의해 오기 전에는 안 된다는 것이다.

하는 수 없이 구청의 주선아래 주민대표들과 우리 교회 장로들과의 회담이 몇 차례 열렸다.
당시 우리 장로들은, 지금은 소천 하였거나 은퇴한 분들을 포함하여 나까지 6명이었으나 주민들은 매번 약 20여 명 씩 나와서 교회더러 땅 매입을 무조건 포기하라고 공격을 해대는 판이라 정말 참석하기 싫었던 회담이었다.
몇 차례 열렸지만 애초부터 합의가 될 수 없는 것이어서 번번이 결렬되고 말았다.

그러는 사이에 시일은 점점 지나가고 등기신청하기 위한 매도인 측의 인감증명서 유효기간 3개월이 자꾸만 다가왔다.
그때까지는 극히 한정된 교회중직자만 그 일을 도모해오다가 하는 수 없이 교회 앞에 그 문제를 공개하고 전교인의 기도제목으로 삼았다.

어떤 집사, 권사들이 나에게 권유하기를, 하나님도 사람을 통해 역사(役

事)하신다면서 유력자 아무개를 소개해 줄 터이니 그의 힘을 빌리도록 해 보라거나 아무개를 직접 찾아가보라고 하는 바람에 그렇게 할까 말까 갈등을 느끼기도 했지만 그럴 때마다 하나님은 '네가 나보다 방백(方伯))을 더 의지하려느냐'고 나무라시는 것 같아서 사람 찾아다니며 부탁하는 일은 하지 않았다.

또 어떤 분들은 '너무 곧이곧대로 하지 말고 세상 순리를 도모해 보라'고 은근히 뒷거래를 암시하는 듯 한 말을 하기도 했으나 나는 그 땅은 하나님의 터로 삼을 것인데 한 점이라도 부끄러운 일이 개입되면 영원히 하나님을 욕보이는 것이라는 생각으로 모두 접어두고 이판사판으로 오직 기도로 정면 돌파하겠다고 생각했다.

어떤 분은 매매를 해약하고 이미 지급한 돈을 되돌려 받자고 했지만, 해약 사유도 되지 않을뿐더러 상대방은 자금사정이 어려워 땅을 팔 정도이어서 해약이 되더라도 그 돈을 되갚을 수 있는 가능성이 없어 보였으며 그렇다고 하여 인감증명서를 새로이 발급받는 것도 거의 기대할 수가 없어서 결국은 사나 죽으나 구청으로부터 기한 내에 신고확인 도장 받아서 등기이전을 밟는 길 외에는 해결책이 전혀 없었다.

모두들 열심히 기도하였으나 주민들은 여전히 완강하게 반대하고 구청의 태도도 요지부동 이어서 자칫하면 끝내 이전등기를 하지 못한 채 이미 지급한 수십억의 매매대금만 공중 분해되어 버릴 그런 상황이었다.

나는 만약 이일이 실패한다면 매매계약에 참여하였던 내가 도의적 책임을 져야 할뿐더러 부끄러워서 더 이상 수영로교회에 다닐 수 없다고 판단하고 가족들에게도 교회를 옮길 각오를 하라고 하였다.

그렇게 피를 말리며 구청관계자와 밀고 당기고 하여 등기 신청할 수 있는 기한이 이틀 앞으로 코앞에 다가온 날, 그때까지도 주민들과의 어떤 합의가 이루어진 것이 아니고 사정이 바뀐 것도 없어 거의 포기하다시피 하며 탈진되어 있을 때 구청은 드디어 신고서류에 도장을 찍어주어 가까스로 이전등기를 무사히 마칠 수 있었다.

할렐루야!!

되돌아보면 하나님께서는 그 사건을 통하여 과연 우리 교회가 얼마나 하나님을 온전히 신뢰하는지 시험하신 것 같으며, 온 교회가 기도로 하나님께만 매달리면서 하나님 앞에 조금도 부끄러울 것 없이 버팀으로써 시험을 이긴 것이 얼마나 다행이었든지.

이기게 하신 하나님께 다시 감사하오며 그때에 시온관 부지를 사기 위하여 많은 헌금을 해주신 성도님들, 기도해 주신 분들, 그리고 진심어린 충고와 권면을 해주신 성도 여러분께 그로부터 10여년이 지난 지금에야 진심으로 감사의 말씀을 드린다.

원래 그 땅은 주차장으로 쓸려고 산 것이 아니고 새 성전을 지을 량으로 산 것이었으나 그 후 우리 장로들이 그곳에는 근사하고도 큰 성전을 지을 자리가 못 된다는 생각을 하게 되어 새 성전 터로서 옛 수영비행장부지(지금의 센텀시티 일대)중 10,000평을 주십사고 기도 하였다.
그러나 나중에 알고 보니 목사님은 지금의 이 성전 터 일대를 주십사고 기도를 시작하셨다는데 장로님들의 기도보다 목사님의 기도가 더 끝 발이 있었든지 결국 하나님께서는 목사님 기도대로 지금의 이곳을 주셨다.

* * * * * *

새 성전에 입당해 보니 근사한 것도 좋지만 무엇보다도 넓고 커서 좋았다.

사실 나는 큰 집을 좋아한다.

내가 초등학교 다닐 때에 부산에 큰 화재사건이 발생한 사실이 있다. 이른바 부산역전 대화재사건이라 하여 그 당시로서는 세계적으로 손꼽힐 만큼 큰 화재라고 한다.

그 화재로 인하여 우리 가족은 입고 있던 옷 외에 집도 재산도 모두 태워버리고 하루 밤 사이에 알거지가 되어 내 인생의 고생길이 시작되었다.

국가가 군을 동원하여 부산 영도 청학동 야산에 집단 천막촌을 만들고 화재민들을 그곳으로 이주시켰다.

물론 우리 가족도 이주되어 큰 군용텐트 속에서 8세대씩 복작거리며 수년간을 살다가 나중에는 그 텐트자리를 세대별로 나누어서 방 1칸 부엌 1칸의 손바닥 만 한 판자 집을 지어서 살았다.

겨울이면 엄청 춥고 여름이면 무덥고 비가 오면 비가세고 바람이 불면 통째로 흔들거렸다.

그러면서도 바다가 가까이 있어서 바다와 친숙하였다.

집 때문에 고생을 해서 그런지, 나는 큰집, 비가 새지 않는 집, 바람이 불어도 끄떡없는 집, 따뜻한 집, 그러면서도 바다가 가까이 보이는 그런 집이 나의 꿈이었다.

세월이 흘러 내가 변호사가 되고 40대 중반의 나이가 되었을 때 나는 그 당시로는 부산에서 제일 좋다고들 말하는 아파트를 사서 이사 가게 되었다.

그때에는 나는 뒤늦게 이미 예수를 믿어 십일조도 바치고 내가 가진 모든 물질이 하나님으로부터 온 것이라고 제법 입으로는 고백을 할 줄 아는 정도는 되었다.

이사 들어가 보니 크기도 하였고 안방에 누워서도 넓은 바다가 한 눈에 들어오고 창문 밖으로 뛰어 내리면 바로 바닷물로 다이빙이 될 성 싶은 정도로 해변 가에 바짝 붙어있는 아파트, 남천동 비치아파트 309동 801호이었다.

나는 얼마나 좋은지 사람들에게 자랑하고 어린 자식들 앞에서 폼 잡고, 야! 이집에 한 평생 살아야 되겠다고 생각했다.

그렇게 기고만장해 있던 어느 날 저녁식탁에서 초등학교에 다니는 막내 아들놈과 나 사이에 이러한 대화가 있었다.

'아빠 이집 정말 아빠가 산 것 맞아요? 아빠 집이예요?'

'물론이지'

'그런데요 내 친구 아무개 알지요? 그 애가 오늘 우리 집에 와 보더니 우리더러 전세 산다고 놀려요'

'전세라니! 아빠 것이 맞아'

그랬더니 막내 놈은 '그 애는 저걸 보더니 그렇게 말 했어요'라고 하며 한 쪽 벽을 가리켰다. 거기에는 이런 액자가 걸려 있었다.

'그리스도는 이 집의 주인이시오……'

웬만하면 다 아는 액자다.

'…… 식사 때마다 보이지 않는 손님이시오 ……'이렇게 계속되는 액자이다.

나는 그 순간 얼마나 쇼크를 받았는지 모른다.

늘상 보아오던 액자였는데 '너희가 보아도 알지 못 하더라'고 하셨거니와 이 집을 하나님께서 주신 것이요 하나님의 소유임을 깨닫지 못하니까 어린 아이들의 입을 통하여 깨우치시는구나.

그 자리에서 회개하고 '그래 맞다. 이 집은 하나님의 집이고 우리는 하나님으로부터 전세 얻어 산다.'고백을 하며 아이들에게도 그렇게 가르쳐 왔다.

막상 전세 산다고 고백을 하였지만 그렇다고 하여 현실적으로 달라지는 것은 아무 것도 없다. 하나님이 전세보증금 내라고 하시지도 않고 월세를 달라거나 올리겠다고 하시지도 않고 언제까지 비워달라고 하시지도 않고 그냥 거리낌 없이 눈치 보지 않고 계속해서 살면 되는 것이었다.

다만 언젠가는 하나님이 이 집을 돌려 달라고 하실 날이 있을 것이라는 막연한 생각만은 잊지 않았고 그 날이 오면 돌려드릴 각오는 하고 있었다.

오래 동안 살다보니 집이 너무 낡아졌다.

온 아파트 동네가 세대별로 리모델링을 하고 고급스럽게 대수리를 한다고 법석이었다.

그런데도 나는 많은 돈을 들여서 수리를 한다는 게 내키지 않았다.

뻔 하지 않은가.

세 들어 사는 사람이 자기 돈 들여서 집수리 해 주는 것 보았는가.

버티다 버티다가 수도 배관에서 물이 새고 베란다 난간이 해풍에 삭아서 떨어져 나가려 하는 데까지 다 달아서야 마지못해 리모델링을 했다.

그러나 이왕 수리할 바에야 잘 고쳐보자고 하여, 몇 달에 걸쳐서 많은 돈을 들여 고치고 꾸며 놓고 보니 참 보기 좋았다.

또 다시 '한 평생 살아도 되겠다'는 생각이 들었다.

수리한 집에 새로 들어 간지 불과 얼마 후 우리 교회 당회가 지금의 해운대 이 터로 옮겨 새 성전을 짓기로 결정하였다.

그 결정이 나자 나는 드디어 올 것이 왔다고 생각했다.

하나님께서 나에게 전셋집을 돌려달라는 사인이라고 느꼈다.

원래부터 각오는 되어 있어서 별로 놀라지는 않았는데 마음 한구석에는 '이왕이면 집수리하기 전에 돌려 달라고 하실 일이지 하필이면 수리할 때까지 기다렸다가 돌려달라고 하실 게 뭐꼬' 하는 생각이 들었다.

그러나 하나님께서는 흠 없는 것, 온전한 것을 받으시려고 하였던 것 같다.

마음이 변하기 전에 담임목사께 먼저 약속을 하고 곧장 부동산 중개소에 팔아달라고 내어 놓았다.

그때로서는 매우 높은 매도금액까지 딱 정하여 그 이하이면 아예 물어보지도 말라고 요구했다. 팔아보았자 내 돈 되는 거 아니니까 가격이 비싸다고 하여 안 팔리더라도 나는 아쉬울 것이 없다는 심보였다.

저녁에 퇴근해보면 때때로 집 전화기에 부재중 녹음이 되어 있기로는 원매자가 왔었으나 집에 아무도 없어서 구경시키지 못했으니 제발 집에 누구 좀 있어 달라는 부동산 중개인의 메시지가 녹음되어 있었다. (→ 그 당시는 휴대전화가 거의 없던 때이다)

그러던 어느 날 아침 잠이 깨자마자 아내가 간밤의 꿈 이야기를 했다.

어떤 곳에서 해산물을 먹었는데 식중독이 되었는지 얼굴에 멍게 껍데기 같은 돌기가 솟아나는 꿈을 꾸었다. 그런데 잠을 깨어 일어나보니 실제로 얼굴에 꿈에 보았던 여드름 같은 것이 나 있다는 것이다.

얼굴을 살펴보니까 정말 그랬다. 여자로서 외출하기 민망할 정도가 되어 있었다.

그래서 내가, 당신이 하도 집을 비워서 집 구경을 못시켜주고 집이 안 팔리도록 하니까 하나님께서 당신을 억지로라도 집에 붙들어 놓으려고 그러신 것 같으니 오늘은 집에 있어 보라고 하였다.

과연 바로 그날 집을 사겠다는 사람이 와서 둘러보고 첫눈에 반하여 당장 매매계약을 하였다. 그리고 계약이 끝나자 아내의 얼굴도 원래대로 돌아왔다.

그렇게 하여 그 매매대금은 고스란히 새 성전 건축헌금으로 하나님 손에 얹혀 졌고 우리 가족은 오랫동안 보증금과 월세 없이 공짜로 살던 전세집을 비워 주고 나왔다.

이 스토리가 와전되어서 내가 성전건축을 위하여 아파트를 하나님께 바친 것처럼 소문이 나 있는 것 같은데, 사실은 바친 것이 아니고 원래의 주인에게 돌려드린 것뿐이었다.

당연히 모든 것이 하나님 은혜이지만, 건축헌금 5,000구좌가 달성될 때까지 엄청난 수고와 기도와 눈물과 헌금으로 헌신하신 수영로 성도들은 그 동안 정말 수고 많이 하셨으며 교회 장로로서 오늘에서야 감사의 인사를 드린다.

23
하나님, 이것만은 기억해 주십시오

　내가 교회에 나간 몇 년 후부터 부산 지역의 교회들이 법률상담이나 소송의 변론의뢰를 해오곤 하였다. 그럴 때마다 나는 더욱 친절하고 성심껏 대하며 수수료도 값싸게 받거나 정 어려우면 안 받고, 그렇게 하면 내 할 일은 다 하는 것으로 생각했다.

　기장군의 K, 영도구의 C, 하단동의 S 등 교회의 사건이 그러했다.

　그러다가 부산 재송동의 P교회의 건축공사 사건을 수임하게 되었다.

　기존 예배당 건물을 헐고 다시 신축하려 하는데 이웃주민들이 합리적인 이유 없이 집단으로 공사차량의 출입을 막는 등으로 반대 행동을 하고 있는 사건이었다.

　나는 교회를 대리하여 방해 주민들을 상대로 공사를 방해하지 못하도록 하는 가처분신청을 하였고 법원으로부터 그 결정을 받아 냄으로써 끝까지 아무런 방해 없이 평온한 가운데 건축공사를 마칠 수 있게 되었다.

　하기는 그러한 형태의 교회사건이 처음은 아니었지만 이번 사건은 반대 주민들의 숫자도 많고 완강하여 어려움이 더했다.

　예배당 건물이 완공되어 입당하는 날 저녁 예배에 나도 초대를 받았는데 나는 인사 듣고 생색내고 싶은 생각도 약간은 있었을 거다.

내가 도착하였을 때에는 이미 예배가 상당히 진행되어 건축공사 공로자들에게 시상을 하고 있었으므로 나는 살그머니 2층 뒷좌석에 앉아 우선 묵도를 드렸다.

그런데 그 순간 갑자기 얼굴이 화끈거리며 걷잡을 수 없을 정도로 쉴 새 없이 진땀이 났다.

왠지 굉장히 부끄러운 일을 당하여 고개를 들 수 없을 지경이었다. 왜 이러지 왜 이러지 하며 안절부절 하는데 하나님께서 나를 강하게 책망하시는 것 같은 느낌이 들었다.

'야 인마. 너, 이 교회로부터 돈 받았지! 내가 너에게 평소에 많은 재물을 주어왔는데 이 작은 교회로부터 소송 선임료를 받아?'

뜻밖에도 하나님께서 그렇게 책망하시는 것 같았다.

나는 '그래도 많이 깎아주어 실비만 받았고 더욱 성심껏 했습니다'라고 변명하고 싶었지만 하나님께서는 깎아주었다 하더라도 돈을 받은 것 자체를 심히 마땅치 않게 여기시는 것 같이 느껴져 아무 소리 못했다.

나는 더 이상 앉아 있지 못하고 누가 볼 새라 도망가다시피 교회를 빠져나왔다.

그 일을 통하여 하나님께서는 나를 호되게 가르치셨고 그 이후로 나는 교회의 사건, 목회자들의 사건에 대하여는 무료변론을 해왔다.

어떤 교회는 소송 선임료를 굳이 지급하려 하였지만 나는 지나칠 정도로 고집스레 거절하면서, 하나님으로부터 직접 받을 터이니 나에게 고마워하거나 미안해 할 것 없다고 당부했다.

그것은 나의 위선이 아니라 진심이었다.

비록 부족하고 어리석고 무능하여 때때로 하나님의 속을 많이 썩히기도 하지만 그래도 나는 역시 하나님의 자녀이다. 일을 하면서 대가를 요구하는 것은 삯꾼이나 종이 할 일이지 아들이 취할 태도는 아니다. 내가 아버지의 교회를 위한 변론을 하면서 교회로부터 돈을 받는 것은 아들로서 온당치 못한 것이다. 그렇게 생각 하였다.

그것이 맞고 아니고를 떠나 적어도 나에게는 그것이 확신이었다.

그렇게 하여 적지 않은 수의 교회를 위하여 무료변론하게 되었고 하나님의 은혜로 그 사건들 중 패소한 경우는 없었다.

나는 하나님께서 교회들의 송사를 보살피시는 일, 특히 주민들의 반대로 교회건축을 하지 못하고 있는 사건들을 해결해주는 일에 나를 사용하고 계시다는 사명감으로 그 일들을 감당해 왔다. 하나님께서 나를 변호사로 만드신 뜻도 바로 그러한 일들에 나를 사용하시기 위해서라고 믿었다.

그러면서도 하나님께서 그것을 정상참작(情狀參酌) 하시어서, 평소에 성경말씀대로 잘 살지 못하는 나에 대하여 혹시 낙제점수라도 면해주셨으면 하는 얄팍한 계산도 있었을 거다.

히스기야가 병들어 죽게 되었을 때에 '여호와여 구하오니 내가 진실과 전심으로 주 앞에 행하며 주께서 보시기에 선하게 행한 것을 기억하옵소서'(열왕기하 20:3)라고 기도하였는데 그것이 어찌, 내가 항상 선하게 행하였는데 왜 이러십니까라는 항변이겠는가? 비록 잘 못이 많고 부족하게 지내 왔지만 그 중에 한 점이라도 선한 것 있으면 그 점을 감찰해 주십시요라는 기도 아니겠는가.

솔직히 나도 그러한 심정으로 하나님께서 내가 무료 변론했던 것들만은 기억해 주시기를 원하는 욕심이 있다.

어느 교회의 토지 사건을 무료변론할 때에는 소송 상대방이 꽤나 큰 액수의 뇌물을 가지고 와서 나를 유혹했지만 나는 당연히 뿌리쳤고 그것이 나의 변론을 무디게 하지는 못했다.

속마음이야 어땠건 나는 하나님을 변론하는 변호사이다.

아주 가끔 나는 무료 변론사건들에 대하여, '하나님, 어느 교회 사건 변호사 선임료 안 주셨잖아요. 요즘 저 사정이 좀 안 좋으니 지금이라도 주십시오'라고 농담반 진담반의 기도를 드리기도 했는데 그럴 때마다 하나님께서는 '나는 건별(件別)로 지급하지는 않았지만 다른 방법으로 몇 배로 다 주었어.' 이렇게 말씀하시는 것을 느낀다.

그러한 과정으로 합력하여 성전을 건축할 수 있게 된 교회들의 이름도 이 글에서 일일이 함께 나누고 감사의 기록을 남기고 싶기도 하지만 자칫 그것이 나의 자랑이 되거나 거명된 교회들에 뜻밖의 누를 끼치지 않을까 하여 생략하기로 한다.

더러는 나에게 분에 넘치는 칭찬을 담아 고마움을 새긴 패(牌)를 준 교회들도 있었다.

내가 2004년에 공직에 취임하느라 변호사 사무실을 휴업하면서 그동안 모아 두었던 모든 기념패, 감사패, 공로패 등을 모두 폐기하고 단 하나의 조그만 패만 기념으로 아직 남겨 두고 있다.

여기서 그 패에 새겨진 내용을 소개한다.

감사패

허진호 장로

장로님은 평소 하나님의 뜻과 복음의 확장을 위하여 애쓰시던 가운데 본 교회 건축과 관련하여 많은 수고를 해 주셨습니다. 특히 변호사로서 본 교회를 위해 법률적 자문과 아울러 무료 변론을 해 주심으로써 본 교회가 주위의 어려움을 극복하고 건축을 계속하는데 지대한 공헌을 하셨습니다. 이에 본 교회 교우들은 입당 예배에 즈음하여 장로님의 수고와 사랑에 대한 깊은 감사를 이 패에 담아 드립니다. 앞으로도 장로님의 섬김과 사역이 하나님의 은총 가운데 더욱 많은 열매를 맺게 되기를 진심으로 기원합니다.

1998. 5. 31.

대한예수교장로회

* * * 교회

24

사마리아냐 사리마다 이냐 [6]

나는 1979년경부터 1980년 말까지 변호사 사무실을 노 변호사와 합동으로 운영하였던 사실이 있었다.

그 이전부터 각자 개인 변호사 사무실로 운영하며 각별히 가깝게 지내 오다가 흔히 하는 말로 서로 죽이 잘 맞는다고 하여 아예 사무실을 합친 것이다.

한 사무실에서 책상을 마주보고 앉아 있으면서 서로 간에 궂은 일 좋은 일을 많이 나누어 왔다.

내가 처음으로 예수를 믿기 시작한 것도 그와 동업을 한 이후이다.

어느 날 내가 개신교 교회에 처음으로 나가게 된 것을 말해 주면서 아직 잘은 모르지만 오래 다닌 사람들 보니 참 좋아 보이더라고 슬쩍 교회 자랑을 했다.

사실 그 때 나는 교회 나간 지 몇 주 되지도 않아 천지분간도 못할 때이다.

---

6 이 글은 2010년경 부산지방변호사회의 회지에 '우리는 좋은 동업자'라는 제목으로 내가 기고하였던 내용 중 신앙에 관련된 부분 일부만 발췌하여 정리한 것이다.

그런데 노 변호사는 대뜸 '그래? 그러면 사마리아인의 비유에 대해서 아느냐'고 물었다.

나는 성경에 나오는 용어인 줄도 몰랐고 내 귀에 들리기로는 '사리마다'[7] 라고 들려서 '무슨 사리마다?'라고 반문하였다.

그러자 그는 때 만났다는 듯이, 어떤 사람이 여행하다가 노상강도를 만나 다 털리고 얻어맞아 얼추 죽게 된 채 쓰러져 있었는데 지나가던 종교 지도자와 사회기득권자는 보고도 못 본채하며 그냥 지나갔지만 사회적으로 사람 취급도 못 받던 하층민 사마리아 사람이 피해자를 보고 자기 돈을 들여 치료 받게 하고 생명을 구해 준 사건이라고 했다.

그러면서 성경의 기본원리에 속하는 사건인데 그걸 아직 모르느냐고 핀잔을 준다.

그는 그 후에도 내 입에서 교회 말만 나오면 그 이야기를 하면서 나중에는 한 술 더 떠서 우리 주위에도 그런 강도 피해자가 있다는 둥 그들을 도와주어야 한다는 둥 열변하였다.

그러나 그가 언제 어떤 연유로 선한 사마리아인의 사건을 듣게 되었으며 그토록 새기어졌는지는 말하지 않았다.

---

7 '사리마다'는 일본말로 남자 팬티를 의미하며 부산 쪽에서는 사투리처럼 곧 잘 사용되어 오던 용어다.

대체로 나는, 우리 교회 설교는 아직 거기까지 진도가 안 나갔다든지, 살아난 피해자가 나중에 그 '사리마다' 사람에게 치료비를 갚아 주었느냐 라든지, 강도가 잡혀서 재판 받았느냐 라든지 강도사건 말고 절도나 사기 사건은 성경에 안 나오느냐고 일부러 억지소리를 하여 그의 말문을 막기도 했다.

필자, 노무현 대통령, 문재인 민정수석

또 노 변호사가 성경에 대해서 아는 것이라고는 그것 뿐 이어서 나 같은 까막눈 초신자 앞에 재탕 삼탕으로 우려먹는다고 핀잔을 주며 다른 거 아는 게 있으면 이야기 해보라고 역공격을 하기도 했다.

사실 시일이 지날수록 내가 주일설교 들은 것을 가지고 그에게 이것 아느냐고 물으면 그는 말이 막혔으며 그 회수가 많아지자 아예 사마리아 이야기도 쑥 들어갔다.

여기의 노 변호사는 노무현 변호사이다.8

훗날 운동권 학생들과 시국사범들을 변론하랴 시국집회에 참석하랴 기를 쓰고 뛰어 다니는 그의 행보에 대해서 곱지 않은 눈으로 보는 사람도 많았다.

또 대통령 재직 시에, 과거의 정치권력에 의한 사건조작과 은폐로 누명을 쓰고 억울하게 희생당한 수많은 피해자들에 대하여 진실을 밝혀 한을 풀어주게 하였던 업적들에 대해서까지도 사시적(斜視的) 시각으로 보는 사람들도 있다.

그러나 나는 장담하건대 비록 노 변호사가 기독교인은 아니었을지언정 그의 가슴 속에 선한 사마리아인의 초상이 깊이 각인되어 있었고 강도당한 피해자의 이웃이 되려는 심정으로 한 것이 틀림없을 것이다.

---

8 나는 1995년 문재인 변호사와 함께 대표변호사가 되어 법무법인 부산을 설립하였고 노무현 변호사도 그 후 그 법인에 합류한 적이 있는데 본문의 일은 그 훨씬 이전의 일이다.

25
인생 멀리건

골프 용어 중에 멀리건(mulligan)이라는 것이 있다.

처음 친 공이 제대로 맞지 않아 바른 코스를 벗어나거나 나쁜 위치에 떨어졌을 때 그 공은 무시하고 벌점(罰點) 없이 다시 한 번 더 칠 수 있는 기회를 주는 것이다.

불리한 상황을 만회할 수 있는 기회를 주는 혜택이기 때문에 본인이 원하지 아니하면 이를 거절하고 원래의 상태에서 골프플레이를 계속할 수가 있다.

어느 날 함께 골프 치던 대학병원 의사 최 박사가 불쑥 이렇게 묻는다.

'선배님, 만약 인생 멀리건이 주어진다면 어떻게 하겠습니까?'

만약 지금까지의 삶은 무시하고 처음부터 다시 살 수 있는 기회가 주어진다면 어떻게 하겠느냐는 물음이다.

뜻하지 아니한 질문에 잠시 머뭇거리게 되었지만 곧 대답했다.

인생 멀리건이 주어지더라도 나는 그 멀리건 받지 않겠습니다. 처음 친대로 그대로 계속하겠습니다.

되돌아보면 청소년시절에 혹한기(酷寒期)를 지나기는 했지만 그 후부터는 지금까지 하나님의 각별하신 돌보심과 은혜로 굴곡진 삶을 당하지 않고 순적(順適)하게 지내왔다고 해도 과언이 아니다.

더 이상 바란다면 그건 과욕이요 탐심이다.

인생길은 광야의 여정이다. 아무리 만나와 메추라기를 먹고 반석의 생수를 마시며 구름기둥 불기둥으로 보호와 인도를 받더라도 광야는 어디까지나 광야이다.

한 평생 어떻게 지내서 여기까지 온 광야 인생길인데 그 길을 되돌려 처음부터 다시 살아보라고 하면 솔직히 나는 자신이 없다.

그것은 지금까지의 삶을 더할 나위 없이 보람 있게 잘 살았다느니 또는 만약 다시 되돌아 산다 해도 별로 의미가 없을 것 같다든지 하는 뜻은 결코 아니다.

잠깐 되돌아보아도 갖가지 회한(悔恨)이 있고 아쉬움도 떠오르고 스스로의 감탄거리도 있다. 또 비록 최상의 결과를 이룩해 내지는 못했다 하더라도, 그래서 늘 2% 부족의 아쉬움을 떨치지 못한다 하더라도, 아마도 모든 일에 그 때마다 나름대로의 최선을 다 해 왔을 것이다.

오랜 기간의 여정이 거의 끝나 이제야 광야 끝 세렛 시내(신명기 2:13~14)에 이르렀고 머지않아 가나안 입성의 관문인 요단강을 건너게 될 터인데 되돌아가다니!!

여태까지 걸어온 세월만큼 내 본향 천국에 더 가까이 다가온 셈인데 그 세월을 물리고 멀리건(mulligan)으로 새로 시작해 보라고 한다면 나는 자신이 없다.

잊혔던 이전의 기도제목 하나가 되새김 된다.

'하나님께서 저를 천국으로 부르실 때에, 저가 이 광야 길에 더 오래 머물지 못함을 아쉬워하지 않게 하여 주옵소서'

26
신앙에 선후배 없다

내가 다닌 고등학교는 선후배 관계가 매우 끈끈하고 엄격했다.

매 맞고 자란 자식이 효자라더니 학교 다닐 때 선배의 기합을 많이 받고 자란 탓들일까.

평소 더러 만나게 되는 선후배 사이에서야 말할 것도 없고 이전에 한 번도 만나본 적이 없거나 이후에 또 언제 만나게 될는지 어쩌면 다시 만날 기회조차 없을는지 모르는 사람들 간에도 일단 고등학교 선후배라는 사실이 드러나면 이쪽도 그렇고 저쪽도 그렇고 당장 대하는 말씨부터가 달라져 버린다.

그리고 그 앞에서는 현재의 각자 위치나 형편 따위는 뒷전이 되기 일쑤다.

또 직장선배는 후배보다도 대개 기능이 앞서고 직급과 서열이 위인데다 급료까지 많이 받는 것이 보통이어서 자연 질서가 잡히고 선배의 업무경력에 따른 경험과 식견 앞에서는 존경심마저 생기게 된다.

어느 곳 어느 분야 이건 간에 선배는 선배라는 사실만으로 대접을 받기 마련이다. 상좌에 앉게 되고 그에게 대하는 태도도 공손하며 의견이 상충되더라도 선배의 견해가 존중된다.

상을 받거나 공을 논하거나 무슨 좋은 일의 순서도 선배에게 먼저 돌아가고 하다못해 회식자리의 술잔까지도 먼저 간다.

선배의 태도가 다소 주책없고 마땅치 못하더라도 돌아서서 투덜거릴지 언정 그 자리에서는 그냥 넘겨야 하는 때가 많다.

대체로 남자들에게는 선후배가 불문율(不文律)의 위계질서요 남다른 유대관계이면서 사뭇 엄격한 경우가 대부분이다.

학교, 직장, 사회단체 심지어는 교도소 감방 안에서 까지 선후가 이루어진다.

그렇지만 선배라고 해서 마냥 좋은 일만 있는 것은 아니다.

후배 앞에서 언행에 체통을 지켜야 하는 것은 말할 나위도 없지만 함께 먹은 음식 값도 선배가 지불해야 하고 무슨 찬조금 같은 것도 더 많이 낼 것으로 각오해야 한다.

버릇없는 후배들의 건방진 태도와 세상물정 모르는 철없는 소리에도 참고 웃음으로 받아 주어야 하고 오직 경험으로만 터득할 수 있는 지식과 기술도 자상하게 가르쳐 주어야 한다.

그래서 선배노릇하기가 더 어렵다고들 한다. 맞는 말이다.

그럼에도 불구하고 많은 사람들이 선배라는 칭호에 흐뭇해하는 까닭은 그 동안 나름대로 쌓은 경륜이나 자부심 때문이 아니겠는가.

그러나 엉뚱하게도 선배라는 것이 그리 힘을 발휘하지 못하는 영역이 있다.

바로 신앙의 세계이다.

거기에서는 누가 먼저 믿기 시작했느니 과거에 교회의 무슨 직분을 맡고서 무얼 했느니 전에는 얼마나 열심히 잘 믿었느니 하는 따위 보다는 바로 지금 신앙생활을 어떻게 하고 있느냐가 문제라고 한다.

믿음은 어느 한 기간의 달음질이 아니라 지속적인 여정이어서 잠깐 요란하게 불태우고 사라지고 마는 폭죽과 같은 믿음의 행보는 흔적도 남기지 못한다. 한 때 선두를 달리던 마라토너도 도중에 주저앉아 버린다면 그

한때의 영화로움이 무슨 소용인가.

하나님께서 저울질하시는 믿음은 과거의 역사와 경륜이 아니고 언제나 현재의 상태란다.

성경에는 포도원에서 이른 아침부터 일한 품군(선배)과 늦은 오후부터 일한 품군(후배)이 같은 액수의 일당을 받는 비유가 있고 또 '나중된 자'가 앞서고 '먼저된 자'가 처진다는 말씀도 있다.

먼저 믿었다고 하여 프리미엄이 인정되는 것이 아니요 신앙에서는 선·후배의 순서가 없다는 뜻이리라.

오랫동안 교회에 다닌 사람들에겐 불공평하다는 느낌이 들것이고 갓 믿은 사람들은 다행이라고 여기게 될 것이다.

나도 한 때는 '나중된 자로서 먼저 되고'(마태복음 20:16)라는 구절로써 위로를 많이 받았다. 그러나 상당한 연수가 지난 지금에는 오히려 '먼저된 자로서 나중되리라'(마 20:16)는 구절로 인하여 불편해진다.

새로 예수를 믿게 된 성도들의 순전하고 뜨거운 신앙생활을 보면서 나 자신이 어느 듯 무감각한 매너리즘에 빠져 있지나 않은지 자책하기도 한다.

신앙의 선배, 그러한 말조차도 성립할 수 없을 듯하지만 먼저 믿은 자라는 뜻으로 일단 그렇게 표현해 보자.

신앙의 선배 자리는 세월과 경력만으로는 유지될 수 없는 자리이기에 지키기가 그만큼 어려운 것 같다.

초보운전자가 스스로 빨리 달려주지 못하여 다른 차량들의 질주까지도 방해하는 것처럼 신앙의 선배라는 주제에 앞에서 구물구물하는 바람에 자칫 다른 사람의 신앙 성장까지 방해하는 꼴이나 되지 않을지 조심스럽다.(2004.11.10.)

제 2 부

성경
묵상

1
둘이 한 몸을

'23 아담이 이르되 이는 내 뼈 중의 뼈요 살 중의 살이라 이것을 남자에게서 취하였은
즉 여자라 부르리라 하니라. 24 이러므로 남자가 부모를 떠나 그의 아내와 합하여 둘이
한 몸을 이룰 지로다' (창세기 2:23, 24절)

 '내 뼈 중의 뼈요 살 중의 살이라'고 한 말에서 아담이 여자(하와)를 보
고 감탄하며 매우 소중하게 여겼음이 느껴진다.

 2:24의 '이러므로'는 문맥상 그 앞 2:23을 가리키며, 둘이 한 몸을 이루
어야 하는 이유는 원래 여자가 남자의 뼈와 살, 즉 서로 분리될 수 없는 한
몸이었기 때문에 분리되기 전의 상태처럼 있으라는 뜻이다.

 남자가 부모를 떠나라는 말은 장소적 의미보다 종래의 생활로부터 독립
하여 그 자신이 또 새로운 부모가 되라는 것이다.

 그러므로 부부는 몸도, 마음도, 생활도 하나가 되어, 동거하며 서로 부양
하며 협력하고 인내함으로써 새로운 가정을 이루어 가야 할 의무가 있다.

 하나님이 이렇듯 남녀로 구분하여 지으신 이유는 사람으로 하여금 하나
님의 창조사역에 동참시킨 것으로 보아야 한다.

 원래 하나님이 사람을 창조하신 이유는 사람으로 하여금 생육하고 번성하

여 땅에 충만하기를 원하셨기 때문인데(창 1:28) 그렇게 할 수 있도록 남녀로 만드심으로써 그들이 연합하여 자손을 낳고 또 낳을 수 있도록 하신 것이다.

따라서 남녀로서의 특유의 생리적 구분과 연합을 부인하는 것은 하나님의 창조 질서에 반하는 죄이다.

천국에서는 자녀를 출산할 필요가 없으므로 '저 세상과 및 죽은 자 가운데서 부활함을 얻기에 합당함을 받은 자들은 장가가고 시집가는 일이 없으며 그들은 다시 죽을 수도 없나니 천사와 동등이요 부활의 자녀로서 하나님의 자녀임이라'(누가복음 20:36)

2
가나안에 대한 저주

'이에 이르되 가나안은 저주를 받아 그의 형제의 종들의 종이 되기를 원하노라하고'
(창세기 9:25)

노아는 의인이요 당대에 완전한 자이다 (창 6:9).

노아가 포도주에 취하여 그 장막 안에서 벌거벗고 잤었는데 이 당시에는 이미 손자인 가나안까지 태어났을 때이므로 방주 정착 후 한참 후의 일이다.

노아의 아들 중 셈과 야벳은 아버지의 허물과 수치를 담요로 조용히 덮어 주었으나 함은 떠벌리며 아버지의 수치를 오히려 드러내었다.

이 일을 알게 된 노아는 함의 아들 가나안을 저주한다 (창 9:25).

가나안 외의 함족에 대하여는 축복도, 저주도 하지 않는다.

술에 취한 사건에서 원인제공은 노아가 했다. 노아가 실수한 것이라고 할 수 있다.

그렇다고 하더라도 부모의 허물과 수치를 조용히 덮어 주지 않고 오히려 드러내며 떠벌리는 것 그것은 부모를 공경하지 않는 행동이므로 노아가 책망한 것이다.

그런데 노아는 왜 잘못을 범한 함을 직접 저주하지 않고 함의 네 아들 중 하나인 가나안만을 저주했을까?

만약 함을 저주하면 함의 모든 후손이 저주를 받게 된다.

그러나 노아는 함의 자식 중 가나안 하나에게만 벌을 내린 것으로 보아야 한다.

3
땅에 대한 약속 - 쪼갠 고기 언약

하나님은 창세기 15장에서 아브람에게 두 가지 약속을 하신다. 하나는 자손에 대한 약속이고 또 하나는 땅에 대한 약속이다.

(1) 자손에 대한 약속

하나님은 아브람에게 네 몸에서 날 자가 네 상속자가 되고 네 자손이 하늘의 뭇별과 같이 많으리라고 하시며. 아브람이 여호와를 믿으니 여호와께서 이를 그의 의로 여기셨다(창세기 15:2~6절).

아브람은 그 이전에도 하나님을 섬겼지만 그 동안은 의롭다는 말을 듣지는 못했는데 위와 같은 후손의 약속을 믿는다고 하여 비로소 의로 여기심을 받았다.

다만 하나님께서는 이때까지는 아브람의 몸에서 날 자가 네 상속자가 되리라고 말씀하셨을 뿐 아브람이 사라의 몸에서 낳을 자손이라고는 하지 않으셨는데 바로 그 점에서 나중에 아브람과 사라가 하갈에게서 출산해도 무방하다고 생각하게 된 것이 아닐까?

(2) 땅에 대한 약속

하나님은 자손에 대한 약속과 함께 '이 땅을 네게 주어 소유로 삼게'(창 15:7)하겠다는 약속을 하셨다.

그러나 아브람은 자손에 대한 약속과는 달리 땅에 대한 약속에 대하여 는 선뜻 믿지 못한다.

그 땅에는 이미 가나안 족속과 여부스 족속 등 10 족속이 살고 있었기(창 15:19, 20절) 때문인 것 같다.

'내가 이 땅을 소유로 받을 것을 무엇으로 알리이까'(창 15:8)라고 반문 하기에 이른다.

그러자 하나님께서는 아브람으로 하여금 그것을 알도록 하기 위하여 '쪼 갠 고기의 언약 방식'을 제시하신다(창 15:9, 10절).

고대 근동에서 언약을 체결할 때에, 짐승을 둘로 쪼개어 마주 보도록 놓 은 후 계약 당사자가 그 쪼갠 고기 사이로 지나가는 방식이다.

언약을 위배하는 당사자는 쪼개어진 그 짐승처럼 죽어야 하므로 목숨을 걸고 반드시 지키겠다는 약속이다.

그리고 하나님은 '타는 횃불'로써 친히 임재 하고 계심을 나타내시며 혼 자 쪼개어진 고기 사이로 지나가셔서 언약의 책임자가 되셨다 (창 15:17).

다만 하나님께서는 그 땅을 당장 주시는 것이 아니라 아브람의 후손이 400년간(→ 백 단위로 표현한 대략의 연수라고 해석한다. 정확하게는 430년임) 이방 의 땅에서 괴롭힘을 당하다가 하나님의 구원으로 이 땅 가나안으로 돌아 온 후에 주실 것이라고 하신다 (창 15 : 13. → 그것은 인내하라는 의미라고 해석한다).

사실 땅에 대한 약속은 그 이전과 그 이후 여러 번 반복하셨다.

창세기 13장에서 하나님께서 아브람에게 동서남북 보이는 땅을 내가 너 와 네 자손에게 주리니 영원히 이르리라(창 13:15)고 하시고 또 15 : 7에도

'나는 이 땅을 네게 주어 소유를 삼게 하려고 너를 갈대아인의 우르에서 이 끌어 낸 여호와니라' 말씀 하신다.

그리고 17:8에는 '내가 너와 네 후손에게 네가 거류하는 이 땅 곧 가나 안 온 땅을 주어 영원한 기업이 되게 하고 나는 그들의 하나님이 되리라' 고 하신다.

땅을 주신다는 말씀은 단순한 물질적인 개념에 그치지 않는다.

위 17:8에서 보다 구체적으로 말씀하신 바와 같이 아브람과 그 후손에 게 땅을 영원한 기업, 삶의 터로 주어 뭇 별과 같은 자손이 살게 하고 그 백 성들로써 하나님이 다스리시는 하나님의 나라를 이루시겠다는 말씀이다.

그렇다면 하나님의 위 두 가지 약속 즉 (1)수많은 자손과 (2)땅에 대한 약속은 별개가 아니라 하나님 나라에 대한 한 세트인 셈이다.

이와 같이 가나안 땅은 아브람을 그의 조상의 땅 갈대아 우르에서 이끌 어 내실 때부터 약속하신 약속의 땅이요 하나님의 뜻이다.

그리고 자손과 땅과 복을 주시겠다는 약속은 이삭과 야곱에게도 그대로 계승된다(창 26:4, 26:24, 28:14).

이스라엘 민족을 출애굽 시켜 결국은 가나안에 돌아오게 하신 것도 다 그 약속을 지키시기 위함이었으며 하나님은 모세를 통하여 이스라엘 백성 들에게 하나님 자신의 그 약속을 상기시키신다(출애굽기 3장).

가데스 바네아 40일 정탐사건에서 백성들이 가나안 땅을 악평하며 들어 가기를 주저하였을 때 하나님이 백성들에게 그토록 노하신 까닭도 이러한 하나님의 약속과 뜻을 백성들이 신뢰하지 않았기 때문이다.

쪼갠 고기의 언약에서 하나님의 임재를 나타내는 횃불이 혼자 쪼갠 고기 사이로 지나갔지만 계약 상대방인 아브람에게 책임을 지운 것은 아무것도 없다.

오히려 아브람에게는 깊은 잠이 임하여(창 15:12) 고기 사이로 지나가지도 않게 하셨다. 그것은 아브람과 그 후손에게 땅을 기업으로 주시는 일은 하나님께서 친히 혼자 하실 것이며 아브람에게 책무를 지우지 아니함을 뜻한다.

법률용어로 표현하자면 쌍무계약(雙務契約)이 아니라 편무계약(片務契約)인 것이다.

그래서 창세기 15:18에도 '그날에 여호와께서 아브람과 더불어 언약을 세워'라고 하신다. (2020. 06. 05. 묵상)

4

하나님의 약속 이행은 왜 그리 더딜까

'아브람이 구십구 세 때에 여호와께서 아브람에게 나타나서 그에게 이르시되 나는 전능한 하나님이라 너는 내 앞에서 행하여 완전하라' (창세기 17:1)

하나님이 아브람 75세 때에 큰 민족을 이루게 하시겠다는 약속을 하시고 (창세기12) 창세기 15장에서는 '네 몸에서 날 자'를 약속하시면서 하늘의 뭇별과 같이 많으리라고 하셨으나 10여 년이 지나도록 전혀 소식이 없었다.
그러자 참다못한 아브람은 86세 때에 하갈에게서 이스마엘을 낳는다.

그 후에도 13년이 지나기까지 하나님은 아무런 말씀도 하지 않으시다가 13년 후 즉 아브람 99세 때에야 오셔서 사라가 내년에 출산할 것이라고 말씀하시고 과연 100세에 이삭을 낳게 된다.
그렇다면 하나님이 이삭을 주신 것은 첫 약속으로부터 자그마치 25년이나 지난 후이며, 이스마엘이 태어난 지 13년이나 지난 이후이다.

창세기15장의 '뭇별을 셀 수 있나 보라'고 하신 때에는 '아브람이 여호와를 믿으니 여호와께서 이를 그의 의로' 여기시기까지 하셨으나 (창 15:6) 도

중에 아브람이 다메섹 사람 엘리에셀이나 이스마엘을 상속자로 거명한 것을 보면 아마 아브람도 내심으로는 이제는 출산이 불가능하다고 여겼던 것 같다. (그러나 히브리서 11:11에서는 '믿음으로 사라 자신도 나이가 많아 단산하였으나 잉태할 수 있는 힘을 얻었으니 이는 약속하신 이를 미쁘신 줄 알았음이라'고 한다)

사실 자식에 대한 약속은 하나님이 먼저 하신 것이지 아브람이 먼저 청원한 것이 아니다. 그런데도 하나님은 왜 진작 이삭을 주시지 않고 그토록 오랫동안 기다리게 하셨을까?

사라의 경수가 완전히 마르고 단산하기까지, 그래서 그들 부부의 육체적 조건으로는 도저히 출산할 수 없게 될 때까지 기다리신 것일까?

'백 세 된 사람이 어찌 자식을 낳을까 사라는 구십 세니 어찌 출산하리요'라는 아브람의 푸념에서 그들 부부는 더 이상 육체적 조건으로는 출산이 불가능함을 알 수 있다.

하나님은 이삭이 육체를 따라 난 자가 아니라 약속을 따라 난 자(로마서 9:8)라는 입증이 될 때까지 일부러 기다리신 것일까?

그러나 사람들은 그 긴 세월, 더딘 응답을 기다리지 못한다.

'비록 더딜지라도 기다리라 지체되지 않고 반드시 응하리라'(하박국 2:3)

문득 이런 엉뚱한 생각이 든다. 나도 아브라함처럼 175세까지(창 25:7) 살려 주신다면 25년쯤은 기다릴 수 있지 않을까.

5
이삭을 번제로

'여호와께서 이르시되 네 아들 네 사랑하는 독자 이삭을 데리고 모리아 땅으로 가서 내가 네게 일러준 한 산 거기서 그를 번제로 드리라'(창세기 22:2)

이삭을 번제로 드리라는 명령을 받기 전부터 아브라함은 이미 여호와께 제단을 쌓고 여호와의 이름을 불렀다(창세기12:8, 13:4, 13:8 등). 즉 제사를 드려왔다.

그러나 이삭을 번제로 드리라는 명령에는 두 가지 다른 점이 있다.

(1) 첫째는 하나님께서 장소를 지정하셨다. 종래의 제단은 아브라함의 장막과 함께 있었지만 이번에는 모리아 산으로 지정하셨다(창 22:2).

그곳까지 가는 데에 3일이 걸린다. 그것만도 특별한 믿음이 있어야 실행할 수 있다.

(2) 둘째는 번제의 제물을 지정하셨다. 이삭이다.

명령 하실 때 네 아들 네 사랑하는 독자 이삭이라고 하심으로 아브라함이 이삭을 얼마나 사랑하는지 하나님도 알고 계셨다.

아브라함은 그 이전에도 어린 양으로 번제를 드려왔다. 이삭과 아브라함 간에 주고받은 대화 - '번제할 어린 양은 어디 있나이까'(창 22:7) '번제할 어린 양은 하나님이 자기를 위하여 친히 준비하시리라'(창 22:8)- 에서 그 사실을 알 수 있다.

그런데 이번에는 하나님께서 친히 번제 제물을 어린 양이 아닌 이삭으로 지정하신 것이다.

(3) 아브라함은 이미 그 이전에 '네 몸에서 날 자가 네 상속자가 되리라'는 말씀과 네 자손이 뭇 별과 같으리라고 하신 하나님의 말씀(약속)을 받아 믿었고 그 믿음이 의로 여기심을 받기(창 15:6)까지 하였다.

아브라함이 하나님의 이전의 약속과 배치되는 듯이 보이는 이삭번제명령에 그대로 순종한 데에는 이전의 하나님 약속과 하나님 본인에 대한 배짱스런 믿음이 작동한 것으로 보인다.

하나님은 이전의 말씀을 식언하실 분이 아니다, 이삭으로 하여금 번제 제물로 죽도록 내버려 두실 분이 아니다 라는 믿음이다.

아브라함이 종에게 '우리(→ 본인과 이삭)가 너희에게로 돌아오리라'고 말한 것과 이삭에게 '번제할 어린 양은 하나님이 자기를 위하여 친히 준비하시리라'(창 2:2:8)고 한 말에서도 그 점을 엿볼 수 있다.

히브리서 11:17에도 아브라함이 '믿음으로 이삭을 드렸'다고 한다. 하나님의 이전 약속을 믿은 결과이다.

즉 이삭번제의 실행은 하나님께 대한 신뢰와 믿음에 터 잡은 것이며 그 순종은 믿음의 실천이다.

하나님의 말씀과 하나님 본인을 믿고 있음을 행위로써 나타내어 보여준 것이다.

결국 이삭 번제 사건의 핵심은 하나님의 말씀에 대한 신뢰, 믿음이다.

그러나 우리는 흔히 창세기 22:12의 '네가 네 아들 네 독자까지도 내게 아끼지 아니하였으니 내가 이제야 네가 하나님을 경외하는 줄을 아노라'는 말씀과 22:16의 '네 아들 네 독자도 아끼지 아니하였은즉' 이라는 문구에 주목하여 나의 가장 소중한 것을 드리는 그것이 믿음이라고 해석하기도 하지만 그 말씀들은 독자까지라도 의심 없이 기꺼이 드릴 정도로 하나님의 이전 약속을 믿는다는 의미이며, '하나님을 경외하는 줄을 아노라'는 말씀은 하나님이 약속을 지키는 분이심을 믿고 경외한다는 의미로 새겨야 할 것이다.

히브리서 11:19에는 아브라함은 하나님이 이삭을 죽은 자 가운데서 다시 살리실 줄로 생각하였다고 되어 있으나 창세기에는 그렇게 표현하지는 않았으므로 해석상 의문이 있다.(성서원 성경의 주석에서는 이 구절은 히브리서 기자의 생각일 뿐이라고 기재한다)

(4) 이삭번제명령을 순종한데 대하여 하나님은 아브라함이 보여준바 '자손 번성의 약속'에 대한 믿음이 올바른 믿음이며 그 약속이 여전히 유효하다고 응답하신다.

'내가 네(→아브라함)게 큰 복을 주고 네 씨가 크게 번성하여……네 씨로 말미암아 천하 만민이 복을 받으리니 이는 네가 나의 말을 준행하였음 이니라'(창 22:17, 18절)는 말씀은 이미 그 이전에 아브라함에게 약속해 오셨던 내용이지만 그대로 반드시 이루어 주실 것임을 재차 확인해 주신 것이다.

6
장자 명분의 매매

'야곱이 이르되 오늘 내게 맹세하라 에서가 맹세하고 장자의 명분을 야곱에게 판지라'(창세기 25:33)

(1) 하나님은 사람의 기력의 시작인(신명기 21:17) 장자를 소중히 보셨다.

출애굽 당시 애굽에 대한 10가지 재앙 중 마지막에 가장 결정적으로 내리신 재앙이 애굽 장자들의 죽음이었고, 반대로 그 때 유월절 어린 양의 피로써 살려 주신 것도 이스라엘의 장자들(히브리서 11:28)이었다.

레위족이 이스라엘의 모든 장자를 대신하여 하나님 앞에 바쳐지기(민수기 3:11) 전까지는 장자는 그 집안의 우두머리요 제사장이었다.

족장시대 장자에게 주어진 권한은

　① 아버지의 가정에 대한 권위를 상속하여 가장이 되고 집안의 제사장이 되는 권리(출애굽기 4:22, 23, 출애굽기 22:29, 민수기 8:14~17)

　② 아버지 사후의 재산상속에서는 두 몫을 받는 권리(신명기 21.17) 등이다.

둘 다 아버지의 사후에 그 지위를 이어 받음으로써 빛을 발하게 되며 아버지가 생존하고 있는 동안은 별다른 실효성이 드러나지 않는다.

야곱이 원래의 장자였던 형 에서로부터 팥죽으로 장자의 명분을 산 행위에 대하여 에서는 나중엔 야곱이 자기를 속여 장자의 명분을 빼앗아 갔다고 분하게 여긴다(창세기 27:36).

그러나 후세의 성경은 장자의 명분을 판 에서를 망령되었다고 평한다(히브리서 12:16).

에서가 장자의 명분을 팔 당시에는 아버지 이삭이 생존 중 이었으므로 장자권의 소중함이 실감되지 않아 장자의 명분을 가볍게 여기고(창 25:34) 오히려 당장 눈앞에 있는 팥죽이 더 유용해 보였던 것 같다.

그러나 야곱은 현재의 물질보다 장래에 장자로서 얻게 될 복을 헤아려 볼 줄 아는 안목이 있었기에 전자보다 후자를 택한 것으로 생각된다.

(2) 야곱은 후에 염소고기 별미로 아버지 이삭을 속이며 '아버지 마음껏 내게 축복하소서'(창 27:19)라고 청하여, '내 마음껏 네게 축복하리라'(창 27:25)는 아버지로 부터 장자로서의 축복기도를 받음으로써 장자로 세움을 받는다.

'네(→ 야곱)가 형제들의 주가 되고 네 어머니의 아들들이(→ 에서를 포함하여) 네게 굴복'하게 된다는 것이다(창 27:29).

이삭은 에서에게도 '네 아우(→ 야곱)를 섬길 것'(창 27:40)이라고 한다.

어쩌면 야곱은 자기가 이미 장자의 명분을 샀으니 아버지로부터 장자의 축복을 받을 만 하다고 생각했는지도 모를 일이다.

어찌 되었건 이제 명실 공히 장자가 된 것이다.

(3) 그리하여 하나님으로부터도 야곱이 장자로 인정을 받는다.

아브라함과 이삭에게 약속된 복을 야곱이 이어 받고 하나님께서도 아브라함의 하나님, 이삭의 하나님, 야곱의 하나님이시라고 인정하셨다.

후에 야곱 자신도 장자권을 육신의 맏아들 르우벤에게 주지 않는다. 재산의 상속에서는 요셉에게 두 몫을 주고, 가문에 대한 지도권은 유다에게 준다(창 49:8).

그리하여 마태복음 1:2에는 '이삭은 야곱을 낳고 야곱은 유다와 그의 형제들을 낳고'라고 한 후 야곱 자손의 계보가 다윗 및 예수님께 까지 이르게 된다.

7
부모를 떠날 때의 야곱의 나이는?

야곱은 아버지를 속여 장자의 축복을 받은 일로 인하여 형 에서로부터 받을 보복을 두려워하여 외삼촌 라반에게로 피신한다.

고향 브엘세바에서 떠나 라반이 사는 하란으로 향하여 (창세기 28:10) 가는데 그 직선거리가 약 800㎞ 라고 한다.

이후 야곱은 사랑하는 어머니 리브가가 사망할 때까지도 어머니를 다시 보지 못하게 된다.

나는 팥죽으로 장자의 명분을 사고 팔 당시에 야곱이나 에서나 모두 청소년 쯤 되는 것으로 막연하게 짐작하여 철부지들의 장난 끼로 시작하였다가 기정(旣定) 사실이 되어 버린 것으로 생각해 왔다.

또 야곱이 부모로부터 집을 떠날 당시도 역시 청소년 정도일 것으로 막연하게 여기며 청소년기에 부모를 떠나 혼자 먼 길을 가는 그의 모습을 상상하며 애처로워하기도 했다.

그러나 야곱이 그 부모를 떠나 올 때의 나이는 대략 77세였음을 알게 되어 나의 이전의 상상은 모두 깨어져 버렸다.

이것은 요셉과 야곱의 나이를 비교하여 셈할 수 있다.

야곱이 애굽에서 요셉을 만났을 때 요셉은 39세가량이고 (창세기 41:46, 41:53, 45:11 즉 바로 앞에 설 때 30세 + 지나 간 풍년 7년 + 지나 간 흉년 2년 = 39세), 야곱은 130세였다(창 47:9).

따라서 야곱은 요셉을 91세에 낳은 셈이다.

또 야곱은 밧단아람 라반의 집에서 그의 두 딸 레아와 라헬과의 결혼을 위하여 14년의 노동으로 섬기고 그 마지막 무렵에 요셉을 낳았으며(창 30:25) 그 때부터 새로 품삯을 정하여 6년을 더 노동함으로써 모두 20년을 섬긴 후 라반을 떠난다.

야곱은 91세에 요셉을 낳기 전 14년 전(라반의 두 딸과 결혼하기 14년 전)에 아버지를 떠나 왔으므로 당시 야곱의 나이는 77세(91-14=77)라는 계산이 나온다.

그리고 그 때 이삭의 나이는 야곱의 나이에 60을 더하여(창 25:26) 약 137세 이었다.

8
야곱과 이스라엘의 이름

'네 이름을 다시는 야곱이라 부를 것이 아니요 이스라엘이라 부를 것이니 이는 네가 하나님과 및 사람들과 겨루어 이겼음이니라' (창세기 32:28)

야곱은 외삼촌 라반의 집을 떠나 다시 가나안 땅 그의 아버지 이삭에게로 돌아가면서, 곧 형 에서와 맞닥뜨려 온 가족이 죽임을 당하지 않을까 하고 심히 두려워하였다.

쌍둥이로 태어났지만 에서는 태어날 때부터 붉고 전신이 털옷 같았으며 (창세기 25:25) 익숙한 사냥꾼이었으므로 들사람이 되었다(창 25:27). 다혈질이며 남성 호르몬이 왕성하고 용감하다는 징표다.

반면에 야곱은 피부가 매끈매끈하고 (창 27:11) 조용한 사람이었으므로 장막에 거주하고 (창 25:27) 어머니 리브가와 가까웠다. 여성스럽다는 말이다.

야곱이 멀리 외삼촌의 집으로 간 것도, 아버지로부터 장자의 축복을 받아 낸 사건으로 인하여 에서가 야곱에 대한 살의(殺意)를 품는 바람에 피신 갔던 것이다.

세월이 많이 흐르긴 했지만 야곱은 에서를 두려워하지 않을 수 없었다. 더구나 지금 400명을 동원하여 야곱에게로 오고 있다고 하지 않는가 (창 32:6).

때문에 에서의 감정을 풀어 보려고 에서에게 줄 예물 가축과 종들을 앞서 보내고 야곱은 '무리 가운데서 밤을 지내다가 밤에 일어나'(창 32:21~22) 아내와 여종과 아들과 남은 소유물을 마지막으로 얍복 시내를 건너가게 한 후 홀로 남았다.

혈혈단신이랄까. 마음이 오죽 심란했을까.

그런 와중에 어떤 사람을 만나 날이 새도록 씨름을 하게 된다. 씨름을 시작하게 된 이유나 발단에 대하여는 직접적인 표현은 없으나 씨름의 막판에 '내게 축복하지 아니하면 가게하지 아니 하겠나이다'라고 한 것을 보면 처음부터 야곱은 축복을 해 달라고 하고 상대방은 쉽사리 해 주지 않으려는 씨름이었음을 짐작하게 한다.

그리고 야곱이 상대방의 이름을 물은 것을 보면 야곱은 씨름할 때와 이스라엘이라는 이름을 받을 때까지도 상대방이 하나님이심을 몰랐던 것 같으나(그러나 적어도 자기에게 축복해 줄 수 있는 분이라는 것은 알았다) 하나님과 겨루어 이겼다는 축복을 받고서야 뒤늦게 그가 하나님이심을 알게 되고 그래서 그곳 지명을 브니엘(→ 하나님의 얼굴)이라고 지었다.

사람의 예(例)대로 말하면 이 씨름은 아빠와 유치원 자녀 간의 씨름에 견주어 볼 수 있다. 아빠가 아이에게 내가 졌다고 말하는 참된 의미는 힘이 부족하여 실제로 졌다는 것이 아니고 져 주는 것이거나 진 체 해주어서 아들의 힘씀을 격려하는 것이다.

성경에서 하나님이 야곱을 이기지 못함을 보고 허벅지 관절을 친 것으로 표현한 부분은 물리적 힘으로 못 이긴다는 뜻이라기보다는 야곱의 떼씀과 고집(→ 축복에 대한 열망과 간절함)에 못 당한다는 의미로 새겨야한다.

그렇다면 하나님이 야곱의 허벅지 관절을 치신 것은 힘으로 야곱을 제압하기 위함이 아니다.

야곱이 역시나 자기 힘으로 씨름을 이기기 위해서 어떻게 해보려고 안

간힘을 쓰는 것을 보시고 야곱 자신의 힘으로, 물리적으로는 이길 수 없음을 가르쳐 주시기 위한 것이다.

자기 힘으로, 사람의 힘으로 이루려는 야곱의 인본주의를 깨뜨리려는 것이다.

야곱은 허벅지 관절이 어긋나는 상해를 당하고서도 날이 새려할 때까지 그 사람을 못 가도록 끈질기게 붙잡고 늘어진다. 이유는 단 하나, 축복해 달라는 것이다.

'내게 축복하지 아니하면 가게 하지 아니 하겠나이다'

어쩌면 야곱은 장래의 삶에 대한 축복보다는 당장 맞닥뜨리게 될 에서로부터 생명을 보전하기 위해서 축복을 받고 싶은 갈망이 더 절실했을 것이다.

그러자 씨름의 상대방 즉 하나님은 야곱에게 져 주신다.

야곱의 요청대로 축복해 주신다.

하나님이 그 자리에 오신 것은 우연히 오신 것이 아니요 계획 없이 갑자기 오신 것도 아니다.

그 씨름으로 만나기 이전에 야곱은 에서에 대하여 겁이 나고 두려운 심경을 하나님께 절절히 기도드리고 또한 하나님께서 복주시기로 하셨던 과거의 약속을 들추어 말씀드린다 (창 32:11).

하나님은 그 기도를 들으시고 야곱에게 져 주시기 위하여, 그래서 축복하시기 위하여 얍복나루로 일부러 찾아오신 것이다.

그러면서 야곱이 달라고 하는 그 축복을 주시기 전에 먼저 물어 보신다.

'네 이름이 무엇이냐'

이름을 몰라서 물으신 게 아니다.

하나님께서는 야곱이 에서와 함께 쌍둥이로 어머니 리브가의 태중에 있을 때부터 이미 보셨고, 야곱이 하란으로 도망갈 때에 도중의 벧엘에서 나타나셨으며, 삼촌 라반과 그 아들들의 태도가 차갑게 변했을 때 야곱으로 하여금 삼촌을 떠나 조상의 땅으로 돌아가도록 말씀(창 31:3)해 주시기도 하셨다.

그렇게 야곱을 익히 아시는 하나님이 굳이 이름을 물으신 까닭은 그로 하여금 스스로 자기가 야곱임을 고백하게 하시는 것이다.

야곱이라는 이름은 야곱의 실체를 한마디로 표현한다.

'네 이름이 뭐냐, 야곱 즉 사기꾼 아니냐 속이는 전문가 아니냐, 태어날 때에도 형의 발꿈치를 잡았고 여태까지 네 잔꾀로 살아온 인생이 아니냐'고 지적하시면서 그 이름 그대로 여태까지 다른 사람을 속이고 간교한 잔꾀를 부리며 살아온 그의 모습을 환기시키며, 야곱 스스로 실토하게 하신다.

하나님의 질문에 대하여 '야곱이니 이다'라고 자기 이름을 말할 때 아마 짐작하건데 자신도 부끄러워서 그 목소리가 기어들어 갔을 것이다.

그러자 하나님께서는 '네 이름을 다시는 야곱이라 부를 것이 아니요 이스라엘이라 부를 것'이라고 하신다.

이스라엘! 이것이 축복해 달라는 야곱의 간청에 대한 하나님의 응답이다.

새 이름의 부여는 곧 새 지위의 부여이다.

그것은, 더 이상 야곱으로, 더 이상 속이면서 너의 잔꾀로 살려고 하지 말라, 하나님과 겨루어 이김으로써 끝내 하나님의 축복을 받아낸 자답게 살아라는 의미이다.

더 나아가 앞으로는 네가 그렇게 살 수 있도록, 너의 잔꾀가 아닌, 내가 주는 복으로 살 수 있도록 해 주시겠다는 약속까지 포함된 말씀이다. (또 이스라엘은 하나님이 지배하신다, 하나님이 통치하신다는 뜻도 있다고 한다)

이렇듯 이스라엘이라는 이름 즉 하나님과 겨루어 이겼다는 것은 물리적으로 이겼다는 것이 아니고 하나님으로부터 결국 축복을 얻어 내었음을 의미한다.

그러나 야곱은 허벅지 관절의 상처를 느낄 때마다 다시는 자기 힘과 수단으로 하나님의 약속 성취를 이룩하려 해서는 안 된다는 것을 상기할 것이다.

얼마 후 야곱의 딸 디나가 마을에 나갔다가 강간당하고 아들들이 복수한 사건(창 34장)으로 인하여 야곱이 심히 두려워할 때 하나님께서는 야곱에게 벧엘로 가서 제단을 쌓으라고, 즉 예배를 회복하라고 말씀하시고 벧엘에서 다시 야곱에게 나타나신다(창 35장).

그때에도 하나님은 또다시 야곱에게 '네 이름이 야곱이지마는 네 이름을 다시는 야곱이라 부르지 않겠고 이스라엘이 네 이름이 되리라'고 하시며 '그에게 복을 주시고'(창 35:9) 생육하며 번성하는 복과 땅을 주신다. (창 35:11~12)

즉 이스라엘이라고 새 이름만 지어주신 것이 아니고 실제로 더 이상 야곱으로 살지 않아도 되도록, 이스라엘로 살 수 있도록, 자손의 복과 기업의 복을 주신 것이다.

야곱이라는 이름이 의미하듯이 그는 하나님 앞에서 착하게 살아오지는 않았다.

별로 점수를 딸 만한 공로를 세우지 않았고 하나님의 영광을 크게 드러낸 적도 보이지 않는다.

그럼에도 불구하고 하나님께서는, 야곱이 당장의 환란을 염려하여 두려워 떨고 있는 인생의 고비마다 친히 그 현장을 찾아오셔서 말씀해 주신다.

정말 각별하게 편애하신다.

이에 대하여 로마서 9:11~13에는 '그 자식들이 아직 나지도 아니하고 무슨 선이나 악을 행하지 아니한 때에 택하심을 따라 되는 하나님의 뜻이 행위로 말미암지 않고 오직 부르시는 이로 말미암아 서게 하려 하사……기록된바 내가 야곱은 사랑하고 에서는 미워하였다 하심과 같으니라'고 하신다.

모든 것이 값없는 하나님의 은혜요 섭리이다.

하나님, 저가 야곱입니다. 저가 야곱인 것을 압니다. 야곱의 생을 살아왔습니다. 저에게도 이스라엘의 복을 주옵소서.(2016. 11. 21. 묵상)

하나님 저, 얍복나루에 있습니다. 얍복나루로 오셔서 저 좀 만나 주십시오.(2018. 09. 09.)

9

출애굽의 정확한 일자?

이스라엘 백성들의 출애굽 일자가 1. 14. 밤이냐 아니면 1. 15.이냐?

출애굽기 12:29에는 '밤중에 여호와께서 애굽 땅에서 모든 처음 난 것
…… 을 다 치시매'라고 하고 12:31에는 '밤에 바로가 모세와 아론을 불러
서 이르되 너희와 이스라엘 자손은 일어나 …… 떠나 너희의 말대로 가서'
라 하고 12:42에는 '이 밤은 그들을 애굽 땅에서 인도하여 내심으로 말미
암아 여호와 앞에 지킬 것이니'라고 하고 12:51에는 '바로 그 날에 여호와
께서…… 애굽 땅에서 인도하여 내셨더라'고 한다.

그렇다면 출애굽은 유월절 밤 즉 1.14. 밤에 이루어 졌다는 것이다.

또 신명기 16:1에는 '아빕월에 네 하나님 여호와께서 밤에 너를 애굽에
서 인도하여 내셨음이라' 신명기 16:6에는 '애굽에서 나오던 시각 곧 초저
녁 해 질 때'라고 한다.

그러나 민수기 33:2~3에는 '모세가 …… 그들이 행진한 것을 기록하였
으니 …… 첫째 달 열다섯째 날에 라암셋을 떠났으니 곧 유월절 다음 날이
라'고 명백하게 밝히고 있다.

즉 모세가 기록한 바에 의하면 출애굽 일자는 1. 15. 이라는 것이다.

10

배수진을 치게 하라

'이스라엘 자손에게 명령하여 돌이켜 바다와 믹돌 사이의 비하히롯 앞 곧 바알스본 맞은 편 바닷가에 장막을 치게 하라'(출애굽기 14:2).

출애굽 당시 하나님은 이스라엘 백성들로 하여금 왜 가나안에 이르는 지름길을 두고서 먼 홍해 길로 돌아가게 하셨을까?

우리는 성경을 통하여 이미 그 답을 들었다. 즉 '블레셋 사람의 땅의 길은 가까울지라도……이 백성이 전쟁을 하게 되면 마음을 돌이켜 애굽으로 돌아갈까 하였음이라'(출애굽기 13:17)고 하셨다.

그리하여 '홍해의 광야 길로 돌려 백성을 인도'하셨다(출 13:18).

그런데 하나님은 모세에게 명하여 바닷가에 장막을 치게 하셨다(출 14:2). 그렇게 하면 이스라엘 백성들이 광야에 갇히는 처지가 된다는 사실과 이집트 바로도 그렇게 생각하게 될 것임을 하나님께서도 물론 다 아셨다(출 14:3).

배수진(背水陣)이라는 중국 고사가 있다. 전쟁 중 전력이 부족한 부대를 더 이상 후퇴할 곳 없는 강가에 진을 치게 함으로써 병사들로 하여금 후퇴하다가 물에 빠져 죽느니 차라리 앞으로 나가 싸우다 죽겠다는 각오로 싸우게 하여 승리했다는 고사이다.

하나님께서 애굽 군대가 추격해 오는 것을 뻔히 아시면서 출애굽 백성들로 하여금 더 이상 도망 갈 곳도 없어 보이는 바닷가에 장막을 치게 하신 까닭이 무엇일까?

왜 절망적으로 보이는 곳으로 인도 하셨을까?

우리는 이에 대하여도 이미 많은 설교를 통하여 그 답을 들어 왔다.

즉―이스라엘 백성들로 하여금 자기의 힘, 방법, 의지, 주장으로는 피할 수도 해결될 수도 없음을 인정하고, 그래서 오직 하나님만이 유일한 탈출구요 해결책임을 알도록 하여 위로 하나님께만 소망을 두도록 하기 위함이며 그리하여 하나님의 능력, 하나님의 하나님 되심을 보여 주시고 하나님을 경험하도록 하기 위해서 이다 ― 라는 것이다.

성경에서는 곧바로 뒤이어 새벽이 될 때까지(출 14:27) 밤새도록 바닷물이 갈라지는 대반전의 기록이 나오므로 우리는 결말까지 이미 다 알고 있으며 따라서 숨 막히는 그 장면의 기록도 느긋하게 읽는다.

그리하여 우리 인생행로에서도 홍해 앞이야 말로 하나님의 능력을 체험하고 하나님의 섭리의 손길을 보게 되는 기회라고 해설하기도 한다.

바로의 추격 군이 바짝 뒤까지 이른 것을 본 이스라엘 백성들이 모세를 원망한 사실에 대하여도 지금의 우리는 그 백성들의 믿음이 없기 때문이라고 쉽게 말하고 만다.

다 맞는 말이다.

그러나 이스라엘 백성들은 여태 여호와를 직접 만난 적 없고 그 음성을 들은 바도 없다. 다만 모세를 통하여 전해 듣고 있을 뿐이다. 이에 반하여 애굽의 추격군은 병거를 갖춘 정규 군대이며 수백 년간 자기들이 섬겨오던 사람들인지라 그 위력을 잘 알고 있다.

백성들로서는 참으로 절망적이고 두려운 상황이 아닐 수 없다.

만약, 모세만 믿고 따라 나선 이스라엘 백성 중에 나도 그 자리에 있었다면 과연 하나님의 구원하심을 믿고 두려움 없이 가만히 있을 수 있었을까(출 14:13~14절 참조).

가나안에 이르는 광야 여정에서 백성들이 원망할 때에 모세나 하나님은 화를 내시며 징벌하기도 하셨는데 홍해 앞에서의 백성들의 원망에 대하여는 하나님도, 모세도 질책하신 기록이 없는 걸 보면 어쩌면 그 두려움과 원망이 무리는 아니라고 보신 건 아닐까.

결과적으로 홍해가 갈라져 이스라엘 백성들이 하나님의 큰 능력을 보고 하나님과 모세를 믿게 되는 계기가 되었지만(출 14:31) 정작 하나님은 지금 우리가 말하는 것처럼, 이스라엘 백성들을 가르치기 위함이라는 말씀은 하지 않으셨다.

오히려 이스라엘 백성들이 아닌 '애굽 사람들이 나를 여호와인 줄 알게 하리라'(출 14:4, 14:18) 그리고 애굽의 군대로 말미암아 영광을 얻으리라(출 14:4, 14:17)고 하신다.

또 백성들이 정말 하나님께만 소망을 두고 하늘을 우러러 절규하듯 기도하였다는 기록도 없다. 다만 여호와께서 모세에게 '너는 어찌하여 내게 부르짖느냐'(출 14:15) 고 하신 걸 보면 모세는 부르짖어 기도했음을 알 수 있다.

그렇다면 오늘날 광야 인생 여정 중에 우리로 하여금 때때로 피할 수 없는 홍해 바닷가에 머물게 하시는 이유는 무엇일까?

우리 앞의 홍해 바다를 곧 가르게 하시기 위하여, 그리고 그것을 보는 주위의 많은 불신자들로 하여금 하나님을 알도록 하시기 위함이 아닐까?

그렇다고 하더라도 우리는 모세처럼 하나님께 부르짖어야 할 것이다.

11
마땅히 갈 길과 할 일

'그들에게 율례와 법도를 가르쳐서 마땅히 갈 길과 할 일을 그들에게 보이고' (출애굽기 18:20)

(1) 모세의 장인 이드로가 호렙산 부근의 르비딤으로 모세를 방문하였을 때(출애굽기 18:2~5절) 모세가 재판하는 광경을 보게 된다.

하루 종일 모세는 앉아서 백성들의 송사를 듣고 재판하며 백성들은 하루 종일 서 있는 것을 보고서 모세에게 두 가지 충고를 한다.

　① 백성들에게 율례와 법도를 가르쳐서 마땅히 갈 길과 할 일을 그들에게 보이고

　② 천부장, 백부장 등 중간 지도자를 세워 역할을 분담하라는 것이다(출 18:20~23절).

그러나 모세는 즉각적으로 시행하지는 않는다.

하나님께서 호렙산에서 모세에게 너희가 호렙산에 거주한지 오래니 가나안을 향하여 행진하라는 말씀을 하신 후에(신명기 1:6, 7절) 모세는 각 지파의 추천을 받아 천부장, 백부장 등을 세우고(신 1:13 이하) 그들에게 재판

의 지침을 주면서 재판은 하나님께 속한 것인즉 공정한 재판을 하도록 명한다(신 1:16~17절) 그것을 보면 모세는 호렙산에서 그 자신이 먼저 하나님으로부터 율법을 받은 후에 장인의 충고대로 시행하였다고 봄이 옳다.

모세는 원피고 양쪽을 재판하여 그들에게 하나님의 율례와 법도를 알게 하는 것이었는데(출 18:16) 장인 이드로의 충고는 아예 백성들에게 먼저 법을 가르쳐 주어서 준법하게 하고 그래도 해결되지 않는 송사(訟事)에 대하여만 재판을 하되 그것도 역할을 분담하여 하라는 내용이다.

(2) 신앙이나 삶의 여정에서 중요한 것이 한 두 가지랴 마는 '마땅히 갈 길과 할 일'을 아는 것은 너무나 중요하다.

그리고 한 가지 더, 마땅히 알 것을 아는 것(고린도전서 8:2) 또한 그렇다.

마땅히 알 것을 알지 못하면 우매 자가 되는 것이요 마땅히 갈 길과 할 일을 모르면 허송세월을 보내거나 실패자가 될 수밖에 없다.

그러한 사람은 목표와 방향을 알지 못하므로 '마땅히 기도할 바'(로마서 8:26)도 알 수가 없다.

예레미야 42:3에는 '당신의 하나님 여호와께서 우리가 마땅히 갈 길과 할 일을 보이시기를 원 하나이다'고 한다.

나도 마땅히 알 것, 마땅히 갈 길, 마땅히 할 일, 마땅히 기도할 바를 하나님께서 말씀해 주시고 인도해 주시기를 계속 기도한다.

그러면서 하나님께서 직접 현현하시거나 환상을 보여 주시거나 쟁쟁하게 들려주시는 방법으로 갈 길과 할 일을 가르쳐 주시어서 더 이상 의심의 여지가 없을 정도로 인도해 주시기를 기대하기도 한다.

물론 하나님께서는 그렇게 직접 행하실 수 있는 분이심은 의심의 여지가 없다.

그러나 하나님이 자기 백성들을 다스리고 역사하시는 일반적인 방법은 말씀을 통하여 하신다.

한 번 말씀하시면 하나님 스스로도 변개(變改)하지 않으실 뿐더러 백성들도 계속하여 그대로 지키기를 원하신다.

백성들이 하나님의 말귀를 잘 알아듣지 못하니 선지자들을 통하여 전하여 주시고 하나님의 감동으로 된 성경(디모데후서 3:16)을 주신 것이다.

모세의 장인도 하나님의 백성에게 마땅히 갈 길과 할 일을 보이되 그 길과 일을 알게 하는 것은 율례와 법도 즉 하나님의 말씀을 가르치는 것이라고 충고한다.

말씀 속에 갈 길과 할 일이 다 제시되어 있으므로 미리 말씀을 가르치면 백성들이 가야 할 길과 가서는 안 되는 길, 해야 할 일과 해서는 안 되는 일을 알게 된다는 것이다.

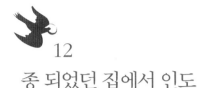

12
종 되었던 집에서 인도

'나는 너를 애굽 땅, 종 되었던 집에서 인도하여 낸 네 하나님 여호와니라' (출애굽
기 20:2)

하나님은 출애굽기 20장에서 십계명을 주시면서 먼저 위와 같이 말씀
하신다.

나는 너를 애굽 땅 종의 신분으로부터 구원해 내었다. 그러므로 이제 너
는 종이 받아야 하는 모든 억압과 죽음과 저주로부터 자유하다. 그렇게 너
를 종으로부터 구원한 분은 바로 나 여호와이므로 이제부터는 내가 너의
주인이다.

앞으로도 내가 준 자유를 계속 누리며 살아라. 그러기 위 하여는 다음의
십계명을 지켜라고 하시는 말씀이다.

즉 십계명은 너를 속박하기 위한 것이 아니고 내 안에서 자유를 누리도
록하기 위함이다.

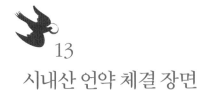

13
시내산 언약 체결 장면

'모세가 그 피를 가지고 백성에게 뿌리며 이르되 이는 여호와께서 이 모든 말씀에 대
하여 너희와 세우신 언약의 피 니라'(출애굽기 24:4)

시내산 언약 체결의 장면을 묵상하노라면 지금의 우리들의 계약 장면이
연상되어 참 흥미롭다.

이스라엘 백성이 출애굽한 지 3개월 되어 시내 광야에 이르러 시내산 앞
에 장막을 쳤을 때(출 19:1, 2)이다.

① 하나님께서 시내산에서 모세를 부르셔서 만나신다.

말하자면 계약 당사자의 등장과 회동인데 하나님 측에서는 친히 참석하시
고 백성 측에서는 모세가 대리 내지 대표로 참석한다.

② 먼저 하나님께서 십계명을 비롯하여 제단, 폭행, 배상, 도덕, 안식일,
절기 등 여러 가지 계명을 말씀하신다(출 19 내지 23장).

사람들 간의 계약에서도 강자가 먼저 안을 제시하기 마련이다. 절대 강
자이신 하나님은 영원한 갑(甲)이시다.

마무리 말씀에서 백성들로 하여금 하나님의 말씀을 잘 청종하고(출 23:21)

하나님을 섬길 것을 요구하시며(출 23:26) 그리하면 땅과 양식과 적으로부터의 보호 등 축복을 내리시겠다고 약속하신다.

갑(甲)이 다른 당사자인 을(乙)에게 줄 이익을 제시하는 것과 같다.

그 때까지는 하나님께서만 안(案)을 제시하셨을 뿐 아직 성사가 된 것은 아니다.

③ 모세가 산에서 내려와서 백성들에게 하나님의 모든 말씀과 율례를 전하자 백성들은 그 모든 말씀을 준행하겠다고 약속한다(출 24:3).

그리하여 하나님과 백성 간에 구두로는 일단 계약이 성사된 것이다. 그러나 구두 계약은 나중에 기억이 흐려지거나 뜻이 모호해 지거나 자의(恣意)로 해석될 여지가 있다.

그래서 모세는 하나님의 모든 말씀을 기록한다(출 24:4). 문서로 작성한 것이며 그 명칭은 '언약서'(출 24:7)이다. 계약서라는 뜻이다.

④ 언약서를 다 기록한 후 모세는 아침 일찍 서둘러 협약식을 준비한다.

산 아래에 제단을 쌓고 소로 번제와 화목제를 드리며 제물의 피를 제단에 뿌린다.

제단은 하나님의 임재의 상징이기 때문이다.

모세는 이스라엘 열 두 지파를 상징하는 열 두 기둥을 세우고 언약서를 가져다가 백성에게 낭독하여 듣게 하니 백성들은 '하나님의 모든 말씀'을 준행하겠다고 다짐한다(출 24:7).

그러자 모세는 제물의 나머지 반의 피를 '백성에게 뿌리며 이는 여호와께서 이 모든 말씀에 대하여 너희와 세우신 언약의 피니라'(출 24:8)고 선포한다.

제물의 피를 하나님과 백성 양쪽에 뿌린 것은 당사자인 하나님과 백성이 각기 제물의 피로써 언약서를 확약하며 언약으로 묶여진다는 의미이다.

계약서에 도장을 찍거나 싸인을 하는 것과 같은 셈이다.

⑤ 이렇게 하여 모든 의식이 끝나자 모세와 아론과 장로 칠십 인 등이 산으로 올라가 하나님을 뵙고 먹고 마셨으며 하나님은 그들에게 손을 대지 아니하셨다(출 24:9,10).

언약 체결 전까지는 이스라엘 지도자들도 하나님께 나아 갈 수 없었는데(출 24:1,2) 계약이 체결된데 대한 축하연 내지 뒤풀이 식사가 하나님 앞에서 열렸던 것이다. (2020. 06. 24. 묵상)

14
가데스 바네아와 40년의 방황

'그들에게 이르기를 여호와의 말씀에 내 삶을 두고 맹세하노라 너희 말이 내 귀에 들린 대로 내가 너희에게 행하리니' (민수기 14:28)

출애굽한 지 대략 13개월 후 쯤에 이스라엘 백성들은 바란 광야 가데스에 이르러 가나안 진군에 앞서 각 지파 중 1사람씩 12사람을 선발하여 가나안 땅을 정탐하러 보낸다. 요즘으로 치면 정보수집 활동이다.

그들이 각처로 흩어져 40일 동안 정탐하고 돌아와 보고하기를 그 땅은 과연 젖과 꿀이 흐르는 땅이 맞다. 그러나 거주민이 강하고 성읍이 견고하여 그들에 비하면 우리는 메뚜기 같더라. 우리는 그 백성을 치지 못하리라는 회의적인 보고를 하자 온 이스라엘 회중이 절망한 나머지 소리 높여 부르짖으며 밤새도록 통곡한다.

짐작하건대, 우리 이 많은 백성이 그토록 어렵게 애굽 땅에서 탈출하여 고생 고생하여 광야 생활 끝에 여기까지 왔는데, 목표로 삼고 왔던 땅에는 들어갈 수가 없게 되었으니 우리는 도대체 어쩌면 좋으냐? 라는 분위기이리라.

실제로 하나님과 모세와 아론을 원망하며 차라리 이 광야에서 죽었더라면 좋았겠다느니 애굽으로 돌아가는 것이 낫겠다느니 막말을 한다.

20세 이상 남자 군인(레위, 여자, 아이 제외) 숫자만 60만 3,550명(민1:46)인데 온 회중이 소리 높여 통곡하면 그 소리에 천지가 흔들리지 않았을까?

아브라함 때부터 해 오신 약속을 지키시고 가나안 땅을 주어 하나님 나라를 이룩하시기 위하여 여기까지 인도해 오신 하나님, 백성들의 온갖 불평과 원망을 다 들어 주시며 함께 해 오신 하나님이 그 장면을 보시며 심정이 어떠했을까?

하나님이 크게 노하시며 백성들로 하여금 광야로 되돌아가게 하시고 여호수아와 갈렙 외에 20세 이상 된 자에게는 가나안 입성을 금지시키신다. 그러한 조치가 이해가 간다.

만약 내가 그 정탐 보고의 자리에 있었다면 나는 어느 편이었을까?

백성의 편이었을까, 아니면 여호수아, 갈렙의 편이었을까?

이 사건에 대하여 하나님이 민수기 14장 전체에서 지적한 백성들의 죄는 ① 하나님을 멸시하고 ② 믿지 않고 ③ 목소리를 청종하지 않고 ④ 하나님을 원망하고 ⑤ 하나님께 반역한 것이라고 하신다.

결국 하나님께서는 '너희 말이 내 귀에 들린 대로 내가 너희에게 행하리니 너희 시체가 이 광야에 엎드러질 것이라 너희 중에서 20세 이상으로서 계수된 자 곧 나를 원망한 자 전부가 결단코 이 땅에 들어가지 못하리라…… 너희의 시체가 광야에서 소멸되기까지 40년을 광야에서 방황하는 자가 되리라'는 벌을 내리시고야 만다.

백성들이 자기들의 입으로 내 뱉은 말 그대로 해 주시겠다는 말씀이다.

여기서 우리는 참으로 말 한 마디 한 마디 할 때마다 하나님께서 그 말을 듣고 계심을 명심해야 하며 만약 하나님께서 내가 한 말 그대로 시행하신다면 어떻게 될는지를 염두에 두어야 함을 깨닫는다.

(1) 징벌의 대상을 20세 이상으로 한정 하신 이유는 무엇일까

신명기 1:39에는 '너희의 아이들과 당시에 선악을 분별하지 못하던 너희의 자녀들은 그리로(→ 가나안으로) 들어갈 것이라'고 한다. 즉 20세 미만의 아이들은 당시에 선악을 분별하지 못할 나이라고 보아 면책된 것이다.

(2) 정탐한 날 수 40일의 하루를 1년으로 쳐서 40년을 광야에서 방황하는 자가 되리라(민 14:33, 34절)고 하셨는데 굳이 그러한 셈법으로 방황기간을 40년으로 정하신 까닭은 무엇일까?

① 하나님께 '반역한 죄'에 상응한 징벌의 기간이 40년은 되어야 한다는 뜻이며(민 14:33) 마치 범죄에 징역형의 형기를 정함과 같다.

② 20세 이상의 백성들은 자기 행위에 대한 책임을 져야할 연령이며 또 하나님을 알 만한 사람들인데 하나님 멸시, 불신앙, 원망의 죄를 함께 범하거나 오염되어 있어서 그런 상태로는 하나님이 주신 땅, 하나님의 나라에 들여보낼 수 없으며 그들이 다 죽어 그 시체가 소멸되기까지는 40년이 걸리므로 그 때까지 지연시키겠다는 뜻이다.

③ 이스라엘 백성이 430년간의 애굽 생활을 통하여 불신앙, 원망 등 노예근성에 젖어 있어서 가나안에 들어갈 차세대 아이들도 40년은 광야에서 훈련받아야 그러한 노예근성을 씻고 불신앙의 죄를 고칠 수 있다고 보셨기 때문인 것 같다.

백성들의 입장에서는 40년을 허비하게 된 것이지만 하나님으로서는 40년을 더 기다리시며 그동안 훈련시키시는 것이다.

성경에서 40의 숫자는 하나님 백성의 연단과 훈련을 뜻한다. (예컨대 예수님의 40일 금식. 마태복음 4:2)

15
말의 창조력

하나님은 말씀으로 천지만물과 인간을 지으셨다. 하나님의 말씀은 그대로 이루어지고야 마는 창조력을 가지신 것이다.

하나님은 우리를 그의 형상대로 지어셨다. 하나님 형상대로 지음을 받은 우리에게도 어느 정도 말의 창조력을 주신 것이다. 우리의 입술에 창조의 권세를 주셨다.

또 민수기 14:28의 '너희 말이 내 귀에 들린 대로 내가 너희에게 행하리니'라는 말씀은 비단 가데스 바네아에서 하나님을 불신한 이스라엘 백성에게만 적용되는 말씀이 아니라 오늘 우리에게도 동일하게 적용되는 말씀으로 보아야 한다.

그러므로 우리는 언제나 적극적, 긍정적인 믿음을 가져야 할 뿐 아니라 적극적이고 긍정적인 말을 해야 한다. 부정적인 말을 해서는 아니 되며 만약 그 말대로 결과가 이루어져서는 안 되는 말들은 하면 안 된다.

그렇다고 하여 하나님의 다스리심 보다 우리의 말이 우선이라는 의미는 결코 아니다. 우리의 말을 하나님께서도 듣고 계심을 명심하여 조심하자는 의미다.

예수님께서도 '사람이 무슨 무익한 말을 하든지 심판 날에 이에 대하여 심문을 받으리니 네 말로 의롭다 함을 받고 네 말로 정죄함을 받으리라'(마태복음 12:37)고 하신다.

매일 아침 이렇게 선포하자.
오늘도 나에게는 좋은 일 만 생길 것이다.
내가 하는 모든 일이 형통 할 것이다.
하나님께서 나와 함께 하실 것 이다. (1998.01.29.묵상)

16
단호하게 거절된 모세의 기도

'구하옵나니 나를 건너가게 하사 요단 저쪽에 있는 아름다운 땅, 아름다운 산과 레바논을 보게 하옵소서 하되' (신명기 3:25)

이스라엘의 출애굽 광야 여정 중 반석에서 물을 낸 사건은 두 번 이다. 한 번은 출애굽기 17장, 또 한 번은 민수기 20장에서다.

두 사건은 다 같이 므리바라고 부르지만 시기와 장소가 다른 별개의 사건이다.

민수기 20장의 므리바 사건은 출애굽 제40년 1월이며 광야 여정이 거의 끝나는 시점이다.

이때에는 출애굽기 17장에서 지팡이로 바위를 친 것과는 달리 지팡이를 가지되 반석에게 명령하여 물을 내라고 하나님께서 말씀하셨는데 모세가 그의 지팡이로 반석을 두 번 치니 물이 많이 솟아났다(민수기 20:11).

그러자 하나님은 너희(→ 모세와 아론까지)가 나를 믿지 아니하고 이스라엘 자손 목전에서 내 거룩함을 나타내지 아니하였다고 책망하신다(민 20:12, 27:14).

시편 107:32, 33절에서는 모세가 그의 입술로 망령되이 말하였다고 한다.

이에 대하여는, '우리가······물을 내랴'고 하여 모세 자신이 지팡이로 이적을 행하는 것처럼 말했지 하나님의 영광을 드러내지 아니한 실수를 범했다고 해설함이 보통이다.

생각해보면 모세가 백성들에게 '반역한 너희여 들어라 우리가 이 반석에서 물을 내랴'(민 20:10)고 하며 손을 들어 지팡이로 반석을 두 번 쳤다는 장면에서 모세가 백성들을 몰아붙이고 격렬하게 화를 내며 거칠게 행동했음이 느껴진다.

바로 그것이 하나님의 거룩함을 훼손한 것이라는 말씀이 아닐까.

결국 모세와 아론은 이 사건으로 인하여 하나님으로부터 책망을 받고 또한 가나안 입성을 금지 당하기까지 한다(민 20:12). 참으로 애석한 일이 아닐 수 없다.

후에 벳브올 맞은 편 골짜기에 진을 치고(신명기 3:29) 가나안 진군을 목전에 두었을 때 모세는 하나님께 간절히 기도한다. '나를 건너가게 하사 요단 저쪽에 있는 아름다운 땅, 아름다운 산과 레바논을 보게 하옵소서'라고.

하나님과 백성 사이의 중보자로서 40여 년간 백성들을 인도하여 온 모세는 이제 목전에 있는 강 건너 가나안 땅에 얼마나 가고 싶었으면 그렇게 기도 했을까.

그러나 하나님께서는 '그만해도 족하니 이 일로 다시 내게 말하지 말라'고 거절하신다(신 3:25~26절).

말씀 자체에서 하나님의 단호하심이 느껴진다.

사실 모세를 불러서 이스라엘 백성들을 애굽에서 인도하여 약속의 땅으로 가라고 하신 분은 바로 하나님이시고, 꽁무니를 빼는 모세를 다독여 밀고 가신 분이 바로 하나님 자신이신데, 하나님께서는 왜 그토록 단호하게 거절하셨을까?

성경에는 표현이 없지만 나는 이 거절된 기도 장면에서 하나님도 마음 아파하시고 모세도 울었을 것 같다.

이 사건 이전(출애굽기 17장)에는 지팡이로 바위를 치라고 하신 적도 있지 않은가, 그리고 이 사건에서 지팡이로 반석을 내리친 것은 백성들의 불신앙에 대한 격분에서 우러난 돌발행위이지 모세 자신을 과시하기 위한 고의적 행위로는 보여 지지 않는데 과연 그 행위 때문만으로 모세의 가나안 입성 청원을 그토록 단호하게 거절하신 것일까? 아니면 하나님만이 도모하신 다른 속내가 있었을까?

하나님께서는 백성들의 가나안 입성이 임박해지자 에돔 땅 변경 호르산에서 아론을 먼저 거두어 가시며 그의 아들 엘르아살로 하여금 제사장을 이어받게 하시고(민 20:24~28) 모세의 후계자로는 여호수아에게 안수하여 세우도록 하심(민 27:18~23)으로써 지도부 인계를 끝내고 마지막으로 모세를 거두어 가신다.

어쩌면 하나님께서는 여태까지의 광야 생활에서는 중보자 모세를 통하여 백성들을 '품에 품고'(민 11:12) 보살펴 오셨으나 가나안에 들어간 후로는 만나도 그치게 하시어서 백성들 스스로의 노력으로 '얼굴에 땀을 흘려'(창세기 3:19 참조) 그 땅의 소산을 먹도록 하며 모세와 같은 중보자 없이 '반역함과 목이 곧은'(신 31:27) 백성들 스스로가 오직 하나님만을 의지하고 순종하며 또한 책임도 져야 함을 가르치기 위하여, 그리하여 하나님의 백성으로 세워가기 위하여 모세와 아론의 가나안 입성을 금지시키신 것은 아닐까.

17
하물며 내가 죽은 후의 일이랴

'내가 너희의 반역함과 목이 곧은 것을 아나니 오늘 내가 살아서 너희와 함께 있어도 너희가 여호와를 거역하였거든 하물며 내가 죽은 후의 일이랴'(신명기 31:27)

모세는 40년간 하나님과 이스라엘 백성들 간의 중보자로서 하나님의 율법과 말씀을 받아 백성들에게 전하고 가르쳐 가며 이제 가나안 땅이 지척에 보이는 모압 평지에까지 이르렀다.

그러나 정작 자신은 므리바 반석을 지팡이로 쳤던 일로 인하여 하나님으로부터 가나안 입성을 금지 당하였으며(민수기 20:12) 출애굽 2세대 백성들만 들여보내게 되었다.

모세는 백성들에게 '내가 너희의 반역함과 목이 곧은 것을 아나니 오늘 내가 살아서 너희와 함께 있어도 너희가 여호와를 거역하였거든 하물며 내가 죽은 후의 일이랴(신명기 31:27)'고 염려한다. 모세 자신이 죽은 후에는 백성들이 어떻게 하나님을 거역할 뻔 하다는 것이다.

모세는 백성들의 반역과 교만이 그토록 못마땅하지만, 그래도 백성들이 모세 없이 가나안에 들어간 후에도 제발 하나님의 선민으로서 복을 받기 바라는 마음이 간절했다. 그 길은 오직 마음을 다하고 뜻을 다하고 힘을 다

하여 여호와 하나님을 사랑(신 6:5)하고 말씀을 청종하는 것 뿐 임을 백성들 마음 깊이 심어 주고 싶었다.

　모세는 그동안 하나님이 베풀어 오신 은혜를 기억하더라도 백성들이 당연히 율법을 지켜야 하며 율법의 핵심은 가나안 이방신을 섬기지 말고 오직 여호와 하나님만을 섬기는 것이라고 애절하리만큼 강조한다. 그리고 그것만이 백성이 복을 받는 유일한 길이며 만약 율법을 어기면 엄청난 저주를 받게 될 것임을 가르친다.

　신명기는 모세의 마지막 설교라고 한다. 그러나 그것은 그냥 가르치고 깨우치기 위한 설교가 아니라 피를 토하는 절규(絶叫)의 소리로 들린다.

　그러면서 백성들로 하여금 어떻게 해서든지 잊지 않고 기억할 수 있도록 노래까지 지어 가르친다.

　마지막으로 백성을 축복한 다음 자기는 하나님의 부르심대로 비스가 산 꼭대기에 올라가 가나안 땅을 바라본 후 생을 마감한다.

18
흠 있는 제물

'흠이나 악질이 있는 소와 양은 아무 것도 네 하나님 여호와께 드리지 말지니 이는 네 하나님 여호와께 가증한 것이 됨이니라'(신명기 17:1)

율법으로 그렇게 정하지 않더라도 흠 있는 제물을 드리면 안 된다는 것은 상식으로 당연할 것인데 굳이 그렇게 강조하는 것을 보면 실제로 그러한 예물을 드리는 백성이 있었던 모양이다.

흠 있는 제물을 드리는 사람의 속마음은 자기만족을 위하는 것이거나 외식(外飾)하는 것이다.

비록 흠이 있긴 하지만 그래도 예물을 드렸으니 드리지 않은 편 보다는 할 도리를 했다는 식이 거나 주위의 시선이나 평판을 의식하여 외식하는 것이 아닐까.

혹시 주위 사람의 눈을 의식하여 구색만 갖추는 예배와 봉사나 헌금을 하는 것은 흠 있는 제물을 드리는 것이나 같지 않을까?

19
그 선지자

'네 하나님 여호와께서 너희 가운데 네 형제 중에서 너를 위하여 나와 같은 선지자 하나를 일으키시리니 너희는 그의 말을 들을지니라'(신명기 18:15)

모세가 신명기에서 이스라엘 백성들에게 한 설교의 일부분이다.

'나와 같은 선지자'의 '나'는 모세 자신을 가리킨다(사도행전 7:37 참조).

모세는 하나님의 말씀을 백성들에게 전하고 백성들의 필요를 하나님께 전하는 중보자, 중재자의 역할을 해 왔다. 위 성경 본문에서 '나와 같은' 선지자는 모세와 같은 중보자의 역할, 사명을 의미하는 것이며 지도자로서의 지위나 신분을 의미하는 것은 아니다.

특히 그 역할의 핵심은 하나님의 말씀을 백성들에게 전하는 것이니 백성들이 그의 말을 들어야 함을 분명히 밝혔고(신 18:15) 누구든지 그 선지자의 말을 듣지 아니하는 자는 멸망 받으리라(사도행전 3:23)고 까지 하였다.

그러므로 후세의 유대인들에게는 '그 선지자'라는 단어는 더 이상 부연(敷衍) 설명을 할 필요 없이 당연히 모세를 통하여 예언된 바로 그 선지자를 가리키는 대명사였다.

그리고 그 선지자는 모세처럼 출애굽과 같은 정치적 자유(특히 로마로부터의 해방), 만나와 같은 경제적 부요와 시내 산 율법과 같은 사회적 정의를 가져다주는 그런 선지자일 것이라고 믿고 그의 출현을 학수고대해 왔다.

그래서 세례 요한이 등장했을 때에도 '네가 그 선지자냐'(요한복음 1:21)고 묻기도 했고 세례 요한은 자기가 아니라고 했다.

실제로 하나님께서는 그 선지자로서 예수님을 보내셨다(사도행전 7:37).

예수님께서는 모세의 예언 이후 구약에서 계속하여 예언되어 온 바로 그 선지자이신데 백성들은 알아보지 못했다.

오병이어 기적을 본 사람들이 모세 시대의 만나를 연상하며 예수님을 '세상에 오실 그 선지자'라고 하여 억지로 임금으로 삼으려 하기도 하고(요 6:14, 15절) 예수님의 말씀을 들은 사람들 중에 '이 사람이 참으로 그 선지자라 하며' 논쟁이 일어나기도 했다(요 7:40).

그러나 대부분의 백성들은 예수님께서 중보자, 구원자로서 오신 '그 선지자'이심을 알지 못하여 예수님이 전하는 하나님 말씀을 들으려하기 보다 행하시는 기적에 관심을 가졌다.

20
기생의 믿음

　여호수아는 가나안 정복의 첫 관문인 여리고성을 앞두고 그 성을 엿보기 위하여 스파이 두 사람을 보낸다.

　이 정탐꾼들은 여리고성으로 들어가서 라합이라는 기생의 집에 들어가 유숙하는데 라합은 그들에게 여리고성의 내부 동향과 민심을 알려주고 그들을 숨겨주었다가 무사히 성 밖으로 탈출시켜 주기까지 한다(여호수아 2:1~11절).

　즉 하나님이 이스라엘 백성을 위하여 홍해를 가르시고 지금까지 전쟁마다 이기게 하신 것을 여리고 백성들이 들었고 이로 인하여 마음이 녹고 정신을 잃었다고 하며 여호와는 상천하지에 하나님이라고 말한다.

　이것은 벌써 적군의 사기가 땅에 떨어져 있다는 중대하고도 유용한 군사적 정보이다. 그래서 정탐꾼들도 돌아가 그 말만 그대로 여호수아에게 보고하게 된다.

　사실 정탐꾼들은 여리고성의 다른 곳에는 가보지 못했고 라합으로 부터 들은 말 외에는 아는 것도, 정탐하거나 보고한 것도 없다.

　결국 라합은 이스라엘의 여리고 정복에 대단히 중요한 역할을 하였으며 신앙적으로 보면 하나님의 이스라엘 구원사역에 크게 쓰임을 받은 것이다.

그 공로로 여리고 성이 함락되어도 라합과 그의 가족은 죽임을 당하지 않고 함께 구원 받았으며 후에 라합이 살몬과 결혼하여 보아스를 낳고 그 후손이 다윗 왕, 나아가서는 예수님까지 이른다(마태복음 1장).

라합은 하나님의 선민 이스라엘 백성이 아닌 이방인이다. 그리고 여자이다. 더구나 기생이다. 영어 성경에서는 아예 매춘부로 기록한다.

율법적으로 보면 하나님으로부터 쓰임을 받을 수 없는 조건만 다 가지고 있었다. 그러한 그가 어떻게 하여 그토록 요긴하게 하나님으로부터 쓰임을 받을 수 있었는가

그 첫째 이유는 그의 고백에서 알 수 있듯이 하나님께 대한 믿음 때문이다. 그는 ① 하나님이 전쟁의 주권자임을 믿고

② 그 하나님이 이스라엘 백성을 구원하심을 믿고

③ 하나님의 뜻에 순응할 때 자기도 구원받을 수 있음을 믿었다.

히브리서 11:31에도 라합을 믿음의 선진으로 기록하고 있다.

그런데 사전에 라합의 그러한 믿음 상태를 알 턱이 없는 정탐꾼들이 왜 하필이면 라합의 집으로 갈 수 있었을까? 하나님께서는 왜 하필이면 라합의 집으로 그들을 인도하셨을까?

그 까닭은 라합의 직업이 기생이어서 외지인의 방문이 그나마 가능할 수 있었기 때문이었던 것 같다.

기생이라는 직업 자체에 대한 평가는 차치하고 아무리 미천한 신분이라도 그 신분, 직업으로 인하여 하나님으로부터 쓰임 받을 수 있음을 보여주는 대목이다.

그 직업이 라합으로 하여금 하나님의 쓰임을 받게 한 둘째 이유다.(2005. 2. 5. 묵상)

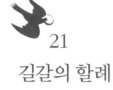

21
길갈의 할례

'여호수아가 부싯돌로 칼을 만들어 할례산에서 이스라엘 자손들에게 할례를 행하니라'
(여호수아 5:3)

할례는 하나님의 백성이 되었다는 증표, 신앙고백임과 동시에 하나님의 언약의 증표이다.

이스라엘 백성이 약속의 땅 가나안에 들어서자 하나님은 그동안 광야에서 태어나 할례를 받지 못한 백성들로 하여금 먼저 하나님과의 언약관계를 인식시키고, 회복시키기 위해서 길갈에서 할례를 행하게 하신다 (수 5:2).

가나안 원주민들과는 구별되는 하나님의 백성임을 스스로 증명하고 새 출발을 하도록 하기 위함이다.

길갈에 진을 치고 1.14. 저녁에는 유월절을 지켰으며 그 다음 날(→ 1.15.)에 그 땅의 소산물을 먹었는데 그 소산물을 먹은 다음 날(→ 1.16이 된다)에 그 때까지 40년간 내려 주시던 만나가 그쳤다. 가나안 땅에는 대추야자, 올리브 등 식물이 풍부하가 때문에 만나를 그치게 하셨다는 견해가 있으나, 땅의 소산을 먹을 수 있게 되었을 때에는 얼굴에 땀을 흘려 수고함으로써 소산을 먹으라는 하나님의 뜻(창세기 3:17~19절) 이라고 봄이 옳다.(2005. 2. 9. 묵상)

22
아간의 범죄

'이스라엘이 범죄하여 내가 그들에게 명령한 나의 언약을 어겼으며 또한 그들이 온전히 바친 물건을 가져가고 도둑질하며 속이고 그것을 그들의 물건들 가운데에 두었느니라'(여호수아 7:11)

여리고성을 정복할 때 여호수아는 백성들에게 명령하기를, 이 성과 그 가운데 있는 모든 것은 여호와께 온전히 바치되 그 바친 것 중에서 어떤 것이든지 취하여 손대지 말라고 명령한다(수 6:17~19절).

고대 근동에서는 전쟁의 전리품을 참전 군인들이 나누어 갖는 것이 일반적인 관례였다.

그러나 하나님은 전쟁이 전적으로 하나님의 주권아래 이루어지고 있음을 가르치고 계신다.

승리의 주역은 군인들이 아니라 하나님이시므로 전리품은 모두 하나님께 드려야 한다는 것이다.

더욱이 첫 산물은 하나님의 것인데 여리고를 점령하면 그것은 가나안 입성의 첫 산물이 되므로 그 전리품은 모두 하나님께 바쳐야 했다(수 6:18).

그런데 아간이 노략한 물건 중 고급 외투 한 벌과 은, 금덩이 하나를 가지고 그의 장막에 감추었다. 아간이 취한 것은 전체 전리품 수량에 비하면 미미할 수도 있지만 하나님은 그것을 이스라엘 전체의 범죄, 하나님의 언약에 대한 위배, 도둑질로 간주하신다(수 7:11).

결국 아간 한 사람의 잘못으로 인하여 이스라엘 백성들이 그 다음 전투인 아이성에 대한 첫 공격에서 패하고 만다(수 16:4).

그리고 아간은 그 죄가 밝혀져 본인은 물론이요 그 가족들과 모든 소유물이 아골 골짜기에서 돌로 맞고 불살라지는 벌을 받는다.

① 사람의 눈은 속일 수 있었으나 하나님 앞에서는 죄악을 숨길 수 없다.

② 하나님께서는 사랑하시는 자기 백성들까지도 하나님의 주권을 침해하는 죄에 대해서는 그냥 넘어가지 않으신다.

③ 아간의 죄로 인하여 본인뿐 아니라 가족들까지 멸망하고 또 훔친 물건 외에 원래부터 가지고 있던 재물도 다 잃었다.

나는 내 수중에 있는 것 중 하나님께 구별된 것을 숨기고 취한 것은 없는가?

나의 잘못으로 인하여 교회와 가정, 직장이 벌 받는 일이 없도록 경성해야 한다. (1990. 4. 11, 2005. 2. 14. 묵상)

23

진멸하라

'네 하나님 여호와께서…… 너보다 많고 힘이 센 일곱 족속을 쫓아내실 때에 네 하나님 여호와께서 그들을 네게 넘겨 네게 치게 하시리니 그 때에 너는 그들을 진멸할 것이라. 그들과 어떤 언약도 하지 말 것이요 그들을 불쌍히 여기지도 말 것이며'(신명기 7:1, 2절)

가나안 정복에 앞서 하나님께서 이스라엘에게 내리신 위와 같은 진멸 명령이 하나님의 사랑의 성품과 배치된다고 주장하는 사람도 있다. 그러나 그것은 문자적으로만 해석하여 생긴 오해이다.

그 명령에는 영적인 뜻이 있음을 새겨야 한다.

고대 전쟁에서 패전국 백성은 살해당하거나 승전국 백성의 노예나 사유물이 되고 전리품은 참전 군인들이 나누어 가지는 것이 관례였다.

그래서 대부분의 전쟁은 이를 노리는 탐욕에서 유발되는 것이 일반이다.

가나안 땅을 정복하라는 하나님의 뜻은 아브라함 때부터 약속하신 바 그 땅에서 자기 백성을 다스리시는 하나님의 나라를 이룩하시고자 함이다.

하나님께서 원주민 사람이나 가축이나 물건을 다 진멸하도록 하신 것은 전쟁에 참여하는 이스라엘 군인들에게 돌아갈 전리품이 아예 없다는 것을 미리 알게 하시고 따라서 전쟁의 동기가 백성들의 탐욕을 채워주기 위한 것이 아님을 가르치시는 것이다.

또한 만약 원주민이나 그들의 물건을 남겨두게 되면 이스라엘 백성들이 그들과 통혼하여 이방신과 이방 문물에 오염 당함으로써 여호와 유일신 신앙이 흐려질 우려가 있으므로 이를 방지하고자 함이다.

나아가 고대 민족 간의 전쟁은 민족신(神) 간의 전쟁으로 여겨졌으므로 다분히 종교전쟁 또는 영적전쟁의 의미를 가졌다.

가나안 정복전쟁은 하나님께 속한 하나님의 전쟁이므로 온전한 하나님 나라를 이루기 위하여, 영적 대적들을 남김없이 진멸하도록 하신 것이다. 승리로 인한 전리품도 당연히 하나님께 바쳐져야 하는 것이었다.

실제로 후에 가나안 정복 전쟁에서 '…… 여호수아가 …… 호흡이 있는 자는 다 진멸하여 바쳤으니 이스라엘의 하나님 여호와께서 명령하신 것과 같았더라'(여호수아 10:40).

여호수아가 호흡이 있는 자를 다 진멸한 것을 일컬어 여호와께 바친 것으로 표현한다. (2005. 2. 3. 묵상)

24
삼손의 임종 기도

'삼손이 여호와께 부르짖어 이르되 주 여호와여 구하옵나니 나를 생각하옵소서 하나님이여 구하옵나니 이번만 나를 강하게 하사 나의 두 눈을 뺀 블레셋 사람에게 원수를 단번에 갚게 하옵소서 하고' (사사기 16:28)

삼손의 이 기도에 대하여, 마지막 회개와 믿음의 기도라고 평가하는 의견들이 많다.

히브리서 11:32 믿음의 선진들 명단에도 삼손이 기록되어 있다.

삼손은 사사로 20년 동안 지내면서 성령이 임하실 때 마다 강한 힘으로 블레셋 사람들을 죽였지만 정작 사사로서 백성들을 잘 다스렸다거나 이스라엘을 위한 의로운 싸움을 싸운 기사는 없고 평생 여자 문제 때문에 블레셋 사람들과 다투고 죽인 것 같아서 안타깝다.

위 본문의 삼손의 마지막 기도도 진정한 회개의 마음을 담았다기 보다는 자기의 눈을 뺀데 대하여 복수하고자하는 개인적 원한을 토한 것뿐으로 보인다.

그럼에도 불구하고 하나님께서 삼손에게 그 기도대로 마지막 힘을 주어 블레셋 사람들을 죽이도록 하신 것은 삼손의 기도에 대한 응답이라기보다는 그러한 식으로 하여서라도 블레셋을 징벌하시고자하는 하나님의 뜻이었다고 봄이 옳을 것 같다.

25
여호와의 말씀이 희귀하여

'아이 사무엘이 엘리 앞에서 여호와를 섬길 때에는 여호와의 말씀이 희귀하여 이상이 흔히 보이지 않았더라'(사무엘상 3:1)

말씀이 희귀하다는 것은 하나님이 말씀하시지 않고 계시를 주시지 않는 것이다.

상대방이 말씀을 들으려 하지 않거나 말씀을 받을 자세가 되어 있지 않을 경우, 말씀을 하시더라도 말귀를 알아듣지 못할 경우, 말귀를 알아듣더라도 말씀대로 따르지 않을 것이 분명한 경우, 아예 상대하기 싫으신 경우에는 그렇게 하실 것이다.

하나님의 말씀이 희귀해지면 지도자나 백성이나 생명의 양식을 얻지 못하여 영적으로 피폐해 질 수 밖에 없고 말씀으로 인도를 받지 못하여 마땅히 할 일과 마땅히 갈 길을 잃어버릴 수밖에 없다. 사무엘 어린 시절 엘리는 제사장이지만 영적 감각이 어두워지니까 말씀이 들리지 않고 계시도 없고 환상도 받지 못했다.

교훈이건 책망이건, 경고이건 축복이건 말씀을 받을 수 있는 것은 복이다. 그만큼 하나님과의 소통과 교제가 열려 있다는 증거다.

요즘과 같은 말씀의 홍수 속에서도 늘 깨어 있지 않으면, 하나님과의 친밀한 교제 가운데 거하지 않으면 자신에게는 말씀이 희귀해질 것이다.

아모스 8:11은 경고한다.

'주 여호와의 말씀이니라 보라 날이 이를지라 내가 기근을 땅에 보내리니 양식이 없어 주림이 아니며 물이 없어 갈함이 아니요 여호와의 말씀을 듣지 못한 기갈이라'

26
우리에게 왕을 세워

'이스라엘 모든 장로가 모여 라마에 있는 사무엘에게 나아가서 그에게 이르되 보소서 당신은 늙고 당신의 아들들은 당신의 행위를 따르지 아니하니 모든 나라와 같이 우리에게 왕을 세워 우리를 다스리게 하소서 한지라' (사무엘상 8:4, 5절)

사사 시대를 거치면서 하나님은 왕 대신에 사사를 지도자로 세워서 이스라엘 백성들을 다스려 오셨다. 그러나 사무엘이 사사로 있을 때에 백성들은 장로들을 통하여 '모든 나라와 같이 우리에게 왕을 세워 우리를 다스리게 하소서(삼상 8:5)'라고 요구한다.

여호수아와 이스라엘 자손이 가나안 전쟁을 치룰 때에 맞상대한 성읍 국가들은 모두 왕이 있었고(여호수아 12:7~24절) 사사시대에 이스라엘 백성을 예속시켰던 나라들도 왕이 있었다.

반면 이스라엘에는 한 번도 왕이 없었다(사사기 17:6, 18:1, 19:1, 21:25).

백성들은 사사시대 이방 민족의 압제에 대하여 그것을 하나님께 순종해야하는 영적인 문제로 가늠하지 않고 이방민족보다 정치적, 군사적으로 약해서 불리하다고 보았으며 그 해결책으로 자기들에게도 왕을 달라고 하기에 이른다.

왕을 요청하면서 백성이 표면적으로 내세운 이유는 사무엘이 늙었고(어떤 주석서에는 당시 60세 정도라고 한다) 그 자식들이 불량하다는 것이었다(삼상 8:5).

이 점에 대하여 사무엘상 8:1~3절에는 사무엘이 늙으매 두 아들이 브엘세바에서 사사가 되었으나 자기 아버지의 행위를 따르지 아니하고 이익을 따라 뇌물을 받고 판결을 굽게 한다고 기록한다.

그렇다면 백성들이 표면적으로 내세운 지적이 조금은 일리가 있어 보이며 사무엘은 자식 교육에는 성공하지 못했던 것 같다.

나는 이 부분에 대해 의문을 지울 수 없다. 부모가 하나님 말씀을 잘 지키고 순종하면 본인은 물론 대대손손이 복을 받는다는 것이 하나님 말씀이다. 그렇다면 사무엘 자신이 자녀 복을 받고 그의 자식들도 복을 받아 잘되어야 마땅한데 자식들이 지방 사사까지 되었어도 위와 같이 불량하여 백성들이 불안해 할 정도이니 그것은 어떻게 설명해야 할까?

그러나 사실 백성들이 왕을 요구함에 있어서 내세운바 사무엘과 그 자식들에 대한 불안감보다 더 근본적인 이유는 '우리에게 왕을 세워 우리를 다스리게 하소서'(삼상 8:5) '우리도 다른 나라들 같이 왕이 우리를 다스리며 우리 앞에 나가서 우리의 싸움을 싸워야 할 것'(삼상 8:20)이라고 하는 점이다.

이때까지 하나님이 이스라엘을 위하여 싸우시고 계속하여 승리를 주셨는데(삼상 7:10, 여호수아 10:14) 백성들은 더 이상 그것을 원하지 않고 눈에 보이는 왕이 앞장서서 싸우기를 원했다.

나아가 사사를 통한 하나님의 다스림을 거절(삼상 8:7)하고 사람의 통치를 바라는 것이다.

그래서 하나님은 사무엘상 8:7에서 '그들이……나를 버려 자기들의 왕이 되지 못하게 함이니라'고 하신다.

27
기도하기를 쉬는 죄

'나는 너희를 위하여 기도하기를 쉬는 죄를 여호와 앞에 결단코 범하지 아니하고 선하고 의로운 길을 너희에게 가르칠 것인즉'(사무엘상 12:23)

사무엘은 사사로서 백성들을 위하여 기도해야 할 책무가 있으므로 기도하기를 쉬는 것은 의무를 다하지 않는 것이 되어 스스로 하나님 앞에서 범하는 죄라고 까지 한다.

그리고 기도함으로써 백성들을 하나님의 뜻에 맞게 선하고 의로운 길을 가르칠 수가 있다고 한다. 지도자라고 하여 사무엘 마음대로 하려는 것이 아니라는 것이다.

우리 개인적으로도 기도는 삶의 주관을 하나님께 맡기는 것이므로 기도하지 않는 것은 하나님의 절대주권과 능력을 믿지 않고 스스로 삶의 주인이 되겠다는 교만한 태도라 할 것이며 그렇게 본다면 우리 역시 기도하지 않는 것은 죄라고 할 것이다.

28
제사보다 순종

'사무엘이 이르되 여호와께서 번제와 다른 제사를 그의 목소리를 청종하는 것을 좋아
하심 같이 좋아하시겠나이까 순종이 제사보다 낫고 듣는 것이 숫양의 기름보다 나으니'
(사무엘상 15:22)

사무엘이 하나님의 말씀을 사울 왕에게 전하기를, 아말렉을 쳐서 모든
백성과 가축과 모든 소유를 남기지 말고 진멸하라고 한다.

사울 왕은 아말렉을 치고 그 백성을 진멸하였으나 다만 가축 중 양과 소
의 가장 좋은 것, 기름진 것은 없애지 아니하고 가치 없고 하찮은 것을 진
멸하였다.

사무엘이 이를 심하게 책망하자 사울은 '나는 실로 여호와의 목소리를 청
종하여…… 아말렉 사람들을 진멸하였으나 다만 백성이…… 가장 좋은 것
으로…… 여호와께 제사하려고' 양과 소를 남겼다고 한다 (삼상 15:20, 21절).

사울의 항변은, 내가 아말렉과의 전쟁터에 나가고 승리까지 한 것은 여
호와의 말씀에 순종하여 한 것이다, 전체적으로는 순종한 것 아니냐, 다만
일부 작은 행동이 말씀에 어긋난 것이 있긴 하지만 그것도 여호와께 가장
좋은 것으로 제사 드리고자 하는 선한 의도로 하였고 그것마저도 내가 했

다기보다는 백성이 하였다는 것이다.

사울은 자기 행동을 합리화하며 자신의 숨은 동기를 신앙의 이름으로 포장하고 있다. 왜냐하면 사울이 동물들을 남긴 이유는 실은 제사의 목적이 아니라 '진멸하기를 즐겨하지 아니'(삼상 15:9)하였기 때문이다.

우리도, 내가 전체적으로, 근본적으로는 믿음을 고백하고 믿음으로 살려고 하고 있으므로 그 과정에서 이런 작은 것쯤은 그냥 넘어갈 수 있지 않겠느냐는 자의적인 태도로써 변명 삼을 때가 많다.

하나님이 아말렉을 쳐서 진멸하도록 명하신 이유는 출애굽 당시 아말렉이 이스라엘을 대적하였던 일에 대하여 벌하시기 위함(삼상 15:2)인데 사울은 그러하신 하나님의 의도를 저버리고 자기 판단과 물질적 가치관으로 행한 것이다.

어쩌면 하나님께서는 사울의 태도가 하나님께 대한 진정한 두려움이 없고 제사는 포장이요 핑계라고 보신 것 같다.

하나님께서는 번제와 다른 제사를 물론 좋아 하시지만 그 보다는 그의 목소리를 청종하는 것을 더 좋아 하신다(삼상 15:22).

그리고 가령 사울의 말대로 하나님께 제사를 드리기 위한 선한 의도로 동물들을 남긴 것이라고 하더라도 '순종이 제사보다 낫고 듣는 것이 숫양의 기름보다 낫다'(삼상 15:22)고 가르치신다.

순종이 제사보다 낫다는 것은 성경의 핵심적 진리이다. 제사의 목적은 순종하는 삶을 외적으로 표현하는 데 있으며 순종 없는 제사는 외식이기 때문이다.

29

다윗의 중심

'여호와께서 사무엘에게 이르시되 그의 용모와 키를 보지 말라 …… 내가 보는 것
은 사람과 같지 아니하니 사람은 외모를 보거니와 나 여호와는 중심을 보느니라 하시
더라' (사무엘상 16:7)

(1) 위의 본문은 하나님께서 선지자 사무엘을 베들레헴 이새의 집에 보
내어 이새의 아들 중 하나에게 기름을 붓도록 하실 때에 사무엘에게 하신
주의(注意) 말씀이다.

이 말씀에 따라 용모와 키가 준수한 형들을 제치고 소년 다윗이 택함을
받아 기름부음을 받게 된다 (삼상 16:13).

결국 하나님께서는 외모보다 다윗의 중심을 보셨다는 것이다.

중심은 대체로 사람의 마음을 일컬으며 또는 속마음의 진실함을 의미
하기도 한다.

다윗은 위와 같이 기름부음을 받은 그 날 이후로 여호와의 영에 크게 감
동되었다 (삼상 16:13).

이 때 나타난 성령의 역사는 이스라엘을 향한 하나님의 계획 속에서 다
윗이 역할을 수행하도록 힘을 부여하는 것이었다 (맥아더 성경 주석).

(2) 그러나 하나님께서 보셨다는 다윗의 중심이 과연 어떠했기에 그를 택하셨는지에 대하여는 그 당시에는 아무 설명이 없으시다.

기름부음을 받은 이후 다윗이 골리앗 앞으로 과감하게 달려 나가고, 또 가는 곳 마다, 하는 일마다, 사울의 다른 신하들보다 지혜롭게 행하기는 하였지만(삼상 18:5, 18:14, 18:30 등) 그러한 것들은 다윗이 기름부음 받음으로 성령 충만하고(삼상 16:13) 여호와께서 그와 함께 계신(삼상 18:14) 결과이지 그것이 기름부음을 받게 된 원인은 아니었다.

후에 하나님이 '내 종 다윗이 내 명령을 지켜 전심으로 나를 따르며 나 보기에 정직한 일만 행하였음'(열왕기상 14:8)이라고 하시고 또 '다윗이 헷 사람 우리아의 일 외에는 평생에 여호와 보시기에 정직하게 행하고 자기에게 명령하신 모든 일을 어기지 아니하였음이라'(왕상 15:5)고 평가하신다.

또 후대의 왕들을 평가할 때에도 다윗을 기준으로 삼아 다윗과 같이 정직하게 행하였느냐 아니냐로 평가하였다(왕상 14:8, 15:11, 왕하 16:2, 22:2, 28:1, 29:2, 34:2 등).

그렇다면 하나님께서 보신 다윗의 '중심'은 바로 '정직한 마음'이었음을 알 수 있다. 사무엘을 통하여 기름부음을 받은 당시의 소년 때 뿐 아니라 왕이 된 이후에도 '평생에 여호와 보시기에 정직하게 행'할 사람임을 미리 보신 것이다.

'하나님이여 내 속에 정한 마음을 창조하시고 내 안에 정직한 영을 새롭게 하소서'(시편 51:10)라는 다윗의 시에서 그가 얼마나 정직하고 싶어 했는지 알 수 있다.

(3) 하나님께서 보신 다윗의 또 하나의 중심은 하나님이 명령하신 모든 일을 어기지 아니함 즉 말씀에 대하여 순종하는 마음이다.

다윗은 모든 것 하나하나 구체적으로 하나님께 물었고 하나님 말씀대로 행하였다. 그리고 하나님은 자상하게 대답해 주셨다. 사무엘상 23:1~14절에서도 그 모습 중 하나를 볼 수 있다.

나는 다윗의 삶 중 이 점이 가장 부럽다.(2000. 08. 17. 묵상)

(4) 사도행전 13:22에는 하나님께서 '내가……다윗을 만나니 내 마음에 맞는 사람이라 (그가) 내 뜻을 다 이루리라'고 증언하신다.

다윗이 기름부음을 받을 당시 그는 이새의 여덟 아들 중 막내로서 아버지와 형들로부터 별다른 인정을 받지 못하고 집안 심부름을 다니며 양을 치는 목동에 불과하였다(삼상 17:15~30절).

밖으로 드러난 모습만으로는 특별하지 않았기에 하나님께서 외모를 보지 말라고 하셨을 것이다. 하나님은 현재의 모습만을 보신 것이 아니라 장래의 모습도 보시며 하나님을 향한 마음 중심을 보신 것이다.

외모를 보지 않고 중심을 보신다는 이 말씀대로 하나님께서 나에 대해서도 그렇게 보아주실 것임이 때로는 참 감사하고 위로가 될 때도 있다.

그러나 두렵고 자신 없을 때가 더 많다.

30
골리앗 앞에 선 다윗

'또 여호와의 구원하심이 칼과 창에 있지 아니함을 이 무리에게 알게 하리라 전쟁은
여호와께 속한 것인 즉 그가 너희를 우리 손에 넘기시리라' (사무엘상 17:47)

(1) 사무엘상 17:31부터 58절까지에서 골리앗 앞에 선 다윗의 태도는 대
체로 다음과 같이 요약된다.

① 하나님의 이름이 모욕당함을 못 참는 경외심. 하나님의 싸움을 싸
운다는 정의감.

② 전쟁은 하나님께 속한 것이라는 믿음, 하나님의 함께 하심에 대한
믿음, 승리를 주실 것에 대한 확신.

③ 승리의 확신에 근거한 당당함, 자신감, 용기.

④ 골리앗을 향하여 승리를 선포.

⑤ 골리앗을 향하여 달려 나감.

— 믿음의 실천. 믿음을 행위로 나타냄.

⑥ 평소에 가지고 있는 기량, 능력, 은사를 활용.

— 목동의 제구, 물매 돌 던지기.

⑦ 문제의 약점, 허점을 파악함.

— 골리앗의 신체 중 유일하게 드러난 이마를 공격.

(2013. 4. 7. 아침 묵상)

(2) ① 나의 믿음의 전진을 가로막는 영적 골리앗은 무엇인가?

② 내 앞에 있는 현실적인 골리앗은 무엇인가.

③ 그 골리앗 앞에서 나의 모습은, 두려워 도망가는 이스라엘 백성인가 아니면 앞으로 달려 나가는 다윗인가

④ 골리앗을 완전히 밟고 죽이고 머리를 베어(삼상 17:51) 진멸하기 위하여 내가 해야 할 일은 무엇인가.

⑤ 하나님이 나에게 쥐어 주신 물매 돌은 무엇인가.

(2000. 08. 19. 수. 묵상)

31
골리앗을 이긴 원인

'그 블레셋 사람이 둘러보다가 다윗을 보고 업신여기니 이는 그가 젊고 붉고 용모가
아름다움이라'(사무엘상 17:42)

(1) 다윗이 골리앗을 이기기 이전 다윗은 사무엘을 통하여 기름부음을
받았고(삼상 16:13) 그 후 사울 왕 앞에서 수금을 타고, 왕의 무기든 자 중
하나로 발탁되기는 하였으나 사울에게로 왕래하며 베들레헴에서 아버지
의 양을 쳤다(삼상 17:15).

그러다가 엘라 골짜기에서 블레셋과의 전투에 참가하고 있는 형들에게
전투식량을 전해주는 심부름을 갔다가 마침 골리앗이 큰소리로 시비를 걸
어 싸움 돋우는 모습을 보게 된다. 모든 이스라엘 사람들이 두려워 도망하
지만 다윗만이 의분을 느껴 주저 없이 그에게 도전한다.

(2) 나는 인간적인 관점으로 다윗에게서 응당 그렇게 할 만한 자질을 찾
으려야 찾을 수가 없다.

그 때까지 다윗은 전투 경험이 전혀 없다. 드러난 용사도 아니고 삼손처
럼 사자를 맨손으로 찢을 정도의 억센 힘이 갑자기 내린 것도 아니요 기드

온의 양털 시험처럼 확실한 증거를 받은 것도 아니다. 그야말로 홍안의 미소년 양치기이다.

상대인 골리앗은 어려서부터 용사요 칼과 창과 단창 등 세상무기 다 갖추었는데 다윗은 사울 왕이 챙겨주는 갑옷과 칼도 어색하여 벗어야 했다 (삼상 17:38, 39절).

그러한 그가 골리앗 앞으로 외치며 달려 나갈 수 있었던 동인(動因)은 무엇일까?

(3) 성경은 사무엘을 통하여 기름부음을 받았을 때 '이 날 이후로 다윗이 여호와의 영에 크게 감동 되니라'(삼상 16:13)고 한다.

그것뿐이다. 그것 외에는 아무런 설명도 없고 답을 찾을 수도 없다.

그렇다면 하나님의 일방적인 은혜라고 할 수 있을 뿐이다.

다윗을 몰아간 정의감과 믿음, 승리에 대한 확신도 결국 이스라엘을 구원하고 다윗을 세워 나가기 위한 성령의 역사에 의한 것이다.

그럼에도 불구하고 우리는 자꾸만 소년 다윗 자신에게서 어떤 인간적인 위대함을 캐내려 한다. (2000. 08. 08. 묵상)

32
다윗과 요나단

'요나단은 다윗을 자기 생명 같이 사랑하여 더불어 언약을 맺었으며'(사무엘상 18:3)

어떻게 보면 요나단은 다윗의 급부상으로 인하여 왕위계승 1순위의 지위에 위협을 받게 되었으므로 사울 왕이 하는 것 보다 더 심하게 다윗을 견제하거나 시기할만한 형편이라고 볼 수도 있다.

그러나 요나단은 다윗을 자기 생명 같이 사랑하여 다윗과 더불어 언약을 맺고 언약의 증거로 왕자로서의 지위를 나타내는 자기 겉옷과 무기를 주며(삼상 18:1, 3, 4절) 사울 왕의 침해로부터 다윗의 생명을 구하기도 한다.

요나단은 다윗이 하나님의 기름부음을 받은 자이며 장차 이스라엘의 왕이 될 사람임을 알아보았다.

요나단은 다윗을 구하고 옹호하다가 사울 왕으로부터 심한 욕설을 듣기도 하고 심지어 죽을 위기도 당했지만 다윗을 돕는 일에는 최선을 다 했다.

다윗은 왕이 되기 전에는 그러한 요나단의 은혜를 갚을 처지가 되지 못했고 실제로 갚은 적도 없지만 왕이 된 이후 요나단의 다리 저는 아들 므비보셋을 돌보아 줌으로써 은혜를 갚는다.

요나단과 같은 친구를 만나는 것은 정말 축복이 아닐 수 없다.

많이도 필요 없을 것 같다. 단 한 사람이라도.

나의 요나단은 누구인가?

사랑으로 나에게 도움을 준 나의 요나단에게 나는 그 사랑의 빚을 갚았
는가?

나는 어느 누구의 요나단이 되어 준 적이 있는가? (2000. 08. 14. 묵상)

33
사탄의 공격 전략

'이 일로 말미암아 여호와의 원수가 크게 비방할 거리를 얻게 하였으니 당신이 낳은 아이가 반드시 죽으리 이다 하고'(사무엘하 12:14)

다윗은 밧세바와 간음한 범행을 발각되지 않게 하려고 그의 남편 우리아를 죽게 하고 밧세바를 취한다. 그리고 아무도 모를 것 같던 그 범죄에 대하여 하나님으로부터 호된 질책을 받고서 회개함으로써 하나님의 용서를 받았다(사무엘하 12:13).

그러나 '이 일로 말미암아 여호와의 원수가 크게 비방할 거리를 얻게 하였으니'(삼하 12:14) 밧세바가 다윗에게서 낳은 아이가 죽는다.

여호와의 원수 즉 사탄의 비방할 거리는 이에 그치지 않고 계속하여 다윗을 공격하여 집안이 분열되고 칼부림이 일어나게 한다.

사무엘하 13장에는 다윗의 장남 암논이 이복누이 다말을 강간한 후 심한 모욕을 주어 쫓아 버렸고 이에 대해 다말의 친 오라비 압살롬이 2년간 잠잠한 체 하며 숨죽여 기회를 노리다가 암논을 살해하고야 마는 일련의 사건 과정과 결말이 자세하게 기술되어 있다.

그 사건은 그 후 더 발전하여 압살롬이 아버지의 왕위를 뺏기 위하여 반란을 일으키고 다윗이 왕궁을 버리고 도망 나갔다가 양측의 전쟁에서 압살롬이 전사하고 다윗이 귀환함으로써 끝을 맺는다.

이러한 사건의 계속을 영적 시각으로 보면 다윗과 그 가정은 물론이요 나라를 훼방하는 사탄의 책략이며 암논의 강간과 압살롬의 살해 행위 가운데서 사탄이 하나님의 백성을 어떤 식으로 공격하는지 그 전략을 간파할 수 있다.

① 죄 지을 생각

사탄은 무엇보다 먼저 사람에게 죄 지을 생각·감정을 불어 넣는다. 사탄은 먼저 암논에게, 다말을 사랑한 나머지 울화로 병이 들 정도의 감정을 일으킨다. 모세 이후 율법은 이복자매, 의부자매를 범하지 못하게 되어 있으므로(레위기 18:9, 20:17) 이복누이에 대한 암논의 연정은 잘 못된 것이었다. 사탄이 가룟 유다의 마음에 예수님을 팔려는 생각을 넣었던 것과 같다(요한복음 13:2).

② 우회공격

사탄은 정면공격 보다는 우회공격을 취하기 일쑤다. 드러나지 않게, 눈치 채지 못하게 하려는 술책이다. 우회적으로 주위의 친구를 이용하고 심지어는 상대방이 거역할 수없는 사람을 이용하기도 한다.

암논이 다말에게 직접 방문을 요청하지 않고 교활한 친구 요나답을 이용하고 나아가 다말이 절대로 거역할 수 없는 아버지 다윗 왕을 이용하여 다말로 하여금 암논의 숙소로 의심 없이 방문을 하도록 한다.

③ 마멸작전

사탄은 서두르지 않는다. 섣불리 본색을 보이지 않는다. 전혀 표가 나지 않게 한다. 마치 맷돌로 갈 듯이 서서히, 조금씩, 당장은 아무 표도 나지 않게 갈아서 없애는 것과 같다. 이것을 마멸작전이라고 표현하기도 한다.

암논은 말할 것도 없거니와 복수를 계획한 압살롬의 경우도 마찬가지다.

아무 내색도 않고 한마디 말도 하지 않은 채 2년을 숨죽여 기다리며 준비한 끝에야 암논을 살해한다.

④ 거짓말

위 사건에서 사탄은 암논에게 병든 체하는 계략을 준다. 그 거짓말로 다윗을 통하여 다말의 방문을 이끌어 낸다. 사탄의 꼬드김은 언제나 100% 거짓이다. 이것은 그가 거짓의 아비(요한복음 8:44)이기 때문이다.

예수님께 대한 광야시험(마태복음 4:1~11절)에서도 마귀가 했던 말은 전부 거짓이었다.

⑤ 혼자 있을 때 이용

마귀는 우리가 혼자 있을 때를 곧잘 이용한다. 다말은 혼자 암논을 방문했다가 화를 당했다. 요셉이 보디발의 집에 혼자 있을 때(창세기 40:11)에 보디발 아내의 유혹이 있었던 것과 같다.

⑥ 방심 · 안심하게 함(베드로전서 5:8, 누가복음 10:19)

본문 사건에서는 위와 같은 모든 궤계를 동원한 끝에 결국 다말로 하여금 전혀 긴장감 없이 암논의 집으로, 그리고 침실까지 방문하게 하고 결국 강간을 당하게 하여 다윗 가문을 뒤 흔들고자 하는 마귀의 작전이 결과를 본다.

2년 후 암논이 압살롬의 양털 깎는 곳 연회자리에 초대받아 방심한 채 찾아 갔다가 살해당한 경우도 마찬가지이다.

34
솔로몬의 재판

'…… 내 주여 산 아이를 그에게 주시고 아무쪼록 죽이지 마옵소서 하되' (열왕기
상 3:26)

열왕기상 3:16부터 20절까지의 한 어린아이를 둘러싼 두 여자, 창기들 간
의 다툼에 대한 유명한 솔로몬 재판에서 진짜 생모가 한 말이다.

① 내가 그 사건을 재판 했다면 나는 어떤 판결을 내렸을까? 요즘 같으
면 누가 진짜 생모인지는 DNA 검사를 해 보면 당장 밝혀질 일이지만, 솔
로몬은 생모와 아기 간에 연결되는 마음의 DNA, 사랑의 DNA 검사를 한
것이다.

② 욕심과 질투 때문에 어린아이에 대한 살인까지도 감행하려는 창기,
자식 사랑 때문에 자기희생을 감수하려는 창기, 나는 어느 쪽인가? (2002.
05. 10. 묵상)

35
여호와께로 말미암아 난 것

'왕이 이같이 백성의 말을 듣지 아니하였으니 이 일은 여호와께로 말미암아 난 것이라'(열왕기상 12:15)

어떤 일이 하나님의 뜻에 의하여 하나님으로 말미암아 난 것이면 아무도 그 일을 막을 수 없고 거역하려 해도 안 된다.

'내가 행하리니 누가 막으리요'(이사야 43:13).

그리고 어떤 사람이 하나님의 경고의 말을 듣지 않는 것은 하나님이 이미 그를 징계하시기로 작정하여 그의 마음을 닫았기 때문인데 이를 성경에서는 그 일이 하나님께로 말미암아 난 것이라고 표현한다. 예컨대

① 이 일이 내게로 말미암아 난 것이라(열상 12:24, 역대하 11:4)

② 아마샤가 듣지 아니하였으니 이는 하나님께로 말미암은 것이라(대하 25:20)

③ 왕(→ 르호보암)이 이같이 백성의 말을 듣지 아니하였으니 이 일은 여호와께로 말미암아 난 것이라(왕상 12:15 대하 10:15)

④ 여호와의 말씀이……이 일이 나로 말미암아 난 것이라(왕상 12:24)

등이다.

그러면 어떤 개별적인 일이 과연 하나님으로 말미암아 난 것인지 아닌지를 분별해야 한다.

　이에 대하여 나는 진심으로 기도해 오고 있다.

　내 앞에 부딪히는 일들에 대하여 그것이 과연 하나님께로 말미암아 난 것인지 아니면 사탄의 유혹이나 세상 소리나 내 욕심에 미혹된 것인지를 가르쳐 주십사고.

　그리하여 진정 하나님께로 말미암은 길로만 갈 수 있도록 해 주십사고.

36
금송아지와 바알

'이에 계획하고 두 금송아지를 만들고 무리에게 말하기를 너희가 다시는 예루살렘에 올라갈 것이 없도다 이스라엘아 이는 너희를 애굽 땅에서 인도하여 올린 너희의 신들이라 하고'(열왕기상 12:28)

(1) 출애굽한 이스라엘 백성은 시내 산 아래서 금송아지 우상을 만들어 숭배(출애굽기 32장) 한 적이 있고 왕국 분열 후 북 이스라엘의 여로보암 왕은 백성들이 남 유다 예루살렘 성전에 제사 드리러 가는 것을 막기 위해 위 본문과 같이 금송아지 둘을 만들어 하나는 남쪽 벧엘에 두고 하나는 북쪽 단에 두어 숭배를 강요하였다(왕상 12:28-33, 13:1-5).

많은 동물 중에 하필이면 송아지 모양으로 만든 까닭은 애굽 나일강의 신으로서 풍요를 가져다준다는 황소 신 아피스(Apis)의 영향이었을 것이다.

그리고 그것을 금으로 만든 까닭은 그만큼 귀하게 여겼기 때문이다.

말하자면 금송아지는 그들이 소망하는 풍요의 신이다.

2) 이스라엘의 광야생활에서는 하나님께서 만나를 주셨으므로 식량 걱정을 할 필요가 없었다.

그런데 가나안 땅으로 들어가서 그 땅의 소산을 먹게 되자 만나가 그쳤다. 땅의 소산, 식물(食物)이 넉넉 할런 지는 나중에 추수 때 수확을 해 보아야 알게 되므로 그 때까지는 불안하기 마련이다. 백성들은 양식으로 인하여 긴장하지 않을 수 없다.

애굽에서 노예생활 할 때부터 그들은 자연이 가져다주는 '풍요'만이 생존할 수 있는 길이라고 여기고 풍요에 목을 매어 왔다.

그러한 판에 가나안족이 섬기는 바알이 풍요를 가져다준다고 하니까 그에 미혹되어 버린다. 바알을 숭배했다는 것은 풍요를 최고의 가치로 삼았다는 것이다.

여호와 하나님은 어떻게 생긴 분인지 눈으로 볼 수가 없으므로 초자연적인 믿음으로써가 아니면 절대로 믿어질 수가 없다.

그런데 바알은 조각되어 있어서 눈으로 볼 수가 있고 피부로 접촉할 수도 있다. 그래서 실감이 난다.

백성들이 쉽게 바알 숭배로 빠진 이유다.

금송아지를 만들어 환호하는 것도 같은 이치다.

결국에는 백성들 중에는 하나님보다 바알을 섬기는 자가 오히려 대세가 되어 엘리야가 하나님께, 이스라엘 자손이 주의 언약을 버리고 주의 제단을 헐며 칼로 주의 선지자들을 죽여 오직 자신만 남았다고 하소연(왕상 19:14)할 정도가 되어 버린다.

(3) 사사시대부터 말라기까지 이스라엘 역사는 금송아지 신앙과 바알 신앙으로 빠지는 백성들에 대한 하나님의 끊임없는 경고와 징계, 회복의 반복이었다.

그럼에도 하나님의 말씀에 배치되는 이러한 우상숭배의 죄악은 이스라엘 역사 상 반복되었고(신명기 9:16, 열왕기하 10:29, 역대하 13:8, 호세아 8:5~6) 결국에는 나라의 멸망으로까지 이어진다.

그러나 시대에 따라 정도의 차이는 있었지만 북이스라엘과 남유다의 백성들은 바알을 섬기면서도 동시에 하나님을 섬기기도 하였다.

어쩌면 하나님을 섬기지 않는 것이 아니기 때문에 여전히 하나님 안에 머물러 있다고 여기거나, 그 정도 신앙생활이면 됐다고 생각했을 수도 있다.

이에 대하여 호세아 10:8에서는 '그들이 두 마음을 품었으니 이제 벌을 받을 것이라'고 질책하고 열왕기상 18:21에서는 '둘 사이에서 머뭇머뭇' 하는 태도라고 지적한다.

(4) 다만 유일하게 다윗만은 하나님을 온전히 섬겼고 그것이 하나님 마음에 합하였다.

하나님께서 다윗 통치시대에 안정과 번영의 복을 주신 것은 다윗 개인에 대한 무조건적인 은총이라기보다는 다윗의 신앙적 절개에 대하여 내리신 응답, 상급으로 보아야 한다(왕상 14:7~8).

하나님께서 후에 다윗의 왕조를 다시 세우시겠다는 언약의 말씀은 사회적 안전과 번영의 나라를 세우시겠다는 의미가 아니고 진정으로 하나님만을 경외하는 나라, 금송아지나 바알과 같은 불순물이 섞이지 않은 순수한 다윗 신앙의 나라를 세우시겠다는 의미이다.

(5) 현대판 '풍요'는 돈이다. 돈이 풍요의 상징이다. 그러나 돈을 우상화하는 것은 현대판 바알이요, 금송아지이다.

우리는 자칫 바알과 하나님을 동시에 섬기는, 돈과 하나님을 겸하여 섬기는 유혹에 빠지기 쉽다. 그러면서도 '겸하여' 섬기고 있음을 알지 못하는 경우가 대부분이다. (2017. 04. 03. 묵상)

37
오바댜

'이세벨이 여호와의 선지자들을 멸할 때에 오바댜가 선지자 백 명을 가지고 오십 명씩 굴에 숨기고 떡과 물을 먹였더라' (열왕기상 18:3).

오바댜는 아합 왕의 왕궁 맡은 자이다.

악명 높은 아합 왕과 왕비 이세벨의 서슬을 피해가며 자그마치 백 명이나 되는 선지자들을 숨겨 보호하는 것도 쉽지 않을뿐더러 온 나라가 '극심한 기근'(왕상 18:2)과 가뭄에 고통을 받고 있는 중에 비밀리에 떡과 물을 공급하며 살린다는 것은 일반인으로서는 감히 엄두조차 낼 수가 없고 가능하지도 않다.

그런데 오바댜는 어찌하여 그 일을 계획하고 어떻게 감당할 수 있었을까?

무엇보다 그는 '여호와를 지극히 경외하는 자'이기 때문이다 (왕상 18:3).

하나님께 대한 믿음이 전제되었음은 말할 나위가 없다.

다음으로 그의 직업과 위치가 왕의 '왕궁 맡은 자'였기 때문이다.

요즘의 대통령 비서실장이나 국무총리 격이 아닐까.

그는 선지자가 아니고 제사장도 아니다.

그러나 왕궁 맡은 자라는 그의 직업과 높은 직위가 그로 하여금 그 일을 감당할 수 있게 한 것이다.

하나님께서 보실 때 당시 선지자들을 구원하는 일에 오바댜와 같은 적임자가 어디 있었겠는가.

나는 한 때 오바댜와 같이 하나님으로부터 쓰임을 받는 공직자가 되고 싶었고 그렇게 오래 동안 기도 했던 적도 있었다. 후에는 그러한 신실한 공직자들이 이 나라에 많이 세워지기를 기도하기도 했다.

38
거짓말 하는 영

'이제 여호와께서 거짓말하는 영을 왕의 이 모든 선지자의 입에 넣으셨고 또 여호와께서 왕에 대하여 화를 말씀하셨나이다' (열왕기상 22:23)

남유다의 여호사밧 왕과 북이스라엘의 아합 왕 연합군이 아람과 전쟁을 하기로 계획하고 출전에 앞서 여호사밧의 제의로 북이스라엘의 선지자들에게 하나님의 뜻을 묻는다.

선지자 사백여명이 모여 예언을 하며 그들은 한 결 같이 주께서 그 성읍을 왕의 손에 넘기시리라고 하면서 출전을 권유한다.

다만 선지자 미가야 만이 이를 반대하면서 위 묵상 본문과 같이 경고한다. 그 말로 인하여 미가야는 다른 선지자 시드기야로 부터 뺨을 맞고 감옥에 갇히기 까지 한다.

결과적으로 미가야 선지자의 예언대로 아합 왕은 패전하고 전사까지 한다.

역대하 18:22에도 똑 같이 기록되어 있다

거짓말하는 영은 사탄이다. 사탄으로 하여금 거짓 선지자 사백여명 속에 있는 마귀들을 통하여 거짓말 하도록 하나님께서 허용하신 것으로 보인다.

만약 그렇다면 참으로 당혹스럽다.

거짓말하는 영이 사백여명이나 되는 많은 선지자들의 입에 넣어졌다는 사실은 아합 왕도 모르고 그 영을 받은 선지자들도 모르고 오직 선지자 미가야 한 사람만 알았다.

미가야의 뺨을 때린 시드기야도 선지자였다.

그렇다면 선지자의 말이라고 하여 다 믿을 수는 없다는 말이 아닌가?

사백여명이나 되는 선지자들도 거짓말하는 영에 사로잡혀 거짓말을 선포하는 경우도 있을 수 있다는 말이 아닌가?

그 정도라면 선지자들에게 성령이 임했는지 거짓말하는 영이 임했는지 우리는 실제로 어떻게 분별할 수가 있을까.

39

선하게 행한 것을 기억하옵소서

'여호와여 구하오니 내가 진실과 전심으로 주 앞에 행하며 주께서 보시기에 선하게
행한 것을 기억하옵소서 하고 히스기야가 심히 통곡하더라' (열왕기하 20:3)

히스기야 왕 때에 유다를 침공한 앗수르 왕 산헤립을 하나님께서 물리쳐
주셨는데 그 때 히스기야 자신도 병들어 죽게 되었다.

히스기야는 낯을 벽으로 향하고 하나님께 위 본문과 같이 기도하고 심
히 통곡하였다.

그 기도의 취지는, 내가 항상 선하게 행하였는데 왜 이러십니까 하는 것
이 아니고 비록 잘못이 있고 부족하게 지내왔지만 그중에 한 점이라도 선
한 것 있으면 그 점을 보시고 기도의 응답 주소서라는 뜻이 아닐까.

열왕기하 20:3에는 이때의 기도를 위와 같이 한 절로 기록하지만 같은
사건을 기록한 이사야 38:3이하에는 기도의 내용이 매우 자세하게 소개
되고 있다.

하나님께서는 히스기야의 눈물의 기도를 들으시고 병을 낫게 하시어서
수명을 15년 더하여 주신다.

병든 히스기야의 수명을 더하고 앗수르의 침공으로부터 예루살렘 성을

구하신 것에 대하여 하나님은 '내가 나를 위하고 또 내 종 다윗을 위하므로 이 성을 보호하리라'(왕하 20:6)고 하신다

바벨론 왕이 히스기야에게 문병 사절단을 보내어 왔다.

히스기야는 바벨론 사절단을 맞이하였을 때 보물고와 군기고와 창고의 모든 것을 다 보였고 왕궁과 나라 안에 있는 모든 것 중에서 보이지 아니한 것이 없었다(왕하 20:13).

나라를 지키시고 왕을 살려 주신 것이 모두 하나님께서 친히 하신 일임을 증거하여 하나님의 능력과 은혜를 높여 드린 것이 아니고 마치 자기가 한 일인 양 왕궁 재물을 통한 국력을 자랑한 셈이다.

국력의 원천이 하나님께 있음을 증거하고 자랑해야지 힘의 원천이 물질에 있는 것처럼 자랑하면 안 된다.

이것이 하나님을 서운하게 하였으며 이로 인하여 히스기야와 나라가 징벌을 받는다(왕하 20:17, 18절).

우리가 하나님으로부터 받은 은혜를 간증 할 때에도 주어(主語)는 하나님이 되어야지 자기가 주어가 되면 안 된다. 기도응답 받은 체험을 간증하면서도 정작 응답하신 하나님을 드러내지 않은 채 내가 얼마나 열심히 기도하여 응답을 받아 내었는데……라며 은근히 자기의 열심과 특별함을 나타내려하기 일쑤다.

간증할 때에 까딱하면 과장된 표현이 튀어 나올 수도 있다.

내가 공중 앞에서 간증하기를 꺼리는 이유다.

40
성전을 던져버리시다

'여호와께서 이르시되…… 내가 택한 이 성 예루살렘과 내 이름을 거기에 두리라 한 이 성전을 버리리라 하셨더라' (열왕기하 23:27)

솔로몬이 하나님의 성전과 왕궁 건축을 마친 때에 하나님께서 솔로몬에게 나타나시어서 말씀하시기를, '이 성전을 거룩하게 구별하여 내 이름을 영원히 그 곳에 두며 내 눈길과 내 마음이 항상 거기에 있으리니'(열왕기상 9:3)라고 하시며, 반면에 만일 백성이 하나님의 계명과 법도를 지키지 아니하고 다른 신을 섬겨 경배하면 '내 이름을 위하여 내가 거룩하게 구별한 이 성전이라도 내 앞에서 던져버리'겠다고 경고하신다(왕상 9:6~7절).
실제로 하나님께서는 후에 므낫세 왕이 하나님을 격노하게 한 죄로 인하여 '내가 택한 이 성 예루살렘과 내 이름을 거기에 두리라 한 이 성전을 버리리라'(열왕기하 23:27)고 하신다.

하나님의 이름으로 불리어 지는 솔로몬 성전이 크고 아름답고 화려한 것이기는 하지만 그 성전에서, 또는 그 성전을 향하여 예배하는 백성들이 하나님의 말씀을 지키지 아니하고 우상 숭배의 죄를 범한다면 그 성전도 아무 소용이 없다는 말씀이다.

성전을 던져버린다는 말씀은 성전이 하나님께 무용지물이 되어 거들떠보지도 않겠다는 의미와 성전 자체를 훼파하시겠다는 의미일 것이다.

하나님이 계시지 않는 성전은 주인이 살지 않고 버려진 집과 같이 결국은 황폐해질 것이다.

왕실의 숙원사업으로, 범국민적 참여로 지어진 성전, 하나님이 그토록 기뻐하시며 받으셨던 솔로몬 성전에 대하여도 그러 하시거늘 오늘의 교회 건물들에 대하여도 하나님의 뜻은 같지 않으실까.

41
다윗의 성전 봉헌기도

'다윗이 이르되 내 아들 솔로몬은 어리고 미숙하고 여호와를 위하여 건축할 성전은 극히 웅장하여 만국에 명성과 영광이 있게 하여야 할지라. 그러므로 내가 이제 그것을 위하여 준비하리라 하고 다윗이 죽기 전에 많이 준비하였더라'(역대상 22:5)

다윗은 하나님의 성전을 건축하기를 간절히 사모하며 청원하였으나 하나님께서는 다윗 대신에 그의 아들 솔로몬으로 하여금 건축하게 하신다.

다윗은 비록 자기가 건축하지는 못하지만 자기 손으로 건축하는 것에 못지않게 '힘을 다하여'(대상 29:1 이하) 돌, 철, 못, 놋, 백향목 등 모든 건축 재료를 준비해 주고 성전 장소까지도 오르난(아리우나)의 타작마당으로 지정해 놓았다(대상 21:28~22장).

그곳은 '예루살렘 모리아 산'이며 '전에 여호와께서 다윗에게 나타나신 곳'이다(역대하 3:1).

다윗은 솔로몬에게 성전의 설계도를 비롯하여 곳간의 설계도, 모든 그릇의 양식, 기구의 무게까지 세밀하게 주었다.

다윗 자신은 '여호와의 손이 내게 임하여 이 모든 일의 설계를 그려 나에게 알려 주셨느니라'(대상 28:19)고 했다.

또 백성의 지도자들로 하여금 건축 헌금도 즐거이 드리게 했다(대상 29:5~6절).

나아가 다윗은 솔로몬에게도 '너는 강하고 담대하여 이 일을 행하라 두려워하지 말며 놀라지 말라 네가 여호와의 성전 공사의 모든 일을 마치기까지 여호와 하나님, 나의 하나님이 너와 함께 계시사 네게서 떠나지 아니하시고 너를 버리지 아니하시리라'(대상 28:20)고 당부한다.

마치 모세가 여호수아에게 당부한 것처럼.

다윗이 하나님을 얼마나 경외하며 성전 건축과 그로 인한 하나님의 영광을 얼마나 사모하였으면 그토록 자상하고 정성스럽게 만반의 준비를 하여 아들에게 물려주었을까 눈물겨울 정도이다.

다윗이 솔로몬에게 '나의 하나님'이라고 상기시킨 이유는 그동안 하나님께서 다윗을 어떻게 이끌고 세워 오셨는지 솔로몬도 보아왔으므로 내 아들 솔로몬아 너도 보아 왔지 않느냐 나를 인도해 오시던 하나님 바로 그분이 너와도 함께 하신다 그러니 두려워하지 말라고 한 것이다.

건축 예물을 드리면서도 다윗은 겸손하고 정직하게 하나님께 영광을 돌리고 다음과 같이 구구절절(句句節節) 감사로 기도한다(대상 29장).

'나와 내 백성이 무엇이기에 이처럼 즐거운 마음으로 드릴 힘이 있었나이까. 모든 것이 주께로 말미암았사오니 우리가 주의 손에서 받은 것으로 주께 드렸을 뿐이니 이다'(대상 29:14).

'우리 하나님 여호와여 우리가 미리 저축한 이 모든 물건이 다 주의 손에서 왔사오니 다 주의 것이니 이다 ……내가 정직한 마음으로 이 모든 것을 즐거이 드렸사오며 주의 백성이 주께 자원하여 드리는 것을 보오니 심히 기쁘도소이다'(대상 29:16, 17절).

이것이야말로 진정한 성전 봉헌기도가 아니겠는가.

어쩌면 그런 절절한 기도를 드릴 수 있을까.

42
이때를 위함

'이 때에 네가 만일 잠잠하여 말이 없으면 유다인은 다른 데로 말미암아 놓임과 구원을 얻으려니와 너와 네 아버지 집은 멸망하리라 네가 왕후의 자리를 얻은 것이 이 때를 위함이 아닌지 누가 알겠느냐 하니'(에스더 4:14)

바사에서 아각 사람 하만의 계략으로 유대인들이 몰살당할 위기에 처했을 때에 왕후 에스더의 사촌인 모르드개가 에스더에게 보낸 전갈의 내용이다.

하나님께서 에스더 너를 왕후로 세워주신 까닭은 너 혼자 왕궁 안에서 안전하게 있도록 하기 위한 것이 아니고 바로 이러한 위기 때에 유다 백성을 구하는 일에 너를 쓰기 위해서이다. 네가 만일 죽음을 두려워하여 하나님의 쓰심을 거역하고 가만히 있으면 하나님은 네가 아닌 다른 방법으로 결국 자기 백성을 구해내고야 만다. 그렇지만 너와 너의 가족은 하나님으로부터 버림받을 줄 알아라.

모르드개는 이렇게 하나님의 전능하심과 절대주권을 에스더에게 깨우쳐 준 것이다.

에스더도 그 말에 정신이 들었다. 그리하여 유대인들에게 자기를 위하여 3일간 금식기도를 해 달라고 부탁하고 자신도 금식기도 한 후에 '죽으면 죽으리 이다'라는 각오로 왕 앞에 나아가고 결국 하만의 계략을 다 밝혀내어 하만의 일가를 멸하고 유다 백성을 구하게 된다.

절체절명(絶體絶命)의 위기에 하나님은 유다 백성을 구원하기 위하여 에스더를 사용하셨다.

왜 하필이면 에스더였을까? 그 까닭은 그가 왕후였기 때문이다. 때마다 가장 적합한 사람을 골라 쓰시는 하나님, 그때에 왕의 마음을 바꾸어 왕의 조서를 바꾸도록 하는 일에 왕후 외에 누구를 사용할 수 있었겠는가.

하나님은 이때를 위하여 에스더를 미리 예비하셨다.

참으로 오묘하신 여호와 이레의 하나님이시다.

* * * * * *

1993년의 일이다.

내가 다닌 교회가 예배당 부근의 토지를 사려는 계약을 했던 일이 있었다.

그 소문이 퍼지자 당장 이웃 주민들이 반대 플래카드를 붙이고 교회 앞에 와서 반대집회를 하고 관할 구청에 몰려가 데모를 하기도 했다.

그 땅은 토지거래신고지역이어서 나중에 소유권이전등기신청을 할 때에 관할 구청에 먼저 거래신고를 하고 신고 필 확인을 받아야 소유권이전등기를 할 수가 있었다.

구청은 그것을 빌미로 하여 교회더러 주민들과 합의를 해 오지 않으면 신고 필 확인을 해주지 않겠다고 하면서 합의를 종용하였다.

결국 구청의 주선으로 이웃 주민 대표들과 우리 교회 장로들이 몇 차례 회합을 가지게 되었다. 내가 장로인데다 변호사라고 하여 교회는 나를 대표자로 보내려 했다.

나는 직업 경험으로 그런 모임의 분위기를 잘 알았다.

나는 정말이지 그 회합 장소에 가기 싫었다. 그래서 무슨 핑계를 대어야 빠질 수 있을가를 골똘히 생각했다.

그런데 핑계거리는 생각나지 않고 위 본문 에스더 4:14이 자꾸만 맴돌았다.

너를 장로로, 변호사로 세운 것이 이 때를 위함이 아닌지 누가 알겠느냐, 네가 가지 않겠다면 나는 다른 사람을 보낼 수 있다. 그러나 너는 나에게 찍힐 줄 알아라, 하나님이 이렇게 말씀하시는 것 같았다.

결국 나는 '가기 싫다고 했지 누가 안 간다고 합디까' 속으로 볼멘소리 하며 회합 때마다 참석했다.

43
총체적 타락

'제사장들은 여호와께서 어디 계시냐 말하지 아니하였으며 율법을 다루는 자들은 나를 알지 못하며 관리들도 나에게 반역하며 선지자들은 바알의 이름으로 예언하고 무익한 것들을 따랐느니라'(예레미야 2:8)

　본문에서 하나님은 제사장, 율법학자, 선지자 등 종교 지도자들과 관리들, 백성들이 모두 타락하였다고 하시며 각각 타락한 내용을 일일이 지적하신다. 한마디로 온 나라가 지도자로부터 백성에 이르기까지 총체적으로 죄악 중에 있다는 것이다.
　나아가 예레미야 5:30에서 다시 타락상을 지적하시면서 그것이 무섭고 놀라운 일이라고까지 말씀하신다.
　'이 땅에 무섭고 놀라운 일이 있도다 선지자들은 거짓을 예언하며 제사장들은 자기 권력으로 다스리며 내 백성은 그것을 좋게 여기니 마지막에는 너희가 어찌하려느냐'
　지적하신 죄악 중 나에게는 어떤 것을 지적하실까?

44
여호와의 말씀이 내게 임하니라

예레미야서에는, 1, 2장에서는 '여호와의 말씀이 내게 임하니라'로 시작되나 3장부터는 '여호와의 말씀이니라' 또는 '여호와께서 이와 같이 말씀하시되'라는 표현이 수를 헤아릴 수 없을 정도로 반복된다.

예레미야는 자신이 들은 하나님의 말씀을 자기의 언어로 다시 표현하거나 재해석하여 전하려 하지 아니하고 들은 말씀 그대로 전달하려는 것이다.

즉 간접화법으로 전하려는 것이 아니고 직접화법으로, 의역이나 해석 없이 원본 그대로 던지려는 것으로 보인다.

45
내가 여호와인 줄 그들이 알리라

에스겔서에서 가장 많이 반복되는 말씀은 다음의 두 가지 이다.

① '주 여호와의 말씀이니라' '주 여호와께서 이와 같이 말씀하시기를'

예레미야의 경우와 마찬가지로 에스겔 자신이 하는 말이 아니고 하나님께서 직접 하신 말씀 그대로를 전하는 것임을 나타내는 것이다.

말씀이 확실하고 반드시 그대로 이루어질 것임을 강조하기 위하여 이 말씀을 반복하여 하신 것으로 생각된다.

절대 진리의 말씀이라는 뜻이다.

② '그들이 나 (→ 하나님)를 여호와인 줄 알리라' '내가 여호와인 줄 그들이 알리라'

내가 심판, 징계, 분노, 능력을 행할 때에……하리니 그들이 내가 여호와인 줄 알리라고 반복하신다.

즉 내가 심판을 행할 때에 이렇게 이렇게 하리니, 징계를 할 때에 이렇게 이렇게 하리니, 분노할 때에 이렇게 하리니, 능력을 행할 때에 이렇게 하리니 그제야 그들이 내가 여호와인 줄 알리라고 반복, 말씀하신다.

하나님께서 절대주권을 가진 통치자이고 그의 뜻대로 행하시는 분이며 죄악에 대하여는 반드시 심판하시는 분이심을 알게 될 것이다. 또 죄악에 대하여 진노의 심판을 받고 나서야 백성들은 그 심판이 하나님께서 행하신 것임을 알게 된다는 뜻이다.

46
옷을 찢지 말고 마음을 찢고

'너희는 옷을 찢지 말고 마음을 찢고 너희 하나님 여호와께로 돌아올지어다. 그는 은혜로우시며 자비로우시며 노하기를 더디 하시며 인애가 크시사 뜻을 돌이켜 재앙을 내리지 아니하시나니 주께서 혹시 마음과 뜻을 돌이키시고 그 뒤에 복을 내리사 너희 하나님 여호와께 소제와 전제를 드리게 하지 아니하실는지 누가 알겠느냐'(요엘 2:13, 14절)

옷을 찢는 행위는 극도의 슬픔과 고통의 표현이다.

옷을 찢지 말고 마음을 찢으라는 말씀은 슬픈 체 하는 겉모양만 내지 말고 속마음으로, 진정으로 애통해 하며 여호와께로 돌아오라는 의미이며 그것은 바로 앞 12절에서 말한바 '금식하고 울며 애통하고 마음을 다하여' 여호와께 돌아오라는 말씀이다.

만약 그렇게 한다면 하나님께서 자기에게 소제와 전제 등 제사를 드리도록 허용하시지 않겠느냐.

47
아무 것도 없어도

'비록 무화과나무가 무성하지 못하며 …… 없으며 …… 없으며 …… 없으며 …… 없
으며…… 없을지라도'(하박국 3:17)

하박국은 유다 왕국 말년의 암울하고 타락한 국내 현실을 탄식하며 기
도하다가 하나님께서 바벨론을 일으켜 유다를 멸망시키실 것이라는 응답
을 받고서, 공의로우신 하나님께서 어찌 유다보다 더 악독한 바벨론을 이
용하여 유다를 징계하실 수 있는지 호소한다.

그 끝으로 악인의 형통은 일시적이며 '의인은 믿음으로 살리라'(2:4)
'물이 바다를 덮음같이 여호와의 영광을 인정하는 것이 세상에 가득함이
니라'(2:14)는 등의 응답을 받고서 하박국은 바벨론의 침공으로 인하여 장
차 유다가 지독한 기근과 철저한 파괴를 당하여 아무 것도 남는 것이 없게
될지라도 하나님만이 진정한 즐거움과 기쁨의 이유가 됨을 깨닫게 된다.

그리하여 오직 하나님 한 분, 그 분 자체 때문에 기뻐하고 즐거워 할 것
을 고백한다.

위 본문에서 무화과를 비롯하여 포도 열매, 감람나무 소출, 밭에 먹을 것

양, 소, 등 6가지가 모두 없다는 것은 생존에 필요한 그 어떤 것도 철저하게 없다는 말이다.

그러한 경우에도 하나님만을 신뢰하여 즐거움과 기쁨의 이유와 원천으로 삼아야지 먹을 것 등 세상 것으로 인하여 흔들리거나 마음이 뺏기지 않겠다는 고백이다. (2021. 4. 기도 중 주신 말씀)

그것은 닥칠지 아닐지 불확실한 재난 앞에서 가정적으로 하는 말이 아니다. 언제 오더라도 실제로 오고야 말 재난 앞에서 하는 말이다.

그리고 실제로 그 재난은 닥쳤다.

48
예수님의 족보

'**아브라함과 다윗의 자손 예수 그리스도의 계보라**'(마태복음 1:1)

마태복음 1:1부터 16절까지에는 예수님의 계보를 기록함에 있어서 창세기에서처럼 아담에서부터 시작하지 않고 '아브라함과 다윗의 자손 예수 그리스도의 계보라'고 한다.

하나님께서 아브라함 언약, 다윗 언약에서 하셨던 그 약속의 성취로 나신 분이 바로 예수님이라는 사실을 상기시키는 것이다.

그리고 어느 아버지가 어느 아들을 낳아서 예수님께 까지 이른다고 연결되는데 간간이 생모의 이름이 등장한다.

다말, 라합, 룻, 그리고 우리야의 아내이다.

다말은 시아버지를 속이고 시아버지의 쌍둥이 아들을 낳은 며느리이고 라합은 피정복지 이방 기생 출신, 룻은 남편을 사별한 이방여인으로서 다 흠결이 있다. 솔로몬의 출생 때는 아예 그 어머니(밧세바)의 이름도 없이 우리야의 아내라고만 한다. 남의 아내, 간음녀, 죄인이라는 뜻이다.

성경에서는 이러한 예수님 족보에서의 흑역사를 숨기지 않고 다 드러낸다.

그런 경우에도 그 어머니 아무개가 낳았다고 하지 않고 아버지 아무개(→ 남자)가 어느 어느 여인에게서 낳았다고 하여 가계의 주체는 부계혈통임을 나타낸다.

그렇다면 예수님의 경우에도 남편 요셉이 마리아에게서 낳았다고 하여야 할듯한데 그렇게 하지 않는다. 예수님은 육신으로 잉태되지 아니하고 성령으로 잉태되신 분이기 때문이다.

그리하여 어머니 '마리아에게서 그리스도라 칭하는 예수가 나시니라'고 한다. (2018. 12. 10. 묵상)

49

회개에 합당한 열매

'독사의 자식들아 누가 너희를 가르쳐 임박한 진노를 피하라 하더냐 그러므로 회개
에 합당한 열매를 맺고 속으로 아브라함이 우리 조상이라고 생각하지 말라 …… 이미
도끼가 나무뿌리에 놓였으니 좋은 열매를 맺지 아니하는 나무마다 찍혀 불에 던져지리
라'(마태복음 3:7~10절)

세례 요한이 바리새인들과 사두개인들에게 회개를 촉구하면서 한 말이다.

풀어 쓰면, 임박한 하나님의 심판을 피하려면 회개에 합당한 열매를 맺
고 속으로 아브라함이 우리 조상이므로 우리는 하나님의 진노를 피할 것이
라고 생각하지 말라…… 이미 하나님의 진노 즉 심판이 임박하였으니 좋은
열매를 맺지 아니하는 나무마다 심판을 받으리라는 의미이다.

회개에 '합당한'은 일치하는, 어울리는, 맞는 등의 뜻이다.

그러면서 세례 요한은 '나는 너희로 회개하게 하기 위하여 물로 세례를
베풀거니와……'라고 하여 자기가 물세례를 주는 이유는 회개시키기 위함
이라고 선포하고 아울러 예수님의 '성령과 불'세례를 증거한다.

누가복음 3:7이하에서는 세례 요한의 그 말을 들은 무리가 '그러면 우리가 무엇을 하리이까' 묻는다. 회개에 합당한 열매가 무엇이냐, 좋은 열매를 맺기 위하여 무엇을 해야 하느냐는 질문이다.

이에 대해 세례 요한은 옷을 나눠 주라, 부당하게 세금징수를 하지 말라, 권력을 행사하여 강탈하지 말라는 등을 말한다.

한 마디로 정의를 따르고 사랑을 실천하라는 것이다.

50

시험을 이기려면

'그 때에 예수께서 성령에게 이끌리어 마귀에게 시험을 받으러 광야로 가사'(마태복음 4:1)

예수님은 마귀에게 시험을 받으러 가실 때에 성령에게 이끌리어 가셨다. 성령께서 마귀의 시험을 막아 주실 것 같은데 오히려 성령께서 시험장인 광야로 이끄셨다고 한다.

'하나님의 아들이 나타나신 것은 마귀의 일을 멸하려 하심'인데(요한일서 3:8) 그러기 위해서는 마귀를 이기는 과정을 반드시 거쳐야 하기 때문일 것이다.

마귀의 시험에 대비하여 예수님께서도 40일이나 밤낮으로 금식기도를 하셨다.

'주리신지라'(마 4:2)

육신으로는 힘이 다 빠지신 것이다. 육신의 힘으로는 마귀를 이길 수 없다. 금식기도를 거치신 이후에 시험을 이기셨다.

오직 기도로 성령께 의지해야 한다. (이상 2018. 12. 10. 묵상)

마귀는 예수님으로 하여금 '네가 만일 하나님 아들이어든' 이 돌들로 떡덩이가 되게 하고, 성전 꼭대기에서 뛰어 내려 발이 돌에 부딪치지 않게 해 보라고 한다(마 4:3~7절).

즉 기적과 권능을 행사하여 하나님의 아들임을 증명하라고 유혹하는 것이다.

그러나 예수님께서는 마귀의 말에 따르지 않고 오히려 구약성경에서 하신 하나님의 말씀을 인용하여 대적함으로써 오직 아버지의 말씀에만 순종하는 아들이심을 증명해 보이셨다. (이상 2019. 12. 19. 묵상)

* * * * * *

'마귀가 또 그를 데리고 지극히 높은 산으로 가서 천하만국과 그 영광을 보여 이르되 만일 내게 엎드려 경배하면 이 모든 것을 네게 주리라'(마 4:8, 9절)고 유혹한다.

예수님을 시험한 마귀는 오늘날 나에게도 시험을 한다.

똑 같은 방법, 똑같은 말로써······.

사탄을 경배하고 사탄이 좋아하는 방법으로 살면 이 세상적인 권세와 영광을 얻게 될 것이라고 유혹을 한다.

사탄은 거짓의 영이다. 그의 말은 100% 거짓말이다.

그러므로 사탄의 방법대로 동원한다고 해서 그가 말하는 것처럼 세상권세와 영광을 얻게 되는 것도 아니다.

그럼에도 불구하고 세상권세와 영광을 도모하여 은근 슬쩍 사탄적 수법을 동원하는 경우는 없는가?

주님께서는 사탄의 유혹을 대적하시면서 '주 너의 하나님께 경배하고 다만 그를 섬기라'고 하셨다(마 4:10).

바로 그것이 영광과 권세를 얻게 되는 방법이다.

사탄의 유혹의 소리를 분별하고 말씀으로 물리쳐야한다.

나는 나에게 일어나는 일들에 대하여 그것이 하나님으로부터 말미암은 것인지 사탄이나 내 욕심에 미혹된 것인지를 분별할 수 있도록 가르쳐 주십사고 기도한다. (2008. 01. 28. 묵상)

51
도무지 맹세하지 말지니

'나는 너희에게 이르노니 도무지 맹세하지 말지니 하늘로도 하지 말라 이는 하나님의 보좌임이요'(마태복음 5:34)

사람들을 현혹시키거나 속이기 위한 수단으로 하는 맹세를 금하시는 것이다.

어떤 사람들은 맹세 중에서 하나님의 이름으로 하는 맹세만이 구속력이 있는 것으로 간주하여 만약 하나님의 이름으로 한 맹세를 지키지 않으면 죄가 되지만 하나님 이름을 제외한 다른 헛맹세는 죄가 되는 것은 아니라고 여겼다.

그래서 하나님의 이름만 빼고, 하늘로 맹세하고, 땅으로 맹세하고, 자기 머리로 맹세하기도 하였다(마 5:34~36절). 그러한 맹세는 처음부터 지킬 의도가 없으면서도 마치 지킬 맹세인 양 현혹시킨 후 지키지 않는 속임수를 저지르는 경우이다.

그러나 주님은, 그러한 하늘, 땅, 머리 등은 모두 하나님과 연관이 있는 것이어서 하나님의 이름으로 맹세하는 것과 동일하게 하나님 앞에서 책임을 져야할 일이므로 그런 맹세를 하지 말라고 경계하신다.

계속하여 주님은 옳다, 아니다 라는 말도 맹세의 차원으로 말씀하신다. 즉 '오직 너희 말은 옳다 옳다 아니라 아니라 하라 이에서 지나는 것은 악으로부터 나느니라'(마 5:37).

어떤 경우라도 예는 예라는 뜻으로 말하고 아니요는 아니요라는 뜻으로 참되게 말함으로써 진실을 들어내어야 한다는 말씀이다. 경우에 따라 변하려 하는 숨은 의도를 가지고서 옳다 아니다 예 아니요 사이에서 오락가락하는 것은 악이라고 하신다.

애매한 말로써 속이려 들지 말고 직선적으로, 분명하게 말하라는 뜻이다.

야고보서 5:12에도 같은 취지의 말씀이 있다.

'내 형제들아 무엇보다도 맹세하지 말지니 하늘로나 땅으로나 아무 다른 것으로도 맹세하지 말고 오직 너희가 그렇다고 생각하는 것은 그렇다 하고 아니라고 생각하는 것은 아니라 하여 정죄 받음을 면하라'고 한다.

맹세하여 말하지 말고, 그 대신 그렇다, 아니다를 맹세의 차원으로 분명하게 말하라는 뜻으로 이해된다.

52
사람의 잘못을 용서하지 아니하면

'너희가 사람의 잘못을 용서하면 너희 하늘 아버지께서도 너희 용서하시려니와 너희 가 사람의 잘못을 용서하지 아니하면 너희 아버지께서도 너희 잘못을 용서하지 아니하 시리라' (마태복음 6:14, 15절)

이 말씀을 문자적으로만 들으면 우리가 다른 사람의 잘 못을 용서하느냐 아니냐에 따라 우리도 하나님으로부터 용서 받느냐 아니냐가 달려 있는 것 처럼 들린다. 그것은 마치 두 용서 행위가 조건부로 맞물려 있는 것 같이 들리거나 아니면 우리의 행위(용서 행위)로써 하나님의 구원을 얻어 낼 수 있는 것처럼 들릴 수도 있다. 이 말씀은 매우 부담스러운 것이 사실이다.

그런데 만약 우리가 다른 사람을 용서하여야만 우리 죄를 용서 받을 수 있다고 한다면 과연 자기 죄를 용서 받을 수 있는 사람이 몇이나 될까.

우리는 이미 예수님을 믿어 회개함으로 의롭다고 여김을 받았기 때문에 더 이상 구원 받기 위한 스스로의 행위나 공로는 필요하지 않다고 하지 않는가?

의롭다고 인정받은 우리는 예수님이 말씀 하신 대로 이미 목욕을 한 자 이므로 온 몸이 깨끗해진 것(요한복음 13:10)과 같지 않은가?

그렇다면 다른 사람에 대한 용서를 그토록 엄하게 말씀하심은 무슨 뜻일까?

우리는 매일 깨끗함을 얻기 위해 자기 죄를 고백하고 용서를 받아야 하지만(요한일서 1:9) 이때의 용서는 부분적인 더러움을 씻어내 주는 것을 의미하는 것이지 본질적인 칭의(稱義)에 수반되는 회개를 반복한다는 의미는 아니라고 보아야 한다.

그것은 이미 목욕을 한 자가 발만 씻는 것(요한복음 13:10)과 같다.

다만 하나님은 우리가 은혜로 값없이 용서를 받은 자들이므로 우리만 그 은혜를 누리지 말고 다른 사람에게도 그 용서를 베푸는 것이 마땅하다고 요구하신다.

'너희가 사람의 잘못을 용서하지 아니하면 너희 아버지께서도 너의 잘못을 용서하지 아니하시리라'는 말씀은 우리에게 이 매일의 발 씻음을 중단하시겠다는 경고이다.

그리고 하나님은 권면의 말씀을 지키지 않는 자녀들을 징계하시기도 하신다(히브리서 12:5~11절).

일만 달란트의 빚을 탕감 받고서도 자기에게 백 데나리온 빚진 자를 용서하지 않은 종에 대하여 옥졸들에게 넘긴 비유(마태복음 18:323~35)도 바로 엄한 징계의 모습이다.

그러면 과연 어떻게 하는 것이 용서일까?

받은 상처를 그냥 덮어두고 더 이상 문제 삼지 않는 것이 용서일까?

또는 마음속에서 지워 버리고 잊어버리는 것이 용서일까?

그렇게 하는 것이 자기감정의 치유에는 도움이 되겠지만 그러다가도 문득 스멀스멀 감정이, 상처가 북받쳐 오르는 것은 어떻게 해야 할까?

성경에는 일흔 번 씩 일곱 번 용서하라, 저주하지 말고 축복하라(로마서

12:14, 누가복음 6:28)고 하는데 과연 가능한 일일까?

우리 마음속에 이웃을 내 몸과 같이 사랑하는 마음은커녕 못마땅하거나 꼴도 보기 싫을 때도 많은 형편인데 어떻게 그러한 용서가 가능할까?

부끄럽지만 아직까지의 나에게는 나의 의지와 노력으로는 도저히 불가능하다.

그렇다면 길은 하나다.

성령의 도우심으로만 가능할 수 있다. 그래서 기도로 도우심을 구해야만 한다.

사람의 의지와 노력만으로는 어렵고도 어려운 일이기에 주님께서도 우리더러 용서를 위한 기도를 하라고 하시고 그 기도문까지 가르쳐 주신 것이 아닐까

'우리가 우리에게 죄지은 자를 사하여 준 것 같이 우리 죄를 사하여 주시옵고'(마태복음 6:12)가 아니라 거꾸로 주께서 우리 죄를 사하여 주신 것처럼 우리도 우리에게 죄 지은 자를 사하여 주기를 원한다고 함이 옳을 것이다.

그리하여 그렇게 할 수 있도록 주님의 마음, 십자가의 마음을 달라고 기도해야 할 것이다.

용서를 위하여 기도하라고 하신 말씀은 바로 용서할 수 있는 마음을 얻어 실천하도록 하나님의 은혜와 인도를 구하라는 것이며 이어진 마태복음 6:14, 15절 즉 위 묵상 본문의 말씀은 왜 그렇게 기도해야 하는지 이유를 말씀하시는 것이다.

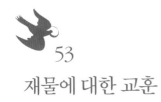

재물에 대한 교훈

'그런즉 너희는 먼저 그의 나라와 그의 의를 구하라 그리하면 이 모든 것을 너희에게 더하시리라'(마태복음 6:33)

예수님은 마태복음 6:19~21절에서 '너희를 위하여 보물을 땅에 쌓아두지 말라 오직 너희를 위하여 보물을 하늘에 쌓아 두라'고 하시면서 그 이유를 '네 보물 있는 그 곳에는 네 마음도 있느니라'고 하신다.

보물을 하늘에 쌓아두면 마음도 하늘에 있게 된다는 의미로 해석되기도 하고 거꾸로 마음이 하늘에 있으면 보물을 하늘에 쌓아두게 된다는 의미로도 해석되나 전자로 해석함이 문맥에 맞는 것 같다.

땅에 쌓아두건 하늘에 쌓아두건 그것은 '너희를 위하여'하는 일이 된다.
우리는 헌금을 할 때에 하나님을 위하여 드린다고 말하기도 하지만 결국은 우리를 위하여 돌아오며 우리를 위하여 쌓아 두는 것이라는 말씀이다.
예수님 당시의 바리새인들은 하나님을 섬기는 일과 제물 문제를 동시에 조화롭게 할 수 있다고 생각했다. 그러나 주님은 너희가 하나님과 재물을 겸하여 섬기지 못하느니라고 하시면서 그 이유를 — 당시의 노예가 두 주인을 섬길 수 없던 것처럼 — 한 사람이 두 주인을 섬기지 못하는 것과 같다고 하셨다.

하나님과 재물을 겸하여 섬긴다는 것은 하나님을 섬기듯이 재물을 섬긴다, 또는 동등하게 대우한다는 것이므로 재물을 우상화하는 것이다.

그런데 주님께서는 사람들이 재물을 겸하여 섬기는 원인이 의식주에 대한 염려 때문이며 따라서 의식주에 대한 염려에서 벗어나면 재물을 겸하여 섬기지 않게 된다고 보셨다.

마태복음 6:24에는 하나님과 재물을 겸하여 섬기지 못한다고 하시고 곧이어 6:25에는 '그러므로 …… 염려 하지 말라'고 하신다. 6:31, 6:34 에서도 그러므로 …… 염려하지 말라고 반복하신다.

그 '염려'는 모두 몸을 위한 것이요 재물을 위한 것이다.

먹고 마시기 위한 '재물'을 염려하면 재물을 섬기게 된다. 하나님도 섬기고 재물도 섬기는 것이 되어 하나님을 온전히 섬기는데 지장이 된다는 뜻이다.

그런데 무엇을 먹을까 무엇을 마실까 무엇을 입을까 하는 문제는 너희가 염려하여 바동거릴 문제가 아니다, 하나님이 아버지로서 자기가 감당해야 하시는 문제임을 알고 계신다고 한다.

이 대목에서 성경은 굳이 '너희 하늘 아버지께서'라고 강조하고 '아시느니라'고 한다. 아버지로서 자식의 문제를 알아서 해 주신다는 것이다.

우리가 할 일은 의식주 문제는 아버지께서 알아서 해 주실 것이라고 신뢰하여 맡기고 그에 대한 염려에서 벗어나서 '먼저 그의 나라와 그의 의를 구하라 그리하면 이 모든 것 (→ 재물, 의식주)을 너희에게 더하시리라'고 하신다.

그렇다면 우리는 염려할 아무런 이유가 없다. '그러므로'(마 6:34) 염려하지 말라는 것이다. (2018. 12. 31. 묵상)

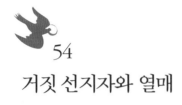

54
거짓 선지자와 열매

'거짓 선지자들을 삼가라 양의 옷을 입고 너희에게 나아오나 속에는 노략질하는 이리라'
(마태복음 7:15)

예수님은 마태복음 5, 6, 7장에 걸쳐서 복음을 선포하시고 7:15부터 23절까지에서는 거짓 선지자와 열매를 맺는 나무에 대하여 말씀하신다.

그 내용은 다음과 같다.

거짓 선지자들을 삼가야 하는데, 거짓 선지자는 그 실체가 노략질하는 이리인데도 온순한 양의 옷을 입고 너희에게 다가 오므로 옷 모양, 겉모양으로는 거짓 선지자인지 아닌지 절대로 구분할 수가 없다.

그러므로 그들이 어떤 열매를 맺는지, 그들이 맺는 열매가 무엇인지로 분별해야 한다.

아름다운 열매를 맺는다면 틀림없이 좋은 나무이고 나쁜 열매를 맺는다면 틀림없이 나쁜 나무이다. 나쁜 나무는 쓸모가 없으므로 다 찍혀서 불에 던져지듯이 (마 7:19) 거짓 선지자도 그렇게 된다.

말로써 나를 주여 주여 부른다고 하여 다 좋은 나무인 것은 아니므로 그들이 다 천국에 들어갈 사람이라고 여기지 마라.

천국은 다만 하나님 아버지의 뜻대로 행하는 자라야 들어간다 (마 7:21). 즉 나를 주여 주여 부른다고 하여 그것이 다 좋은 열매는 아니며 하나님의 뜻대로 행하는 것이 좋은 열매이다.

내 이름으로 선지자 노릇하고, 내 이름으로 귀신을 쫓아내며, 내 이름으로 많은 권능을 행하였더라도 하나님의 뜻대로 행한 것이 아니면 그들은 아름다운 열매를 맺는 좋은 나무가 아니며 오히려 '불법을 행하는 자'가 되어 나로부터 배척을 당할 것이다.

그리고 결론으로— 다 같이 여태까지 선포하신 주님의 말씀을 듣지만 — 주님의 말씀을 듣고 행하는 자는 반석 위에 집을 지은 지혜로운 사람이고 듣고서도 행하지 아니하는 사람은 모래 위에 집을 지은 어리석은 사람이라고 하셨다 (마 7:24~27절).

말씀을 다 같이 들었지만 들은 대로 행하지 아니하면 창수와 비바람과 같은 위기가 닥칠 때에는 들었던 말씀도, 믿음도 흔적도 없이 날아가 버리고 아무 소용이 없어진다는 것이다.

듣는 것만으로는 기초가 될 수가 없다는 뜻이다.

모래 위에 집을 지은 사람은 그 앞에 나오는바 거짓 선지자, 주여 주여 부르면서도 불법을 행하는 자, 나쁜 열매를 맺는 자를 가리키고 반석위에 집을 지은 사람은 '하늘에 계신 내 아버지의 뜻대로 행하는 자' '아름다운 열매를' 맺는 자를 가리킨다고 생각된다.

55
오병이어 칠병이어

'다 배불리 먹고 남은 조각을 열두 바구니에 차게 거두었으며'(마태복음 14:20)

마태복음 14장의 오병이어와 15장의 칠병이어의 기적을 베푸시기에 앞서 예수님은 먼저 무리들을 '불쌍히' 여기셨다(마 14:13).

제자들은 떡 다섯 개와 물고기 두 마리 '뿐'이라고 하여 그것을 보잘 것 없는 것으로 보았고 그것으로는 사람들을 먹이기에 불가능하다고 보았다. 그러나 예수님은 당장 눈앞의 숫자에 매이지 아니하시고 앞으로 되어 질 일을 미리 보신 것이다.

무리가 '다' '배불리 먹고'도 남았고 남은 조각은 열두 바구니 또는 일곱 광주리에 '차게' 거두었다.

주님은 항상 풍성하고 넉넉하신 분이다. 인색한 분이 아니시다.

56
땅과 하늘

'내가 천국 열쇠를 네게 주리니 네가 땅에서 무엇이든지 매면 하늘에서도 매일 것이요 네가 땅에서 무엇이든지 풀면 하늘에서도 풀리리라 하시고'(마태복음 16:19).

동일한 말씀이 마태복음 18:18에도 있고 18:19에는 '두 사람이 땅에서 합심하여 무엇이든지 구하면 하늘에 계신 내 아버지께서 그들을 위하여 이루게 하시리라'고 한다.

즉 땅과 하늘을 연결시킨다는 말씀이다.

땅에서 하는 일이 하늘에 영향을 미친다.

그러므로 땅에서 죄를 범하지 말며 또 땅에서 기도하라. 땅에서의 기도를 하늘에 쌓아두라.

57

어린아이와 같이

'이르시되 진실로 너희에게 이르노니 너희가 돌이켜 어린 아이들과 같이 되지 아니하면 결단코 천국에 들어가지 못하리라'(마태복음 18:3)

　예수님 당시에는 여자와 어린아이는 사회적으로 중요시 받지 못했고 인원수를 계수할 때에도 계수에 들지 못할 정도였는데 예수님은 천국을 말씀하시면서 어린아이를 예로 들었다.

　먼저 '너희가 돌이켜'는 여태까지의 어린 아이에 대한 사고와 태도를 바꾸라는 것이다.

　'어린 아이들과 같이'에 대하여는 보통 순진하고 깨끗하고 정직함 등으로 해석하기도 하지만 마태복음 18:4에서는 '어린 아이와 같이 자기를 낮추는 사람'이라고 말씀하신다. 그리고 그런 어린 아이(→ 즉 자기를 낮추는 사람)를 '영접'하고 '실족하게'하지 말며(→ 실족하게 하는 네 손이나 발을 찍어 내버릴 정도로 그 원인까지도 제거하라)'업신여기지 말라'고 하신다(마 18:5~10절).

　그리고 곧바로 잃어버린 한 마리 양의 비유(마 18:12~)를 말씀하신다.

　즉 업신여겨서 이 작은 자 하나 쯤이야 잃어도 괜찮다는 식으로 여기지 말라는 뜻이다.

58
무화과나무가 마르다

'제자들이 보고 이상히 여겨 이르되 무화과나무가 어찌하여 곧 말랐나이까'(마태
복음 21:20)

예수님께서 무화과나무를 꾸짖어 마르게 하신 일은 마태복음 21:18 이
하 외에 마가복음 11:12이하에서도 기록된다.

예수님이 무화과나무를 보신 때는 유월절 절기 무렵 즉 4월경이다.

무화과의 수확기는 여름이므로 가령 무화과 열매가 있었다 하더라도 아
직 먹을 수 있는 때는 아니었다. 그러나 무화과는 잎사귀 보다 열매가 먼
저 맺히므로 잎사귀가 나 있다면 그에 앞서 당연히 열매가 달려 있어야 하
는데 그렇지 않았다.

주님이 꾸짖으신 까닭은 아직 무화과의 수확기가 아니어서 먹을 수 있
는, 수확할 수 있는 단계는 아니라 하더라도 덜 익은 채로라도 최소한 열매
를 맺기는 해야 한다는 뜻이다.

무화과나무는 이스라엘 백성의 상징이다.

잎사귀가 풍성하여 겉으로 보기에는 그럴듯해 보이지만 열매가 없고 속

빈 강정 같은, 내실이 없는 이스라엘 백성의 모습을 꾸짖으시는 것이다.

그것은 동시에 나의 모습에 대한 꾸짖음이다.

주님의 꾸짖으심으로 무화과나무가 곧 마른 것을 본 제자들이 '이상히' 여겨 무화과나무가 '어찌하여' 말랐나이까 하고 묻는다.

'이상히 여겨'는 놀라다 감탄하다 이며 '어찌하여'는 왜 말랐느냐(why)가 아니고 어떻게 하여(방법, how) 마르게 하셨느냐는 것이다.

그에 대한 예수님의 답변은, 너희가 믿음이 있고 의심하지 아니하면 이런 일 정도가 아니라 '이 산더러 바다에 던져지라 하여도 될 것이요 너희가 기도할 때에 무엇이든지 믿고 구하는 것은 다 받으리라'(마 21:21, 22절)고 하신다.

즉 무화과나무를 말리신 방법은 믿음과 기도였다는 말씀이다. (2018 12 19. 묵상)

59
살아 있는 자의 하나님

'죽은 자의 부활을 논할진대 하나님이 너희에게 말씀하신바 나는 아브라함의 하나님이요 이삭의 하나님이요 야곱의 하나님 이로라 하신 것을 읽어 보지 못하였느냐 하나님은 죽은 자의 하나님이 아니요 살아있는 자의 하나님이시라 하시니'(마태복음 22:31, 32절).

'……의 하나님이요 ……의 하나님이요 ……의 하나님 이로라'가 영어 성경에서는 다 현재형 I am으로 되어 있다. 지금 그들의 하나님이시라는 것이다.

사람이 죽으면 그가 살아 있을 때의 모든 인간관계가 끝난다.

아브라함이 죽고 없어졌다면 나는 과거에 그가 살아 있을 때 그의 하나님이었다. 그러나 지금은 끝났다고 과거형이 되어야 할 터인데 현재에도 아브라함의 하나님이라는 말씀은 하나님께 대하여는 아브라함이 아직 살아 있다는 말이 된다.

성경에서 말하는 죽음은 두 가지 의미가 있다. 즉 육신의 죽음과 영적인 죽음이다.

특히 영적으로 죽었느냐 살았느냐는 육신과는 관계없이 오직 하나님과의 관계가 어떠하냐에 따라 결정된다.

영적인 죽음은 생명의 원천이신 하나님과의 관계가 단절된 상태, 하나님과의 교제가 이루어지지 않는 상태, 하나님으로부터 분리된 상태를 말한다.

그러므로 예수를 믿어 구원받기 전에는 비록 육신이 살아 있다고 하더라도 영적으로는 죽은 것이며 반대로 구원받아 거듭난 사람은 하나님과의 교제의 관계가 이루어지므로 영적으로도 살아 있는 것이다. 그 교제의 관계는 육신이 죽는다고 하여 단절되는 것은 아니며 하나님 나라에서 영원히 지속된다.

아브라함과 이삭과 야곱은 다 육신이 죽은 사람들이지만 지금도 하나님 나라에서 하나님과 영원한 교제가 이어지고 있으므로 하나님은 여전히 그들의 하나님이신 것이다.

위 묵상 본문에서 예수님이 말씀하신 '나는 아브라함의 하나님이요, 이삭의 하나님이요, 야곱의 하나님이로라'는 말씀은 출애굽기 3:6을 인용하신 것인데 그 말씀이 바로 '죽은 자의 부활'(마 22:31)을 의미하는 것이니 이미 모세오경에서도 부활에 대하여 증거되어 있는 것이라고 풀이하신다.

즉 아브라함 등은 지금도 하나님 나라에서 하나님과 영원한 교제를 하고 있으며 그것은 그들이 부활하였기 때문이라는 설명이다.

예수님께서 요한복음 11:25, 26절에서 하신 바 '······ 나는 부활이요 생명이니 ······ 무릇 살아서 나를 믿는 자는 영원히 죽지 아니하리니'라는 말씀은 육신이 살아 있을 때 예수를 믿어 예수님과의 교제의 관계가 이루어진 사람은 육신이 죽더라도 그 교제가 단절되지 않고 지속되므로 영원히 죽지 않는 것이라는 의미이다.

그러므로 하나님은 아브라함의 하나님이셨다가 그가 죽음으로 관계가 끊어진 것이 아니고 이삭, 야곱 그리고 나에게까지 여전히 하나님으로서 관계가 이어져 오고 있다.

하나님이 아브라함 등에게 하신 말씀, 약속하신 축복의 언약 역시 대를 이어가면서 여전히 유효하고 오늘의 나에게까지 여전히 이어져 오고 있다. (2018. 12. 13. 묵상)

마찬가지로 살아계신 하나님께서는 엘리야의 하나님이시고 믿음의 선진들의 하나님이시어서 그들에게 하신 말씀도 여전히 대를 이어 나에게까지 이어져 오고 있으므로 성경 말씀은 나에게 여전히 유효하다. 성경을 알아야 하는 이유가 여기에도 있다. (2019. 01 .05. 묵상)

60
말세의 징조

'그러므로 깨어 있으라 어느 날에 너희 주가 임할는지 너희가 알지 못함이라'(마태복음 24:42)

마태복음 24장, 누가복음 17장에서 주님께서 말세에 대하여 말씀하시자 제자들이 '주여 어디오니이까' 묻는다 (누가복음 17:37).

그 말세의 현상이 어디에서 생기느냐라는 질문이다.

이에 대하여 주님은 '주검 있는 곳에는 독수리가 모이느니라'(눅 17:37)고 하신다. 독수리가 모이는 곳에 말세 현상이 있다는 말씀이다.

그 뜻에 대하여는 여러 가지 학설이 있으나 내가 묵상한 바로는 주검이 있는 곳에는 주검을 뜯어 먹기 위해 당연히 독수리들이 모이는 것처럼 말세의 큰 환난 때에는 성도들을 미혹하여 뜯어 먹으려는 거짓 그리스도들과 거짓 선지자들이 반드시 나타나는 난다는 뜻이다 (2019. 05. 10 묵상).

계속하여 주님은 '그 때에 인자의 징조가 하늘에서 보이겠고……인자가 구름을 타고 능력과 큰 영광으로 오는 것을 보리라(마 24:30)고 하시며 '천지는 없어질지언정 내 말은 없어지지 아니하리라'(마 24:35) 즉 내가 지금

말하고 있는 '인자의 임함'은 반드시 이루어지고야 만다고 하신다.

무화과가 여름이 가까워지면 잎사귀를 내는 것처럼, 도저히 미리 예상할 수 없었던 노아의 홍수도 왔던 것처럼, 집 사람들을 종에게 맡기고 나갔던 주인이 돌아 온 것처럼, 열 처녀 비유의 신랑이 결국 온 것처럼, 달란트 비유의 타국에 갔던 주인이 돌아온 것처럼, 주인은 반드시 돌아온다. 다만 그 날과 그 때를 아무도 모를 뿐이지 안 오지는 않는다.

그 날과 그 때를 모른다고 하여 마치 주인이 안 올 것처럼 제 멋대로 살면 안 된다. 주인의 귀환에 대비하고 있어야 한다.

'깨어 있어라' '준비하고 있어라' 그 날과 그 때를 아무도 모르기 때문(마 24:36)이라고 하신다.

'충성되고 지혜 있는 종이 되어 주인에게 그 집 사람들을 맡아 때를 따라 양식을 나눠 줄 자'(마 24:45)를 칭찬하신 이유는 주인이 반드시 돌아 올 것임을 믿고, 주인이 보지 않을 때에도 자기 직무를 성실히 행하기 때문이다.

맡긴 일을 게을리 하지 않고 제때 제때에(→ 때를 따라) 충성되게 행하고 있다.

이에 반하여 '악한 종'(마 24:48)은 주인이 더디 오리라고 생각하고, 주인이 보지 않는다고 하여 제 마음대로 허랑방탕하는 종이다.

마태복음 25장 열 처녀 비유의 첫 머리의 '그 때'도 바로 인자가 올 때, 신랑 예수님 재림의 때이다. 그 때는 말세, 세상 심판의 때이다.

61

달란트 비유

'무릇 있는 자는 받아 풍족하게 되고 없는 자는 그 있는 것까지 빼앗기리라'(마태복음 25:29)

달란트의 본래의 뜻은 화폐단위이다. 주인이 종 3사람에게 돈을 나누어 주었는데 각각 5, 2, 1 달란트씩 주었다가 오랜 후에 회계할 때에 5달란트, 2달란트로 각 2배씩 남겨 온 종들에게는 '착하고 충성'되다고 칭찬하였으나 1달란트 가지고 가서 전혀 남기지 않고 그대로 내어 놓은 종에게는 '악하고 게으른 종'이라고 책망한다.

종들이 달란트를 남기기 위하여 한 일이 무엇인가? '장사'였다. 장사는 사람들을 상대로 이윤을 남기려고 하는 행위이다. 어떻게 보면 거룩한 것과는 거리가 있어 보인다.

그런데 주인은 종들에게 왜 좀 더 신성하고 거룩한 일에 투자하지 않고 세상 사람들이 하는 방식으로 장사를 하였느냐고 책망하지 않았다. 오히려 착하고 충성하였다고 평가하면서 '네가 작은 일에 충성하였으매 내가 많은 것을 네게 맡기리니 네 주인의 즐거움에 참여할지어다' 극찬한 사실을 주목할 필요가 있다.

물론 비유이기는 하지만 예수님은 달란트를 남기기 위하여 종사한 일에 대하여 장사를 예로 드셨고 장사를 열심히 하는 것이 바로 주인, 즉 주님께 대한 충성이라고 하셨다.

우리는 성(聖)과 속(俗)을 구별하려 한다. 보통 예배당의 청소, 그 중에서도 특히 강대상의 청소를 하는 것은 하나님께 대한 충성임을 의심하지 않는다. 그러면서 엿새 동안 장사하거나 직업에 열심히 종사하는 것은 세상 일, 헛된 일, 육신을 위한 일 이라고 자책하기도 한다.

그렇다면 한 주간 내내 아무 일도 하지 말고 찬송하고 기도하고 성경공부만 하고 있어야 하는 것인가? 물론 그럴 수 있으면 좋겠지만 우리는 다른 사람과 더불어 살도록 되어 있으므로 각자 사회에서, 가정에서 맡은 일을 하지 않을 수 없다.

우리는 흔히 달란트 비유에서 달란트를 남긴 것에만 관심을 기울일 뿐 주님께서 장사를 예로 드신 것, 그리고 열심히 장사한 사람을 칭찬하신 사실을 놓치고 있다.

주인이 달란트를 줄 때에 5, 2, 1로 차등을 둔 이유는 각자의 재능에 맞추어 주었기 때문이지만 1달란트 받은 자에 대하여 그의 재능이 모자람을 탓하지는 않았다.

오직 아무런 노력도 수고도 하지 않은 그 게으름과 안일함을 나무란 것이다.

우리에게 맡겨진 일, 직업도 하나님께서 주신 것으로 깨닫고 열심히 종사하는 것이 하나님께 대한 충성인 것이다.

사실 주님께서 나에게 주신 달란트에 대하여 회계하시더라도 나는 주님 앞에 올려 드릴 아무 달란트가 없다.

　주님은 받았던 한 달란트 그대로 내어 놓은 종을 꾸중하셨는데 나는 오히려 마지막 한 달란트까지도 내 마음 대로 다 써버리고 보여드릴 것이 없어졌다.

　나는 오직 주님의 이름 외에는 아무 것도 보여 드릴 것이 없으며 공력을 시험하시더라도 내어 놓을 것이 아무 것도 없고 오직 주님의 이름뿐이다.

62
열 처녀 비유

'그런즉 깨어 있으라 너희는 그 날과 그 때를 알지 못하느니라'(마태복음 25:13)

유대인의 결혼풍습으로는 정혼(定婚)은 보통 신랑의 아버지나 신랑이 신부의 집을 찾아가 신부 아버지와 사전에 합의된 결혼 지참금을 지급함으로써 이루어진다.

정혼은 약혼보다 법적 구속력이 강하여 함부로 파기할 수 없다.

그러나 신랑은 정혼 후 바로 자기 아버지의 집으로 되돌아가 신부와 동거할 수 있는 집(거처)을 마련해야하고 집 준비가 끝나면 다시 신부를 데리러 신부의 집으로 간다. 간단한 종교의식을 행한 후 그 식이 끝나면 결혼식과 잔치를 위하여 신부와 함께 신랑의 집으로 간다.

정혼 후 결혼하기까지 신부는 신부의 집에서 결혼 준비를 하고 정절을 지키며 다시 올 신랑을 기다린다.

신랑이 언제 다시 올 지는 그를 보내는 신랑 아버지 외에는 아무도(심지어 신랑도) 모르며 그 기간은 보통 1년 정도나 더 길어 질 수도 있었다.

정혼 기간을 지나면서 신랑이 신부를 맞이할 거처가 준비되면 신랑의 아버지는 결혼식을 위하여 신랑을 예고 없이 신부의 집에 보내어 신부를 데려 오게 한다.

유대인의 하루는 저녁에 시작되며 그래서 결혼식도 저녁에 하므로 신부의 집에도 밤에 가게 되는데 그 날과 시각은 신랑 아버지 외에는 아무도 모른다.

신랑과 함께 가는 들러리들이 멀리서부터 뿔 나팔을 불며 '보라 신랑이 로다 맞으러 나오라'고 외치면 신부 집에서도 그 소리를 듣고 알게 된다.

이 때 신부의 들러리들이 등불을 들고 나가서 신랑이 오가는 길을 밝혀 준다. 등불은 정확하게는 기름에 젖은 솜뭉치를 단 횃불이다.

신랑이 오는 날과 시각을 모르므로 신부의 집에서는 모두 깨어 있어야 한다.

마태복음 25장 열 처녀 비유에 나오는 처녀들은 신부의 들러리이다.

당시에 등불은 각기 개별적으로 준비해야 했으며, 등불을 들지 않는 자가 있다면 그는 불청객이나 도둑으로 취급을 당하였다.

미련한 다섯 처녀들이 등불이 꺼져가니 기름을 나눠 달라고 한 이유는, 신랑을 인도할 수가 없고 불청객 취급을 당하여 잔치에 들어갈 수도 없기 때문이다.

신랑의 입장이 끝나면 대문은 닫아 버렸는데 그것은 밤중이라 도둑이나 강도가 들어 올 위험성 때문이기도 하다.

열 처녀 비유에서의 신랑은 재림하실 예수님을, 그리고 신부는 예수님을 맞이할 교회 및 성도들을 가리킨다.

열 처녀 비유 첫 머리의 '그 때'는 바로 인자가 올 때, 신랑 예수님 재림의 때이다.

미련한 다섯 처녀이건 슬기 있는 다섯 처녀이건 모두 신랑을 맞으러 갔다. 모두 등을 가졌다. 신랑이 더디 오므로 열 처녀 모두 다 졸며 잤다. 신랑을 맞으러 나오라는 소리에 다 일어났다.

여기까지는 열 처녀 모두 똑 같다.

기름 그릇을 별도로 준비하지 아니한 다섯 처녀도 신랑을 맞이하기를 사모하기는 마찬가지다.

등불이 꺼져갈 때에 기름을 사서 다시 왔고, 문이 닫힌 후에도 문을 열어 달라고 요청한 것을 보면 그렇다.

다만 양자의 차이는 딱 하나다.

슬기로운 다섯 처녀들은 등외에 별도로 기름 그릇을 가졌으나 미련한 다섯 처녀들은 그러지를 못했던 것뿐이다.

다섯 처녀는 신랑이 더디 올 수도 있다고 생각하고 대비하였지만 나머지 처녀들은 거기까지 미처 생각하지 못한 것이다.

신랑이 그렇게 더디 올 것을 생각하지 못했는지, 또는 현재 그 등에 들어 있는 기름만으로도 신랑이 올 때까지 견딜 수 있으리라고 생각하였던 것 같다.

그런 정도로, 대비하였느냐 아니냐 차이는 그것 뿐 인데 결과는 혼인잔치 즉 천국잔치에 들어가지 못하는 너무나 엄청난 차이다.

미련한 처녀들은 그동안 준비한 등도, 신랑을 맞으러 나갔던 수고마저도 모두 허사가 되었다.

'그런즉 깨어 있으라. 너희는 그 날과 그 때를 알지 못하느니라'(마태복음 25:13).

본문의 기름을 성령의 기름을 가리킨다고 해석하는 견해도 있으나 찬성할 수 없다. 성령은 오직 하나님의 은혜로 임하실 뿐 사람의 뜻이나 열심에 따라 준비될 수 있는 분이 아니시기 때문이다.

63
양과 염소의 구분

'모든 민족을 그 앞에 모으고 각각 구분하기를 목자가 양과 염소를 구분하는 것 같이하여'(마태복음 25:32)

팔레스타인에서는 가뭄 때는 염소를 우리 안에 키우기가 어려워 양과 함께 방목하였다.

저녁이 되면 염소는 우리에 드는 것을 좋아하고 양은 풍성한 털로써 스스로 보온이 되어 바깥에 있는 것을 선호하므로 목자는 양과 염소를 모아 따로 나눈다. 양은 성격이 온순하여 목자의 말을 잘 듣는 반면 염소는 고집이 세고 뿔로써 공격하기도 하므로 같은 우리에 넣을 수는 없다.

지형 상 오른 쪽이 햇볕이 잘 들고 따뜻하여 전통적으로 오른 쪽은 옳고 좋은 곳으로, 왼 쪽은 옳지 않고 나쁜 곳으로 인식되어 왔으므로 양은 오른 편에, 염소는 왼편에 구분하여 두었다.

본문에서의 인자, 임금은 당연히 예수님이시다.

임금은 '모든 민족을' 예외 없이 그 앞에 모으고 마치 양과 염소를 구분하듯이 의인과 악인을 구분하여 의인을 오른 편에, 악인을 왼편에 둔다.

그러나 그 구분의 기준은 사람들이 생각하거나 기대하고 있던 기준에 따라 구분한 것이 아니고 오직 임금 자신의 기준에 따라 구분하였지만 그 앞에 모은 모든 민족의 평소의 행위에 따라 구분하였다.

임금이 제시한 구분의 기준은 모두 다, 도움이 필요한 사람들을 도왔느냐 아니냐 이다.

즉 주릴 때, 목마를 때, 나그네 되었을 때, 헐 벗었을 때, 병들었을 때, 옥에 갇혔을 때 등 6가지이다. 모두 다 절실한 도움이 필요한 사람들이다. 그러나 그것은 예로 드신 것 뿐 이며 그 6가지의 경우에 한정되는 것은 아닐 것이다.

그러한 사람을 도우는 행위를 임금 자신을 도운 것으로 보았고 그 반대의 경우는 임금 자신을 외면한 것으로 간주하였다.

임금은 도움이 필요한 사람도 모두 임금의 백성이므로 임금을 진정으로 경외한다면 그의 약한 백성도 돌볼 것이라는 말씀이리라.

염소들 즉 왼편에 있는 자들을 '저주를 받은 자들'이라고 하셨고 '나를 떠나, 마귀와 그 사자들을 위하여 예비된 영원한 불에 들어가라, 영벌에 들어가리라'고 벌하신다.

도움이 필요한 사람들을 도우지 아니한 행위는 '마귀와 그 사자들'의 소행과 같다는 의미 이다.

나는 염소일까 양일까, 아니면 양의 흉내를 내는 염소일까?

64
새 언약의 피

'이 잔은 내 피로 세우는 새 언약이니 곧 너희를 위하여 붓는 것이라'(누가복음 22:20)

'이것은 죄 사함을 얻게 하려고 많은 사람을 위하여 흘리는바 나의 피 곧 언약의 피니라'(마태복음 26:28)

'이것은 많은 사람을 위하여 흘리는 나의 피 곧 언약의 피니라'(마가복음 14:24)

(1) 이스라엘 백성이 출애굽한 지 3개월 되어 시내 산 앞에 장막을 쳤을 때 하나님께서 시내산에서 모세에게 십계명을 비롯한 여러 가지 계명을 말씀하신다(출애굽기 19 내지 23장).

모세로부터 이를 전해들은 백성들도 하나님의 모든 말씀과 율례를 준행하겠다고 약속한다(출 24:3).

모세는 산 아래에 제단을 쌓고 소로 번제와 화목제를 드리며 제물의 피를 제단에 뿌린다. 제단은 하나님의 임재의 상징이다.

그리고 제물의 나머지 반의 피를 '백성에게 뿌리며 이는 여호와께서 이 모든 말씀에 대하여 너희와 세우신 언약의 피니라'(출 24:8)고 선포한다.

제물의 피를 하나님과 백성 양쪽에 뿌린 것은 율법을 하나님께서도, 백성도 피(생명)를 걸고 다 지키겠다는 약속이다.

이것이 시내산 언약 또는 옛 언약이다.

율법은 넓게는 모세 오경 전체를 가리키나 좁게는 십계명과 출애굽기, 신명기, 레위기에서 말씀하신 언약법전을 가리킨다고 한다.

율법에 의하면 율법을 범한 자는 제사법에 따라 동물의 피로서 속죄제, 속건제 등을 드림으로써 죄와 허물에 대하여 사(赦)함을 받았다(레위기 4:35, 5:13, 5:19). 생명이 피에 있으므로 피로써 죄를 속(贖)하며(레 17:11) 피 흘림이 없은 즉 사(赦)함이 없기 때문이다(히브리서 9:22).

피 흘림은 죽음을, 사함은 용서를 의미한다.

이 제사는 죄를 지을 때 마다 드릴 뿐 아니라 1년에 한번 속죄일에는 대제사장이 자신과 전 백성의 속죄를 위하여 또 제사를 드렸다(출 30:10). 반복하여 드리는 까닭은 동물의 희생 제사로는 죄를 없게 하지는 못하고(히 10:11) 죄를 일시적으로 덮음으로써 벌을 면하는 것뿐이기 때문이다.

(2) 그런데 예레미아 31장에는 새 언약을 예언한다.

'보라 날이 이르리니 내가 이스라엘 집과 유다 집에 새 언약을 맺으리라'(에레미야 31:31)고 하시며 두 가지 약속을 하신다.

　(가) '그 날 후에 내가 이스라엘 집과 맺을 언약은 이러하니 내가 나의 법을 그들의 속에 두며 그들의 마음에 기록하여'(렘 31:33) '작은 자로부터 큰 자까지 다 나를' 알게 하겠다고(렘 31:34) 말씀한다.

그 전에는 하나님께서 남편이 아내의 손을 잡고 인도하듯이 하여도 백성들이 불륜처럼 신앙의 정절을 지키지 아니하고 언약을 깨뜨리므로(렘 31:32) 그 날 즉 새 언약을 맺는 날 후에는 아예 백성들의 속, 마음에 하나님의 법, 말씀을 하나님이 친히 기록하여서 모든 자가 다 하나님을 알게 하도록 하겠다고 약속하신다.

그것이 새 언약이다.

(나) 또 한 가지는 '내가 그들의 악행을 사하고 다시는 그 죄를 기억하지 아니하리라'(렘 31:34 후반)는 약속이다.

율법은 죄를 깨닫게 하지만 사람 자체를 구원하지는 못한다. 율법을 다 지켜 행할 수 있는 사람은 아무도 없기 때문이다. 그래서 죄를 지을 때마다 제사를 드려 벌을 면제 받는다.

그러나 새 언약을 맺으면 그 언약에 의하여 죄를 용서하고 그 죄를 기억하지 않겠다고 하신다.

그렇다면 죄를 지을 때 마다 동물의 피로써 드려왔던 속죄제는 더 이상 필요 없게 된다.

(3) 그러면 이 새 언약을 언제 어떻게 맺으시는가? 그에 대하여는 예레미야서에는 기록이 없다.

그러나 누가복음 22:20에 예수님께서 마지막 만찬장에서 제자들에게 잔을 주시며 '이 잔은 내 피로 세우는 새 언약이니 곧 너희를 위하여 붓는 것이라'고 하신다.

그 잔은 바로 예수님의 보혈을 상징한다. 즉 예수님께서는 짐승의 피가 아닌 예수님 자신의 피로써 새 언약을 맺으시겠다고 하신다.

언약을 맺을 때 사람이나 짐승의 피를 흘려 언약을 하듯이 예수님의 피는 언약을 지키겠다는 맹세, 증거로 흘리는 피라는 의미이다(출 24:6~8절. 히 9:18~22절)

(가) '……내가 떠나가는 것이 너희에게 유익이라 내가 떠나가지 아니하면 보혜사가 너희에게로 오시지 아니할 것이요 가면 내가 그를 너희에게로 보내리니'(요한복음 16:7), '보혜사 곧 아버지께서 내 이름으로 보내실 성령 그가 너희에게 모든 것을 가르치고 내가 너희에게 말한 모든 것을 생각나게 하시리라'(요 14:26).

예수님께서 죽으심으로 성령께서 오셔서 백성들의 마음에 내주하심으로 말미암아 하나님과의 언약을 생각나게 나고 나아가 성령께서 백성들로 하여금 언약을 지키도록 역사, 인도 하시겠다는 말씀이다.

즉 성령을 보내셔서 예레미야서에서 예언된바, 백성들의 속, 마음에 하나님의 법, 말씀을 하나님이 기록하여서 모든 자가 다 하나님을 알게 하도록 하겠다는 약속을 이룩하신다는 말씀이다.

시내산 언약이 체결된 후 하나님은 10계명을 기록한 돌 판 둘을 모세에게 주셨다. 즉 옛 언약은 돌 판에 쓰셨지만 새 언약은 성령으로 백성들의 마음에 새기신다.

(나) 예수님의 희생제사는 '단번에 자기를 드려'(히 7:27, 9:26) '죄를 위하여 한 영원한 제사를 드리시고'(히 10:12) 그리하여 피 흘림이 없는 즉 사함이 없다는 율법을 완성하셨다.

새 언약의 약속은 죄가 제거되므로 심지어 하나님께서도 '그들의 죄를 다시 기억하지 아니하리라 하셨느니라'(히 8:12)

그리하여 우리가 거룩함을 얻어(히 10:10) 죄로부터 분리됨으로써 하나님을 섬길 수 있게 되었다.

(다) 우리는 예수님의 피로 갱신된 새 언약의 백성이다.

결국 예레미야서에서 예언된바 새 언약의 은혜 즉 성령이 내주하셔서 하나님의 언약을 지키도록 인도하시겠다는 것과 죄를 용서하고 기억하지 않겠다는 약속은 예수님께서 십자가에서 죽으시고 보혈을 흘리심으로 이룩된다.

65
가시떨기에 뿌려진 자

'또 어떤 이는 가시떨기에 뿌려진 자니 이들은 말씀을 듣기는 하되 세상의 염려와 재물의 유혹과 기타 욕심이 들어와 말씀을 막아 결실하지 못하게 되는 자요'(마가복음 4:18)

들은 말씀이 마음 속에서 결실을 맺지 못하는 까닭은 세상의 염려, 재물의 유혹과 기타 욕심이 말씀을 막기 때문이다.

그 중 내 마음 속에서 말씀이 결실을 맺지 못 하제 하는 가시떨기는 무엇일까?

66
자기 십자가

'무리와 제자들을 불러 이르시되 누구든지 나를 따라 오려거든 자기를 부인(否認)하고 자기 십자가를 지고 나를 따를 것이니라'(마가복음 8:34)

예수님께서, 죽임을 당하실 것과 그 후 부활하실 것을 제자들에게 예고하자 베드로가 주님을 붙들고 항변한다(마가복음 8:31, 32절).

'주여 그리 마옵소서 이 일이 결코 주께 미치지 아니하리 이다'(마태복음 16:22)라고.

이에 대하여 예수님은 베드로가 하나님의 일을 생각하지 아니하고 사람의 일을 생각하고 있다고 꾸짖으신 후(막 8:33) '누구든지 나를 따라 오려거든 자기를 부인(否認)하고 자기 십자가를 지고 나를 따를 것이니라'(막 8:34)고 하신다.

그리고 '누구든지 자기 목숨을 구원하고자 하면 잃을 것이요 누구든지 나와 복음을 위하여 자기 목숨을 잃으면 구원하리라'(막 8:35)고 하시며 계속하여 '자기 목숨'을 잃는 것에 대하여 몇 차례 반복하신다(막 8:36, 37절).

그렇다면 '자기 십자가를 지고 나를 따를 것이니라'(막 8:34)는 말씀은 그것이 하나님의 일이요(막 8:33), 자기부인(自己否認)이 전제되며(막 8:34)

예수님과 복음을 위하여 자기 목숨을 잃는 것(막 8:35)을 의미한다. 자기 십자가를 지고 예수님을 따르는 자가 아니면 예수님께 합당하지 않게 된다(마태복음 10:38).

예수님은 마태복음 16:24에서도 자기부인(自己否認)과 자기 십자가에 대하여 말씀하시고 25절 이하에서 계속하여 제 목숨을 구원하는 일과 잃는 일에 대한 말씀을 하신 후 결론으로 주님께서 재림하실 때에 '각 사람이 행한 대로 갚으리라'고 하신다 (마 16:27).

그러한 문맥을 보면 행한 대로 갚으신다는 말씀은 행위에 대한 선악의 문제라기보다 마태복음 16:24에서 말씀하신바 자기를 부인하고 자기 십자가를 지고 주님을 따랐느냐 아니냐를 가리키는 것으로 보아야 한다.

그러면 자기 십자가란 무엇일까

예수님 공생애 당시 사형수들은 자기가 처형당할 십자가를 지고 가서 그 십자가에 매어 달렸다. 예수님도 그랬다. 그러므로 어떤 사람이 십자가를 지고 가면 그 십자가에 달릴 사람이라는 것을 본인도 알고 구경꾼들도 알았다.

십자가는 예수님의 대명사이다.

예수님의 십자가는 하나님으로부터 받은 사명이자, 고난이요 희생이며 사랑이고 그 끝은 죽음이다.

그렇다면 마가복음 8:34, 마태복음 16:24, 누가복음 14:27~35에서 자기 십자가를 진다는 의미도 바로 각자가 예수님으로부터 받은 사명을 이루기 위하여 받는 희생과 고난을 감당함을 뜻한다고 생각된다.

그러한 사명의 자기 십자가를 지고 예수님을 '따를 것이니라'는 것은 십자가를 지고 앞서 가시는 예수님 뒤에서, 또 다른 자기의 십자가를 지고 따라 간다는 의미이다.

주님과 같은 마음을 가지고 같은 방향으로 행동하는 것을 의미하는 것이리라.

그것은 현세의 죽음을 각오하는 고난이 수반되기 마련이다. 목숨을 잃게 되는, 결코 쉽지 않은 일이다.

예수님도 그것이 어려운 일이라고 하셨다. 그래서 망대 짓는 자, 전쟁하는 자가 미리 준공가능성, 승리 가능성을 타진해 보고 시도해야 하는 것처럼 주님의 제자가 되려는 자도 자기 십자가를 지고 주님을 따를 수 있는지 점검해 보아야 하는데 가족과 자기 목숨(누가복음 14:26절) '자기의 모든 소유'(눅 14:33)까지 버리는 것이 곧 주님의 제자가 되기 위한 자기 십자가라고 하신다.

그리고 제자가 되는 것을 소금으로 비유하셨다(눅 14:34, 35절).

당시의 소금은 가루소금이 아니고 암염이었다. 햇빛이나 공기로 인하여 소금이 변질되어 짠 맛을 잃기도 하는데 그럴 경우에는 원 덩어리를 길에 버렸다.

소금은 좋은 것이다. 그런데 소금이 만일 짠맛을 잃으면 어떻게 그것을 다시 짜게 만들 수 있느냐(막 9:50) 결국은 버리게 된다.

제자가 되는 일도 소금처럼 좋은 일이다. 그러나 제자가 되었더라도 제자로서의 맛을 잃으면 맛을 잃은 소금처럼 아무데도 쓸 데가 없어 내버리게 된다.

예수님은 그 말씀을 하신 후 알아들을 수 있는 자는 귀담아 들으라고 하신다(눅 14:35절).

67
자기 목숨

'누구든지 자기 목숨을 구원하고자 하면 잃을 것이요 누구든지 나와 복음을 위하여 자기 목숨을 잃으면 구원하리라'(마가복음 8:35)

주님의 고난과 부활 예고에 대하여 베드로가 항변하자(마가복음 8:30~32절) 주님은 베드로가 하나님의 일을 생각하지 아니하고 사람의 일을 생각하고 있다고 꾸짖으신 후(막 8:33), '누구든지 나를 따라 오려거든 자기를 부인하고 자기 십자가를 지고 나를 따를 것이니라'(막 8:34)고 하신다.

그리고 계속하여 '누구든지 자기 목숨을 구원하고자 하면 잃을 것이요, 누구든지 나와 복음을 위하여 자기 목숨을 잃으면 구원하리라'(막 8:35)고 하시며 계속하여 '자기 목숨'을 잃는 것에 대하여 몇 차례 반복하신다(막 8:36, 37절).

그러한 전체 문맥에 비추어 보고 또 영어 성경에서는 35절의 목숨을 life로, 8:36, 37절의 목숨은 Soul로 구별하고 있음을 참고로 하면 '자기 목숨은

① 이 땅에서의 육신의 생명(life) 즉 구원받지 못한 생명과

② 영원한 생명(영생) 즉 구원 받는 생명(soul)

이 두 가지로 대비하여 사용되었다고 봄이 옳다.

그리하여 위 묵상본문 마가복음 8:35의 말씀은 이 땅에서의 육신적 삶(life)만을 위하고 추구하면 영원한 생명(soul)을 얻지 못할 것이요, 이 땅에서 나와 복음을 위하여 육신적 삶(life)을 잃으면 영원한 생명(soul)으로 구원하리라고 풀이된다.

육신적 삶만을 위하고 추구하는 것은 사람의 일만을 생각하는 것이요, 이 땅에서 예수님과 복음을 위하여 육신적 삶을 잃는 것은 하나님의 일을 생각하는 것이다.

본문의 '나와 복음을 위하여'는 희생, 헌신을 뜻하며 34절의 자기 십자가를 지고 주님을 따르는 것도 이에 해당한다.

그리고 '사람이 만일 온 천하를 얻고도 자기 목숨(soul)을 잃으면 무엇이 유익하리요 사람이 무엇을 주고 자기 목숨(soul)과 바꾸겠느냐'(막 36, 37절)의 말씀에서 '자기 목숨'은 영원한 생명을 가리킨다.

8:38의 '누구든지 ……나와 내 말을 부끄러워하면 인자도 ……그 사람을 부끄러워하리라'는 말씀은 육신적 생명(life)을 추구하다가 구원받지 못하는 경우의 한 예이다.

68
강도의 소굴

'기록된 바 내 집은 만민이 기도하는 집이라 칭함을 받으리라고 하지 아니하였느냐 너희는 강도의 소굴을 만들었도다 하시매'(마가복음 11:17)

　예루살렘의 성전에서 매매, 환전, 제물(祭物) 판매와 같은 불법이 행해지고 또 그것을 눈 감아 주는 등 불법이 횡행하므로 예수님이 그 행위자들을 심하게 꾸짖고 내쫓으신다.
　'너희는 너희가 하나님의 성전인 것과 하나님의 성령이 너희 안에 계시는 것을 알지 못하느냐'(고린도전서 3:16)고 하셨는데 성령 하나님이 계신 성전인 나 자신은 기도하는 집인가 강도의 소굴인가?

69
나병환자 집에서의 식사

'예수께서 베다니 나병환자 시몬의 집에서 식사하실 때에 한 여자가 ······그 옥합을
깨뜨려'(마가복음 14:3)

나는 예수님처럼 나병환자의 집에서 과연 기꺼이 식사할 수 있을까?

나는 오래 전 나환자촌 교회를 방문하여 함께 예배드린 적이 있다.

예배 후 그곳 나병환자 성도의 집에 점심식사 초청을 받았는데, 식탁에는
캔 음료와 비닐로 하나씩 포장된 마른 과자만 차려져 있었다.

초대한 주인은 조리음식을 대접하지 못해 미안하다고 인사하였지만 나
는 그들의 배려하는 속뜻을 읽고 할 말을 잃었다.

70

나와 함께 먹는 자가 나를 팔리라

'다 앉아 먹을 때에 예수께서 이르시되 내가 진실로 너희에게 이르노니 너희 중의 한 사람 곧 나와 함께 먹는 자가 나를 팔리라 하신대'(마가복음 14:18)

제자들과의 마지막 만찬 자리에서 예수님께서 가룟 유다를 염두에 두고 하신 말씀이다.

그리고 계속하여 '인자를 파는 그 사람에게는 화가 있으리로다. 그 사람은 차라리 나지 아니 하였더라면 자기에게 좋을 뻔 하였느니라'고 까지 말씀 하시어서 가룟 유다의 배반을 친히 알고 계심을 밝히셨다. 그래도 유다는 돌이키거나 회개하지 않았다.

한 식탁에서 함께 먹는 자는 특별히 가까운 사이이다.

나는 예수님과 함께 먹으며 친밀한 관계를 맺고 지내다가 무슨 일이 생기면 금세 등을 돌리는 경우는 없는가.

71
아리마대 요셉

'아리마대 사람 요셉이 와서 당돌히 빌라도에게 들어가 예수의 시체를 달라 하니 이 사람은 존경받는 공회원이요 하나님의 나라를 기다리는 자라'(마가복음 15:43)

예수님이 십자가에 못 박혀 죽으신 날은 안식일 전날 오후이다. 율법에는 시체를 나무 위에 밤새도록 두는 것은 땅을 더럽히는 것이라고 하여 당일에 장사하도록 되어 있는데다가(신명기 22:23) 그 다음날은 안식일이어서 짐을 옮기는 일이 금지사항이므로(예레미야 17:21, 22절) 이래저래 그 날이 가기 전에 예수님의 시체를 십자가에서 내려 장사해야만 했다.

그러나 예수님의 십자가 현장에는 예수님의 어머니 마리아와 예수님을 섬기던 여자들은 있었지만 12제자들은 없었다. 다만 요한복음에는 요한이 있었다고 되어 있으나 그도 예수님의 장사를 위해서 애쓴 흔적은 보이지 않는다. 아니 그럴만한 처지도 못 된다.

이미 날은 저물어(마태복음 27:57, 마가복음 15:42) 시간의 여유가 없다. 더구나 예수님이 정치범으로 몰려 총독의 재판에 의하여 당한 처형이므로 총독의 명령 없이 마음대로 시체를 가져 갈 수도 없다.

이러한 다급하고 난감한 사태에 처하였을 때에 아리마대 지방 출신의 요셉이 빌라도 총독에게 들어가 예수님의 시체를 달라고 요구하여 가져갔다.

깨끗한 세마포에 싸서 자기가 쓰기 위해 바위를 파서 마련해 놓았던 새 무덤 속에 예수님을 안장하고 사람이나 짐승이 못 들어가도록 큰 돌을 굴려 무덤 문을 막았다.

요셉은 예수님의 제자이지만 유대인들을 두려워하여 그 사실을 숨겨왔으며(요한복음 19:38) 하나님 나라를 기다리는 사람이다.

선하고 의로운 사람이다(누가복음 23:50). 그리고 부자이고 존경받는 사람이다(막 15:43, 눅 23:50-51).

특히 그는 공회원이다. 요즈음으로 치면 국회의원인 셈인데 이스라엘의 산헤드린 공회원은 그 민족에서는 그야말로 막강한 지도자요 권력자였다.

그렇다고는 하더라도 식민지의 관리가 로마 총독을 찾아간 일이며 사형수의 시체를 달라고 요구한 일이 보통으로는 있을 수 없는 일이었던 같다. 그래서 성경도 그러한 요셉의 행위를 '당돌하다'고 표현한다(위 묵상 본문).

더욱이 나중에 다른 공회원들이나 동족으로부터 심한 질책과 따돌림을 당할 위험도 있는 일이다.

그러면, 당돌하다고 하는 그 행동을 요셉이 감히 할 수 있었던 배경은 무엇이며, 총독의 허락까지 받아 나올 수 있었던 이유는 무엇인가?

그것은 바로 요셉이 공회원이었기 때문이다.

하나님의 입장에서 볼 때 누구를 빌라도에게 보낼 수 있겠는가.

사사로이 찾아 가더라도 빌라도를 만날 수 있는 사람, 만난다고 하더라도 제대로 설득 할 수 있는 사람, 또 빌라도가 신뢰하고 예수님의 시체를 내어 줄 수 있는 사람, 그런 사람이어야 하지 않겠는가.

그렇다면 마리아와 같은 여자이겠는가 아니면 도망간 제자들이겠는가.

결국 요셉 외에 누가 있겠는가.

더구나 새 무덤까지 가지고 있는 부자이어서 안장까지 맡길 수 있지 않은가.

얼마나 안성맞춤이랴!

하나님은 공회원이라는 요셉의 직업과 부자의 재력까지도 사용하신 것이다. 참으로 부러운 장면이다.

한 때 나는 아리마대 요셉과 같은 국회의원이 되고 싶었다.

유다 아합 왕 시대에 왕궁 맡은 자로서 선지자 백 명의 목숨을 구하며 보살핀 오바댜(열왕기상 18:4)와 같은 공직자도 되고 싶었다.

끝내 나는 이르지 못했지만, 어디 그런 사람들 없을까?

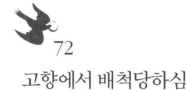

72
고향에서 배척당하심

'또 이르시되 내가 진실로 너희에게 이르노니 선지자가 고향에서는 환영을 받는 자가 없느니라' (누가복음 4:24)

예수님은 고향 나사렛에 오셨을 때 안식일에 늘 하시던 대로 회당에 들어 가셨고 성경을 읽게 되었다. 당시 회당에서 읽는 성경 본문은 읽는 자가 고르는 것이 아니고 회당의 지도자가 성경 두루마리를 펴 주는 곳을 읽었으므로 예수님께서도 그렇게 했을 것이다.

예수님께서는, 나사렛 사람들이 '의사야 너 자신을 고치라'는 속담 즉 '자신을 먼저 돌본 후에 타인을 도우라'는 의미의 속담을 인용하여 예수님더러 다른 곳에서 행하신 이적들을 자기 고향에서 먼저 행하라고 요청하겠지만, 선지자가 고향에서는 환영을 받는 자가 없으니 내가 이적을 행한다고 하여 고향 사람들이 나를 믿지는 않을 것이다 라고 하시며 성경 말씀만을 전하신다.

그리고 회당 지도자가 펴 주는 대로 이사야서의 본문에 나오는 '주의 은혜의 해'(눅 4:19)에 대하여 말씀하시면서 엘리야 시대의 사렙다 과부, 엘리사 시대의 나병환자 수리아 사람 나아만에게 하나님께서 특별히 베푸신 은혜에 대하여 증거 하셨다. 사렙다 과부나 나아만은 이방인들이다.

나사렛 사람들은 유대전통 주의와 배타적 선민사상이 강한 사람들인지라 하나님께서 유대인이 아닌 이방인들에게 특별한 은혜를 베푸신 일, 즉 이방인도 하나님의 은혜를 받을 수 있다는 예수님의 말씀을 듣게 되자 자존심이 상하여 격분하고 말았다.

심지어 예수님을 낭떠러지까지 끌고 가서 밀쳐 떨어뜨리려고 하였다.

선지자가 고향에서 높임을 받지 못하는 이유는 선지자에 대하여 육신적 옛 모습으로 평가하려 들기 때문이다.

위 사건에서도 사람들이 '이 사람이 요셉의 아들이 아니냐'(눅 4:22)고 한다.

또 한 가지 이유는 선지자가 된 현재의 모습에 대한 시기심으로 인하여 일부러 격하시키려 들기 때문이다.

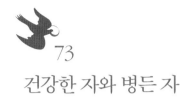

73
건강한 자와 병든 자

'예수께서 대답하여 이르시되 건강한 자에게는 의사가 쓸데없고 병든 자에게라야 쓸 데 있나니'(누가복음 5:31)

주님이 마태의 집에서 세리와 죄인들과 함께 잡수실 때(누가복음 5:31, 마태복음 9:10~9:12 등)에 그것을 바리세인들이 보고서 비난하자 주님은 위 본문처럼 건강한 자에게는 의사가 쓸데없고 병든 자에게라야 쓸 데 있다고 말씀하신다.

여기서의 건강한 자는 바리새인을, 병든 자는 세리와 죄인들을, 그리고 의사는 주님을 가리킨다.

그리고 건강한 자나 병든 자라는 것은 실제로 건강하거나 병들었다는 뜻이 아니고 자기 스스로 건강하다거나 또는 병들었다고 여기는 자를 의미하는 것으로 보아야 한다.

병들었음에도 불구하고 자기가 병들었음을 모른 채 건강한 줄 착각하면서 의사의 도움이 필요 없다고 여기는 자들과 마찬가지로 바리새인들이 그들 스스로를 영적으로 온전한 자인 양 착각하여 의인으로 행세하고 있으므로 그들에게는 구원자가 필요 없다는 뜻이다.

같은 맥락으로, 누가복음 10:21에 주님께서 '천지의 주재이신 아버지여 이것을 지혜롭고 슬기 있는 자들에게는 숨기시고 어린아이들에게는 나타내심을 감사하나이다'라고 하신 기도 중 '지혜롭고 슬기 있는 자들'은 실제로 지혜가 있다는 것이 아니고 자기가 지혜로운 지식인이라고 자처하는 사람, 종교지도자들을 가리키며, 그리고 마찬가지로 '어린아이들'은 실제로 나이 어린 사람이 아니고 스스로 어리석고 모른다고 겸손하게 여기며 더 알고 싶어 하는 사람을 가리키는 것으로 보아야 한다. (2016. 11. 04. 묵상)

74
세례 요한보다 큰 자

'내가 너희에게 말하노니 여자가 낳은 자 중에 요한보다 큰 자가 없도다 그러나 하나님의 나라에서는 극히 작은 자라도 그 보다 크니라 하시니'(누가복음 7:28, 마태복음 11:11)

세례 요한이 제자들을 예수님께 보내어 과연 예수님이 구약에서 예언되어 온 그 선지자 즉 메시야 인지를 물었다.

예수님께서는 직설적으로 답변하지 않으시고 다만 맹인, 못 걷는 사람, 나병환자, 귀먹은 사람, 죽은 자, 가난한 자들이 고침을 받고 그들에게 복음이 전파되고 있는 사실을 세례 요한에게 전하라고 하신다.

구약에 예언된 메시야의 표적, 메시야가 아니면 할 수 없는 일들을 하더라고 전하라는 말씀이다.

그러시면서 누구든지 나로 말미암아 실족하지 아니하는 자는 복이 있다고 말씀하시는데 이 말씀은 나를 의심하지 않는 자는 복이 있다는 의미, 나 때문에 믿음이 떨어지지 않는 자, 나의 복음을 그대로 받아들이는 자는 복이 있다는 뜻으로 보인다.

무리에게 너희가 요한을 보러 광야로 가는데 그에게서 바람에 흔들리는 갈대처럼 연약한 모습을 보러 간 것도 아니고 그렇다고 하여 왕궁에 있는 사람 같은 화려한 모습을 보러 간 것도 아니지 않느냐, 요한은 갈대도, 화려하지도 않다.

오직 선지자로서 만나기 위해서 간 것 아니냐. 맞다 요한은 정말 성경에 기록된바 메시야의 길을 준비하는 선지자이다. (마태복음 11:9에는 '선지자보다 더 나은 자'라고 하심)

그러므로 여자가 낳은 자 중에 요한보다 큰 자가 없다.

그렇지만은 하나님의 나라에서는 위에서 말한바 맹인이나 장애인 등 극히 작은 자라도 요한보다 크다. 왜냐하면 그들은 나를 믿음으로써 나의 의로 구원받아 천국 가는 사람들이고 요한처럼 구약의 사람들은 자기의 의, 율법의 의로써 천국에 가야 하는 자들이기 때문이다. (2018. 09. 01. 묵상)

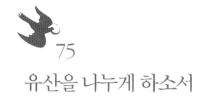

75
유산을 나누게 하소서

'그들에게 이르시되 삼가 모든 탐심을 물리치라 사람의 생명이 그 소유의 넉넉한 데 있지 아니하니라 하시고'(누가복음 12:15)

어떤 사람이 예수님께 '선생님, 내 형을 명하여 유산을 나와 나누게 하소서'라고 부탁한다 (누가복음 12:13).

상속분에 있어서 장남은 동생보다 두 배를 가지는 권리가 있고 또 유산을 나누는 것도 형의 권리이다.

위 묵상 본문에서는 장남이 유산을 나누려 하지 아니하니까 동생이 예수님더러 형으로 하여금 유산을 나누도록 말씀해 달라고 요청하는 것이다.

그러나 그 요청은 형제간에 화목이나 공평을 기하도록 해 달라는 것이 아니고 재물에 대한 자기의 욕심을 채우려는 본심을 숨기고 포장 하는 것이다.

우리는 흔히 자기 욕심을 채우려는 속마음을 감추기 위하여, 정의라는 이름으로 포장하여 주장하고 내세운다.

공익을 위해서 하는 것처럼 그럴듯하게 말하지만 실상은 개인 욕심을 도모하는 본심을 숨기고 있기가 일쑤다.

본문의 경우 예수님은 동생의 속셈 즉 물질에 대한 욕심을 보신 것이다. 동기가 순수하지 못한 것을 아셨다.

'이 사람아 누가 나를 너희의 재판장이나 물건 나누는 자로 세웠느냐'(눅 12:14)고 나무라신다. 본문의 '이 사람아'라는 표현은 원래 굉장히 못마땅할 때 하는 표현이다.

그래서 주님은 상속에 대한 직접적인 말씀은 하지 아니하시고 오히려 삼가 모든 탐심을 물리치라고만 말씀하실 뿐이다. 지금 네가 하는 말은 탐심으로 하는 말이라는 것이다.

그리고 계속하여 재산을 쌓을 곳간을 늘리려고 계획하는 부자에 대하여 말씀하신다(눅 12:16).

그것 역시 탐심에서 나오는 발상이라는 것이다. (2019. 04. 28. 묵상)

76
돌아온 탕자 비유

'아버지가 이르되 얘 너는 항상 나와 함께 있으니 내 것이 다 네 것이로되, 이 네 동생은 죽었다가 살아났으며 내가 잃었다가 얻었기로 우리가 즐거워하고 기뻐하는 것이 마땅하니라'(누가복음 15:31, 32절)

누가복음 15:11~32절의 돌아온 탕자로 일컬어지는 작은 아들을 보면 나는 솔직히 참 못 마땅했다.

아버지가 사망하기 전에 아버지의 재산 중에서 자기의 상속분을 미리 달라고 하는 것은 아버지가 죽기를 바란다는 표시와 다름이 없다.

그렇게 하여 받은 재산을 가지고 혼자 먼 나라에 가서 허랑 방탕으로 낭비하고 완전 알거지가 되고 나서 후회하고 아버지께 돌아온다. 뻔뻔해 보이기까지 한다.

그럼에도 불구하고 아버지는 무조건적으로 그를 환대하여 지위를 회복시키고 성대한 잔치까지 열어 준다.

큰 아들은 동생의 귀가와 그를 맞이하는 아버지의 태도가 지극히 못마땅하여 불평을 토한다.

이에 아버지는 큰 아들을 다독이면서 위 묵상 본문과 같이 말한다.

이 비유의 초점은 아버지의 마음이다.

아버지의 마음을 헤아리지 아니하면 누구든지 맏아들과 똑 같은 생각이 들기 마련이다. 나도 그랬다.

예수님께서는 이 비유 직전에, 양 백 마리 중 한 마리를 잃었다가 찾은 기쁨과 또 열 드라크마 중 하나를 잃었다가 찾은 기쁨에 대하여 먼저 말씀하시고 계속하여 위 탕자의 비유를 말씀하신다.

즉 위 묵상 본문은 잃은 것을 찾은 아버지의 기쁨에 초점을 맞추어 보아야 한다.

아버지는 작은 아들이 옳다고 하지도 않았다. 또 큰 아들을 틀렸다고 하지도 않았다. 작은 아들을 큰 아들보다 더 사랑한다고 하지도 않았다.

오직 작은 아들은 이미 죽었던 자, 잃었던 자이었다가 이제 살아났고 찾았으니 그것을 함께 기뻐하자는 것이다.

아버지는 하나님을, 작은 아들은 회심한 성도를, 맏아들은 바리새인을 비유한다고 한다.

돌아온 작은 아들을 반기는 아버지는 바로 한 영혼의 구원을 기뻐하시는 하나님이시다.

그리고 그 작은 아들이 바로 나이다.

나는 하나님으로부터 받았던 은혜를, 기회를, 재물을, 달란트를 내 마음대로 허비한 탕자이다.

비유 속의 아버지는 작은 아들이 집을 나갔다가 돌아 올 때까지의 행적에 대하여 묻지도 따지지도 않았고 아버지에게 돌아 온 사실 자체만으로 기뻐하고 받아준다.

하나님께서도 나에 대하여 그러 하시다. 이전의 삶의 행적에 대하여 자초지종 묻지 않으시고 그대로 받아 주신다.

얼마나 다행스러운 일이며 감사한 일이냐. (2008. 3. 15. 오산리 기도원에서)

77
옳지 않은 청지기 비유

'집 하인이 두 주인을 섬길 수 없나니 혹 이를 미워하고 저를 사랑하거나 혹 이를 중히 여기고 저를 경히 여길 것임이니라 너희는 하나님과 재물을 겸하여 섬길 수 없느니라'(누가복음 16장 13절)

누가복음 16장의 옳지 않은 청지기 비유에서 주님은 집 하인이 두 주인을 섬길 수 없고 너희는 하나님과 재물을 겸하여 섬길 수 없다고 하셨다. 그것이 결론이다.

'불의한 재물'은 세상 재물, 세속 재물을 의미한다.

재물 자체는 불의하지도 정의롭지도 아니하지만 세상 재물은 불확실하고 믿을 것이 못 된다는 의미에서 붙여진 표현이다.

본문 비유에서 예수님은 청지기를 결코 칭찬하지 않으시며 오히려 '옳지 않은 청지기'라고 하신 점(눅 16:8)을 염두에 두어야 한다.

옳지 않은 청지기라도 그의 마지막 환난의 날을 대비하는 데에는 '빛의 아들들' 즉 신자들 보다 더 지혜롭게 대처할 수 있다는 예로서 이 청지기의 비유를 든 것뿐이며 그의 주인이 그를 칭찬한 것(눅 16:8)은 그가 옳게 잘 했다는 의미가 아니고 자기 딴엔 약삭빠르게 장래를 잘 대비하였다는 말이다.

개역개정 성경에서는 이 비유 중 누가복음 16:8부터 16:12까지는 사실 해독하기가 어려운데, 공동번역 성경이 쉽게 기록되어 있으므로 아래에 옮긴다.

8. 그 정직하지 못한 청지기가 일을 약삭빠르게 처리하였기 때문에 주인은 오히려 그를 칭찬하였다 세속의 자녀들이 자기네들끼리 거래하는 데는 빛의 자녀들보다 더 약다

9. 예수께서 말씀을 계속 하셨다 그러니 잘 들어라 세속의 재물들로라도 친구를 사귀어라 그러면 재물이 없어질 때에 너희는 영접을 받으며 영원한 집으로 들어갈 것이다.

10. 지극히 작은 일에 충실한 사람은 큰일에도 충실하며 지극히 작은 일에 부정직한 사람은 큰일에도 부정직할 것이다.

11. 만약 너희가 세속의 재물을 다루는 데도 충실하지 못하다면 누가 참된 재물을 너희에게 맡기겠느냐

12. 또 너희가 남의 것에 충실하지 못하다면 누가 너희의 몫을 내어 주겠느냐

결국 예수님께서는 지극히 작은 일, 세속의 재물, 남의 것이라고 하여 소홀히 하지 말고 신뢰할 수 있게 대하라, 세상 재물로도 친구에게 베풀어 친구를 사귀라, 더구나 그 재물로 친구를 구원하는 일에 썼다면 그 친구가 천국에서 너를 영접할 것이다, 그러나 그러한 재물을 우상화하여 하나님과 겸하여 섬기면 안 된다고 결론 지우신다.

동일한 말씀이 마태복음 6:24에도 있다.

78
믿음을 더 하소서

'사도들이 주께 여짜오되 우리에게 믿음을 더하소서 하니'(누가복음 17:5)

이 청원 이전에 예수님의 가르침이 계속 중에 있다.

그리고 만일 네 형제가 하루에 일곱 번이라도 죄를 짓고 일곱 번 네게 와서 회개하노라고 하면 너는 용서하라는 말씀도 하신다.

바로 이어서 사도들은 위 본문대로 우리에게 믿음을 더 하소서라고 청원한다.

아마 사도들은 자기들의 현재의 믿음 정도로는 예수님의 말씀을 실천하기가 어렵다고 느꼈기 때문인 것 같다.

그러자 예수님은 먼저 겨자 씨 믿음에 대하여 말씀하신다. 겨자씨는 가장 작은 것을 의미하는 이스라엘 식 표현이다.

예수님은 만약 너희에게 겨자씨 한 알만한 믿음이 있었더라면 그 믿음의 말로써 뽕 나무(→ 보통은 키가 크다)를 뿌리째 바다로 옮겼으리라는 말씀을 하신다.

제자들에게는 그 조그만 겨자씨 한 알만한 정도의 믿음도 없다고 보신 것이다.

계속하여 예수님은, 하루 종일 일하고 집으로 돌아온 종에게 주인이 아무 보상을 하지 않은 채 주인의 식사 수종을 들도록 한 예화를 말씀하신 후 결론으로 '이와 같이 너희도 명령받은 것을 다 행한 후에 이르기를 우리는 무익한 종이라 우리가 하여야 할 일을 한 것뿐이라'(눅 17:10)고 하라고 말씀하신다.

여기의 주인은 예수님을, 종은 사도들을 가리킨다고 보아야 한다.

그래서 더러는 해설하기를, 그 말씀처럼 주인의 명령을 다 행한 후에 무익한 종이라고, 당연히 해야 할 일을 한 것뿐이라고 말하는 순종, 겸손이 믿음이라고 해설하기도 한다.

그러나 내가 묵상하기로는, 예수님의 그 말씀은 믿음이 무엇이냐를 말씀하신 것이 아니라 믿음을 더 해 달라는 제자들의 청원에 대한 응답이며 따라서 주인(주님)께 대한 대가 없는 절대적 순종, 겸손이 믿음을 더하는 길임을 말씀하신 것으로 새겨야 할 것이다.(2019. 05. 09.)

79
하나님의 나라가 어느 때에 임하나이까

'또 여기 있다 저기 있다고도 못하리니 하나님의 나라는 너희 안에 있느니라'(누가복음 17:22).

하나님께서는 다윗과 더불어 언약을 세우셨으며 그 내용은 사무엘하 7:9~16절, 역대상 17:9 이하에 기록되었다.

다윗 언약의 핵심은 '네 집과 네 나라가 내 앞에서 영원히 보전되고 네 왕위가 영원히 견고하게 하리라(삼하 7:16)'는 것이다.

그것은 다윗의 후손 예수 그리스도로 말미암아 성취될 하나님 나라에 대한 약속인데, 유대인들은 지상왕국을 말씀하신 것으로 알고 고대해 왔다.

누가복음 17:20에서 바리새인들이 예수님께 '하나님의 나라가 어느 때에 임하나이까'라고 물은 것은 그러한 지상왕국, 다윗왕국을 염두에 두고 물은 것이다.

그러나 예수님과 바리새인은 하나님 나라에 대한 관점이 달랐다.

예수님은 그러한 가시적인 것이 하나님 나라가 아니라고 하신다.

하나님 나라는 볼 수 있게 임하는 것이 아니다, 또 그 장소가 여기다 저

기다 라고도 할 수 없다, 왜냐하면 하나님 나라는 바로 '너희 안에' 있기 때문이다고 하신다.

하나님 나라는 하나님을 왕으로 모시고 하나님의 절대적인 통치를 받는 나라를 의미하는 것이며, 그런 나라는 하나님께서 성령으로 우리 안에 내주하심으로 우리 마음에서 이루어진다는 말씀이다.

그렇다면 만약 내가 하나님을 믿고 왕으로 모시고 싶어 하는데도 마음 천국이 이루어지지 않는다면 그 원인은 성령 충만을 받지 못하고 있기 때문일 것이다. (2019. 05. 09. 묵상)

80
자기 목숨을 보전하고자 하는 자

'무릇 자기 목숨을 보전하고자 하는 자는 잃을 것이요 잃는 자는 살리리라' (누가복음 17:33)

예수님은 누가복음 17:22부터 35절까지 반복하여 인자의 날(22절), 인자 자기 날(24절), 인자의 때(26절), 인자가 나타나는 날(30절), 그 날(31절)을 말씀 하신다.

즉 예수님이 다시 오시는 날이다.

몇 차례나 반복하여 말씀하심은 그만큼 중요하다는 의미이다.

그리고 그 때는 반드시 이른다(22절)고 하시며, 사람들이 도무지 믿지 않았던 노아의 홍수, 소돔의 멸망도 현실로 갑자기 임했던 사실을 예로 드신다.

예수님 재림의 날은 바로 홍수나 유황불과 같은 심판의 날이 될 것이요 또한 예측하지 못한 때에 필연적으로 임한다는 뜻이다.

그 날(31절)에는 집 안에 있는 세간을 가지러 들어가거나 밭에 있는 물건을 가지러 돌아가면 안 될 만큼 급박하고 또 마지막이다.

롯의 처를 보아라. 구원의 마지막 순간에 이전의 삶에 대한 미련으로 한 순간 소돔을 뒤돌아보다가 구원받지 못한 채 소금기둥이 되고 말았지 않느냐고 하신다.

결론적으로 '무릇 자기 목숨을 보전하고자 하는 자는 잃을 것이요 잃는 자는 살리리라'(위 묵상 본문) 고 말씀 하신다.

예수님께서는 제자들이 이 말씀을 이해할 수 있도록 하기 위하여 그 앞 17:22부터 32절까지 예를 드신 것이다.

그렇다면 위 묵상 본문에서 '자기 목숨을 보전하고자 하는 자'는 예컨 대 노아 홍수 이전의 삶, 소돔 멸망 이전의 삶, 집안의 세간에 미련을 버리지 못한 사람, 밭에 두고 온 물건에 미련을 두는 사람, 롯의 아내처럼 이전의 육신적 삶과 생활을 버리지 못하고 그에 매인 사람을 말하며 그러한 사람은 이전의 삶은 고사하고 자기의 목숨조차도 잃을 것이라는 의미이다.

그리고 그 반대로 '잃는 자는 살리라'는 말씀은 이 세상 마지막 심판의 날에 이전의 삶과 생활을 포기하는 사람에게는 오히려 그것이 보존될 것이라는 의미로 해석된다.

참고로 영어성경에서는 whoever loses life will preserve it이라고 되어 있다.

위 누가복음 17:33은 마가복음 8:35 '누구든지 자기 목숨을 구원하고자 하면 잃을 것이요 누구든지 나와 복음을 위하여 자기 목숨을 잃으면 구원하리라'는 말씀과는 각 그 말씀을 하신 배경과 구체적 취지가 다르다.

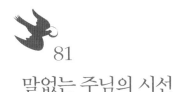

81
말없는 주님의 시선

'주께서 돌이켜 베드로를 보시니 베드로가 주의 말씀 곧 오늘 닭 울기 전에 네가 세 번 나를 부인하리라 하심이 생각나서 밖에 나가서 심히 통곡하니라'(누가복음 22:61, 62절)

마지막 만찬장에서 '주와 함께 옥에도, 죽는데도 가기를 각오'하였다고 큰소리 뻥뻥치는 베드로에게 주님은 '베드로야 내가 네게 말하노니 오늘 닭 울기 전에 네가 세 번 나를 모른다고 부인하리라'고 하신다(눅 22:34).

주님이 끌려가신 대제사장의 집 뜰에서 베드로가 그 곳 사람들의 질문에 세 번째 주님을 알지 못한다고 아직 말하고 있을 때에 닭이 울었다.

바로 그 순간 '주께서 돌이켜 베드로를 보시니 베드로가 주의 말씀 곧 오늘 닭 울기 전에 네가 세 번 나를 부인하리라 하심이 생각나서 밖에 나가서 심히 통곡하니라'(묵상 본문)

주님을 부인하고 있는 베드로를 보실 때의 주님의 표정은 어떠했을까? 그리고 주님과 눈이 마주친 베드로의 심정은 어떠했을까?

나는 일상의 삶 가운데 내가 불리할 때면 주님을 부인하는 일은 없는가.

주님을 십자가에 못 박는 죄를 또다시 범하지는 않는가.

베드로는 세 번 부인했지만 나는 세 번이 아니라 몇 세 번을 부인하지는 않는가.

내가 주님을 배반하는 행동을 할 때에도 주님은 아무 말씀 없이 그저 물끄러미 나를 쳐다보고 계실 것이다.

그 시선을 어떻게 대할까? (2004. 12. 18. 새벽기도 중)

82
생수의 강

'······ 누구든지 목마르거든 내게로 와서 마셔라 나를 믿는 자는 성경에 이름과 같이 그 배에서 생수의 강이 흘러나오리라 하시니 이는 그를 믿는 자들이 받을 성령을 가리켜 말씀하신 것이라 ······'(요한복음 7:37~39절)

배는 사람의 심층을 의미하는 히브리식 표현이다. 즉 심장, 가슴, 심령을 의미한다.

생수의 강은 성령의 충만을 비유적으로 표현할 때 히브리에서 즐겨 사용한다.

위 말씀에서 ① 그 배에서(흘러나오는) 생수의 강 = ② 그를 믿는 자들이 받을 성령 이다.

즉 마음속에 내재하시는 성령, 신자의 가장 깊은 심령 속에서 역사하시는 성령을 의미한다.

요한복음 4:14도 같은 의미의 말씀이다.

'내가 주는 물을 마시는 자는 영원히 목마르지 아니하리니 내가 주는 물은 그 속에서 영생하도록 솟아나는 샘물이 되리라'

즉 ③내가 주는 물 = ④ 영원히 목마르지 아니 함 = ⑤ 그 속에서 영생하도록 솟아나는 샘물 이다.

그렇다면 위 ① 내지 ⑤ 의 표현은 모두 동일한 의미이며 ⑤영생하도록 솟아나는 샘물(요 4:14) = ① 그 배에서 흘러나오는 생수의 강(요 7:38)'이다.

이 생수는 성령이 전달해주는 영생의 상징이다.

영원히 목마르지 아니하리라는 것은 성령이 완전한 만족과 기쁨을 준다는 뜻이다.

83
내 살, 내 피

'내 살을 먹고 내 피를 마시는 자는 영생을 가졌고 마지막 날에 내가 그를 다시 살리리니 내 살은 참된 양식이요 내 피는 참된 음료로다'(요한복음 6:54, 55절)

영생은 단순한 영혼불멸이나 오래 사는 것만을 의하는 것이 아니다. 영생은 그리스도 안에서 하나님과 맺는 긴밀한 교제의 관계를 의미하며 현재의 새 생명(요 5:24)과 종말론적으로 하나님과 맺는 영원한 교제(요 6:40)를 의미한다.

살과 피는 곧 육신의 생명을 이루는 것이요 생명 그 자체이다.

예수님께서 우리에게 그의 생명을 주셨기 때문에 우리가 영생을 가지게 되었고 마지막 날에 다시 살리심을 얻는다(요 6:54).

예수님께서는 주셨지만 우리가 받아들이지 아니하면 우리의 것이 되지 않는다. 예수님의 살과 피, 생명도 마찬가지다.

그러므로 예수님의 살과 피를 먹고 마신다는 것은 예수님의 십자가의 죽음이 우리에게 그의 살과 피를 주신 것이며 그것을 우리가 받음으로써 구원받고 살게 되었음을 마음속 깊이 믿고 받아들인다는 것이다(요 6:47, 54, 58).

요한복음 6:54 내지 56절의 예수님의 살을 먹고 피를 마신다는 것은 문자적인 말씀이 아니고 영적인 의미를 가진 비유다.

양식을 먹고 음료를 마시는 것이 육체적 생명을 위해 필수적인 것과 마찬가지로 십자가 위에서 희생하신 예수님의 살과 피에 대하여 그것이 우리를 살리는 참된 양식과 참된 음료인 것을 믿는 것, 그것이 영생을 얻는 것이다.

예수님도 요한복음 6:63에서 이 의미가 육적인 것이 아니고 영적인 것임을 설명하신다.

84
음행 중에 잡힌 여자

'그들이 이 말씀을 듣고 양심에 가책을 느껴 어른으로 시작하여 젊은이 까지 하나씩 하나씩 나가고 오직 예수와 그 가운데 섰는 여자만 남았더라'(요한복음 8:9)

위 본문은 음행 중에 잡힌 여자를 율법에 따라 돌로 쳐야한다고 주장하는 서기관들과 바리새인들에게 예수님이 '너희 중에 죄 없는 자가 먼저 돌로 치라'고 하시자 듣는 자들이 양심에 가책을 느껴 흩어진 사건이다(요 8:3~11절).

예수님께서 그 말씀을 하시기 전과 후에 예수님은 몸을 굽혀 손가락으로 땅에 무언가를 쓰셨는데, 그것은 아마 사람들의 죄의 목록을 쓰셨을 것이라고 보는 견해와 고발자들에게 생각할 틈을 주기 위한 시간끌기일 것이라고 보는 견해가 있지만 확실하지는 않다.

서기관들과 바리새인들은 왜 양심의 가책을 느꼈을까?
누구에게나 죄는 있다. 다른 사람들은 모르더라도 자기만은 스스로의 죄를 안다. 요행히 아직 밖으로 드러나지 않고 밝혀지지 않아서 다른 사람들이 모르기 때문에 자기도 아무 죄가 없는 척 할 뿐이다.

예수님이 보시기에는 잡혀 온 여자나 붙잡아 온 서기관, 바리새인들이나 그 사람이 그 사람인데 죄인이 다른 죄인을 판단하고 벌하려 한다고 보신 것이다.

그리하여 죄 없는 자가 먼저 돌로 치라고 하셔서 각자 자신을 돌아보게 하신 것이다.

다행히 사람들이 양심의 가책을 느끼게 되었다.

만약 요즘 똑같은 상황이 재연된다면 여자를 둘러싼 회중이 돌로 칠 가능성이 많다.

자기는 죄가 없다고 여기거나 또는 자기는 죄가 없는 사람인 것처럼 보이기 위해서.(1989. 7. 16. 묵상)

위 묵상 본문에서 여자를 고발하던 그들이 양심의 가책을 느꼈다는 것은 스스로의 죄가 깨달아 졌기 때문이다.

내가 참말로 교활하고 지저분한 죄인인 줄을 깨닫고 양심의 가책을 받게 되면

① 내가 회칠한 무덤임을 알게 된다.

② 내가 죄인의 괴수라는 말이 무슨 뜻인지 알게 된다.

③ 눈을 빼어 버리라는 말씀의 뜻을 알게 된다.

④ 비판하지 말라, 정죄하지 말라는 말씀의 뜻을 알게 된다.

⑤ 눈 속의 티와 들보에 대한 말씀을 깨닫게 된다.

⑥ 형제를 라가라 부르지 못한다.

⑦ 상석 상좌에 앉기를 두려워하게 되며 문안 받기를 즐겨 하지 아니하게 된다.

⑧ 세리와 같이 감히 하늘을 우러러 보지 못하고, 사람도 바로 보지 못한다.

⑨ 내가 죽게 되었나이다라는 고백이 저절로 나오게 된다. (1997. 12. 18.묵상)

85

진리를 알지니

'…… 너희가 내 말에 거하면 참으로 내 제자가 되고, 진리를 알지니 진리가 너희를 자유롭게 하리라'(요한복음 8:31, 32절)

본문 8:32에서의 '진리'는 바로 그 앞 절의 '내 말' 즉 예수님의 말씀이다.

요한복음 8:36에는 '아들이 너희를 자유롭게 하면 너희가 참으로 자유로우리라'라고 하신다.

이 말씀과 위 본문 8:32의 '진리가 너희를 자유롭게'하리라는 말씀을 합쳐 보면 '너희를 자유롭게'하는 것은 두 가지다.

진리(32절)와 아들(36절)이다.

즉 진리는 바로 '아들'이시라는 뜻이다.

또 '아버지의 말씀은 진리니 이다'(요 17:17)고 하셨듯이 진리는 하나님의 말씀이다.

예수님께서는 '하나님께 들은 진리를'말씀하신다고 하시고(요 8:40)

'내가 진리를 말하는 데도 어찌하여 나를 믿지 아니하느냐 하나님께 속한 자는 하나님의 말씀을 듣나니'(요 8:46, 47절)라고 하시어서 예수님께서 선포하시는 '진리'는 '하나님께 들은' '하나님의 말씀'이라고 하신다.

86
한 알의 밀

'내가 진실로 진실로 너희에게 이르노니 한 알의 밀이 땅에 떨어져 죽지 아니하면 한 알 그대로 있고 죽으면 많은 열매를 맺느니라'(요한복음 12:24)

명절에 예루살렘으로 예배하러 온 헬라인 몇이 예수님을 뵈옵고자 하자 그 말을 전해들은 예수님은 '인자가 영광을 얻을 때가 왔도다'고 하신다 (요한복음 12:23).

드디어 예수님이 십자가 고난을 당해야 할 때가 왔다고 하시며 그것은 한 알의 밀이 땅에 떨어져 죽어 많은 열매를 맺는 것과 같다고 말씀하신다.
그리고 땅에 떨어져 죽지 않는 밀알은 자기의 생명을 사랑하는 자로 연결지우고 땅에 떨어져 죽는 밀알은 자기의 생명을 미워하는 자로 연결 지우신다.
즉 자기의 생명을 사랑한 나머지 땅에 떨어져 죽기를 거절하면 오히려 그 생명을 잃어버릴 것이요 자기의 생명을 미워하여 밀알처럼 땅에 떨어져 죽으면 영생하도록 보전하리라고 하시면서 예수님을 섬기려는 사람은 예수님을 따라 한 알의 밀로서 땅에 떨어져 죽어야 함을 말씀하신다 (요 12:24~26절).

그러나 예수님 자신도 괴로운 마음으로 하나님께 '이 때를 면하게 하여' 주시도록 기도하시지만 그러면서도 '내가 이를 위하여' 즉 한 알의 밀로 땅에 떨어져 죽기 위하여 왔으니 '아버지의 이름을 영광스럽게 하옵소서'라고 기도드리어(요 12:27, 28절) 하나님으로부터 '내가……영광스럽게 하리라'(요 12:28)는 기도 응답을 받으시고서 '이제 이 세상에 대한 심판이 이르렀으니 이 세상의 임금이 쫓겨나리라'(요 12:31)는 승리의 선포를 하신다.

'이 세상의 임금'은 유대문학에서는 사탄을 의미한다. 예수님의 십자가는 마귀가 임금 노릇하는 이 세상에 대한 심판인 것이다.

예수님은 계속하여 '내가 땅에서 들리심으로'(→ 즉 죽음으로. 요 12:33) '모든 사람을 내게로 이끌겠노라'(요 12:32)고 하시니 전통적으로 십자가 없는 메시야만을 생각해 오던 유대인들은 율법에는 그리스도가 영원히 계신다고 했는데 너는 어찌하여 들려야 (→ 죽어야) 한다고 하느냐고 반문 한다.

나는 어떤 밀알일까?

87

이것이 하나님을 섬기는 일이라 하리라

'사람들이 너희를 출교할 뿐 아니라 때가 이르면 무릇 너희를 죽이는 자가 생각하기를 이것이 하나님을 섬기는 일이라 하리라'(요한복음 16:2)

예수님께서 제자들에게 하신 경고이다.

제자들을 출교하고 죽이고 박해하는 자들이 자기들의 잘 못을 의식하면서 이를 행하는 것이라면 후에 고쳐 질 수도 있겠지만 거꾸로 그것이 하나님을 위하여 하는 일이라고 맹신한다면 고치기는 커녕 더욱 적극적으로 감행 하게 될 것이다.

완전한 자기 도그마에 빠져 분별을 하지 못하는 것이 그만큼 더 심각한 문제이다.

내 딴엔 하나님을 섬기는 일이라고 생각하며 열심을 다 하는데 정작 내 생각과는 달리 그것이 거꾸로 열심히 하나님을 대적하는 일이라면 얼마나 비참한가.

나도 깨닫지 못하는 중에 그럴 수도 있을 것 같다.

이 말씀을 내가 주목하게 되지는 그리 오래지 않은데, 큰 충격을 받았다.

교회나 예배의 일로 인하여 교회 내에서 다툼이 일어나는 일이 있다. 더러는 소송으로까지 비화되는 경우도 있다.

법조인들 간에는, 소송 중에 아무리 합의할 것을 권유해도 잘 이루어지지 않는 대표적인 경우를 두 가지로 든다.

하나는 가족들 간의 소송이요 또 하나는 교회 분쟁이라고 한다.

교회 분쟁에서는 양쪽이 서로 자기들의 생각과 행동이 진정으로 '하나님을 섬기는 일'이요 하나님의 뜻에 부합하다고 확신하기 때문이다. 그래서 한쪽은 예수 파요 다른 쪽은 그리스도 파라는 비아냥을 듣기도 한다.

88
내가 쓸 것을 썼다

'빌라도가 대답하되 내가 쓸 것을 썼다 하니라'(요한복음 19:22)

빌라도는 예수님의 십자가 위쪽에 '유대인의 왕'이라는 패를 붙였다. 그
것은 빌라도가 예수님을 유대인의 왕으로 인정한다는 의미는 결코 아니다.

그 패는 명패가 아니라 죄패(마가복음 15:26)이다.

즉 죄명을 기재한 것이며 유대인의 왕이라고 주장한 것이 예수님의 죄
목이라는 표시이다.

대제사장 등 유대인들이 애초에 예수님을 체포하고 빌라도 총독에게
처벌을 요구할 때까지는 하나님께 대한 신성모독과 같은 종교적인 이유
를 내세웠으나 나중에는 예수님 자신이 유대인의 왕이라고 말한 것이 로
마 황제 가이사에 대한 반역이라고 주장하여 정치범으로 몰고 갔다. 그렇
게 해야 빌라도가 총독으로서 재판을 할 근거가 되며 사형 판결도 할 수
가 있기 때문이다.

빌라도 역시 대제사장 등의 그러한 속셈을 알고 있었다.

빌라도가 신문과정에서 예수님께 대하여 네가 유대인의 왕이냐고 묻고
유대인들을 향하여도 계속 너희의 왕, 유대인의 왕이라고 지칭한 것은 유

대인들의 주장 그대로 빗대어 표현한 것이다.

후에 대제사장들이 빌라도에게 죄패를 유대인의 왕이라 쓰지 말고 자칭 유대인의 왕이라 고쳐 쓰라고 요구하였지만 빌라도는 '내가 쓸 것을 썼다' 고 하며 거절하였다.

그 취지는, 유대인의 왕이라는 죄목은 너희 유대인들이 고소할 때에 스스로 붙인 죄목 그대로가 아니냐. 그래 놓고서 무얼 고쳐달라는 말이냐는 식의 빈정거림이 담겨 있는 말이다.

89

예수로 말미암아 난 믿음

'그 이름을 믿으므로 그 이름이 너희가 보고 아는 이 사람을 성하게 하였나니 예수로 말미암아 난 믿음이 너희 모든 사람 앞에서 이같이 완전히 낫게 하였느니라'(사도행전 3:16)

예수님께 대한 믿음, 구원받는 믿음은 우리 스스로 가지거나 자가발전(自家發電) 할 수 있는 것이 아니고 오직 하나님의 은혜와 성령의 역사하심으로 주어지는 선물이다(에베소서 2:8).

그러한 믿음이 위 묵상 본문에서 표현하는 바의 '예수로 말미암아 난 믿음'이다.

그러므로 믿음은 개인의 열심, 지혜, 주관, 소신과는 다르다.

예수로 말미암아 난 믿음이 아니면 참된 믿음이라 할 수 없고, 모양은 비슷하나 실제는 아닌 짝퉁이라고 할 수 밖에 없다.

그러한 짝퉁 믿음은 능력이 있을 수가 없다.

위 본문에서 병자를 낫게 한 믿음도 '예수로 말미암아 난 믿음'이다.

(2020. 12. 28. 묵상)

90
마음 없는 예물, 예물 없는 마음

'베드로가 이르되 네가 하나님의 선물을 돈 주고 살줄로 생각 하였으니 은과 네가 함께 망할 지어다 하나님 앞에서 네 마음이 바르지 못하니 이 도에는 네가 관계도 없고 분깃 될 것도 없느니라'(사도행전 8:20, 21절)

베드로와 요한이 사마리아 성으로 보냄을 받고 그곳 사람들에게 안수하여 성령을 받게 하였는데, 그 성의 마술사 출신 시몬이 그 광경을 보고 두 사도에게 돈을 주면서 이 권능을 자기에게도 주어 자기가 안수하는 사람으로 하여금 성령을 받게 하여 달라고 부탁한다.

성령은 하나님의 선물이므로 전적으로 하나님의 은혜에 따라 주어지든지 아니하든지 하는 것이지 그 원인이 사람에게 있는 것은 아니다.

이에 베드로는 위 본문에서와 같이, 시몬의 행동은 하나님의 선물인 성령을 돈 주고 살줄로 생각하는 것이어서 마음이 바르지 못한 것이라고 호되게 책망을 한다.

하나님의 선물을 받기는커녕 은과 함께 망할 것이라고 저주한다.

시몬이 돈을 준 것이 베드로 등에 대하여 개인적인 청탁성으로 한 것인지 자기 딴엔 하나님께 헌금을 드린다고 한 것인지는 분명하지 않으나 어느 쪽이든 시몬은 악독이 가득하며 불의에 매여(행 8:23) 바르지 못한 마음으로 한 것이다.

하나님은 예물이나 제물과 함께 그것을 바치는 사람의 마음을 감찰하시는 분이시지 예물이나 제물 자체만을 보시는 분이 아니다.

일찍이 창세기 제4장에는 아담의 아들들이 하나님께 제물(祭物)을 드릴 때에 하나님께서는 '아벨과 그의 제물'은 받으셨으나 '가인과 그의 제물'은 받지 아니하신 기록이 있다. 즉 제물을 드리는 사람과 그의 제물을 함께 대우하신 것이며 단어의 순서로 보면 사람을 제물보다 먼저 보신 것으로 이해하여야 한다.

제물을 드리는 사람의 신실성 문제는 구약에서부터 끊임없이 다루어진 큰 주제이며 하나님께서 계속 경고해 오신 문제다.

하나님은 만복의 근원이시므로 하나님께서 주시지 않으면 우리는 아무것도 얻을 수 없다.

그렇다면 하나님으로부터 복 받기를 원하는 것은 오히려 자연스럽고 당연하다고 여겨진다.

그러면 순수한 마음으로 드리는 헌금과 하나님으로부터 받기를 원하는 어떤 복을 염두에 두면서 계산적으로 드리는 헌금, 두 헌금의 경계선은 어디이며 어떻게 구별할까?

혹시 나는 하나님의 선물을 헌금으로 사려고 하지 않았나?

내 열심, 내 외식으로 하나님의 선물을 사려고 하지는 않았나? (2017. 02 13 새벽 잠 결에)

91
두 가지 의(義)

'이제는 율법 외에 하나님의 한 의가 나타났으니 율법과 선지자들에게 증거를 받은 것이라. 곧 예수 그리스도를 믿음으로 말미암아 모든 믿는 자에게 미치는 하나님의 의니 차별이 없느니라'(로마서 3:21, 32절)

하나님이 사람에게 대하여 의(義)롭다고 인정하는 경우는 두 가지이다.
① 하나는 '율법의 의(義)'
② 또 하나는 '율법 외(外)의 의(義)'이다.
그 중 ① 율법의 의는 율법을 지킴으로써 얻게 되는 의인데 이를 얻을 수 있는 사람은 없다. 왜냐하면 사람으로서 하나님의 율법을 완전하게 다 지켜 행할 수는 없으며 따라서 율법의 행위로 하나님 앞에 의롭다 하심을 얻을 육체가 없기 때문이다(로마서 3:20).

② 율법 외(外)의 의(義)는 위 묵상 본문대로 이미 '율법과 선지자들' 즉 구약 때부터 증거를 받은 것으로서(롬 3:21) '곧 예수 그리스도를 믿음으로 말미암아 모든 믿는 자에게 미치는 하나님의 의'(롬 3:22)이다. 믿음의 의라고도 한다.

예수님을 믿으면 예수님은 그 분의 의(義)를 우리에게 전가하여 우리를 하나님 앞에서 의롭다고 선언하신다.

① 율법의 의(義)와 ② 율법 외(外)의 의(義)는 차별이 없다(위 묵상 본문). 즉 예수 그리스도를 믿음으로 말미암아 얻게 되는 의는 율법을 다 지킴으로써 얻게 되는 의와 다르지 않다.

그래도 '내가 가진 의(義)는 율법에서 난 것 - ①이 아니요 오직 그리스도를 믿음으로 말미암은 것 - ②이니 곧 믿음으로 하나님께로부터 난 의(義) - ②라'(빌립보서 3:9)

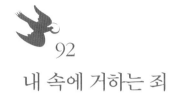

내 속에 거하는 죄

'만일 내가 원하지 아니하는 그것을 하면 이를 행하는 자는 내가 아니요 내 속에 거하는 죄니라' (로마서 7 : 20)

본문의 '내가 원하지 아니하는 그것'은 그 바로 앞 절 7 : 19에서 말한 '원하지 아니하는바 악'이다. 나는 악을 행하기를 원하지 아니하기 때문에 만약 내가 악을 행한다면 그 악을 행하는 자는 내가 아니고 또다른 나의 속성이라는 것이다.

맥아더 성경주석에서 풀이하기로는, 죄는 속량 받은 내부의 새로운 자아에게서 흘러나오는 것이 아니라 속량 받지 못한 '내 속에 거하는' 육신으로부터 나온다고 풀이한다.

이것은 그리스도인의 범죄 행위를 합리화 하려는 말이 아니라 실제적인 범죄자가 그리스도인의 마음속에 있는 '죄'임을 고발하려는 것이다.

본문의 '내 속에 거하는 죄'는 내 속에 아직도 변화되지 않고 남아 있으면서 나로 하여금 죄를 짓도록 끌고 가는 옛 본성을 의미하는 것이 아닐까?

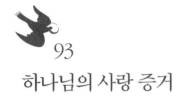

93

하나님의 사랑 증거

'누가 우리를 그리스도의 사랑에서 끊을 수 있으리요 환난이나 곤고나 기근이나 적신이나 위험이나 칼이랴 그러나 이 모든 일에 우리를 사랑하시는 이로 말미암아 우리가 넉넉히 이기느니라'(로마서 8:35)

이 말씀 바로 앞에서는 '누가 우리를 대적하리요'(롬 8:31) '누가 능히 하나님께서 택하신 자들을 고발하리요'(롬 8:33) '누가 정죄하리요'(롬 8:34)라고 한다.

아무도, 그 무엇도 우리를 대적, 고발, 정죄 같은 걸 할 수 없다.

왜냐하면 하나님이 우리를 위하시고(롬 8:31), 하나님이 우리를 의롭다 하시고(롬 8:33), 예수께서 우리를 위하여 하나님 우편에서 간구하시기(롬 8:34) 때문이다.

나아가 위 묵상 본문처럼 환난이나 곤고, 기근, 적신, 위험, 칼처럼 우리를 힘들게 위협하는 어떤 외부적 요인도 우리를 그리스도의 사랑에서 끊을 수 없고 오히려 우리가 그리스도로 말미암아 그러한 장애에 대하여 이긴다. 그것도 간신히 이기는 것이 아니고 느끈하게, 완전히 이긴다.

환난이나 곤고 등과 같은 외부적 요인뿐만 아니라 나의 부족과 연약함과 죄성과 같은 내부적 요인도 우리를 그리스도의 사랑에서 끊을 수 없다.

　나를 위하여 중보기도 해 주는 신앙의 선배들이 가끔 일러주기를, '당신을 위해 기도하다보면 하나님께서는 당신을 엄청 사랑하심을 알 수 있다'고 했다. 참 감사한 일이다.

　그래서 나는 하나님께, 그 분들에게만 사인(sign)을 주시지 말고 저에게 직접 저를 각별히 사랑하신다는 말씀을 해 주십사고 열심히 기도했던 적이 있었다.

　알고 보니 그건 참으로 어리석기 짝이 없는 기도였다.

　지금 생각해도 하나님께 송구스럽다.

　나는 원래 하나님의 사랑을 받을 자격도 없고 이유도 없고 공로도, 의로움도 없지만 오직 하나님 자신의 사랑의 성품과 예수 그리스도 때문에 나에게 사랑을 베풀어 주시는 것이다.

　즉 내가 하나님의 사랑을 받는 이유는 나에게 있는 것이 아니고 하나님 자신에게 있다.

　하나님께서 나를 무척 사랑하신다는 것은 이미 십자가로 확증해 주셨고 또 성경에 그 말씀으로 도배를 해 놓으셨는데 더 이상 무슨 증거와 무슨 말씀이 필요하단 말인가.

　나는 주님의 십자가로 인하여 하나님과 화목 되었다.

　하나님과 화목하기 위하여 내가 더 보태거나 수고해야 할 것은 아무 것도 없고 주님께서 이미 다 이루어 놓으셨다.

　더 이상 하나님과 화목하게 해 달라고 간구할 필요가 없다.

　하나님께 나아감에 있어서 더 이상 의기소침하거나 자신 없어 할 것은 없고 오직 자녀로서 당당하게 나아가면 된다.

하나님께 대하여 나를 사랑해 달라고 조를 필요도 없다.

하나님의 사랑을 더 받겠다고 내가 애쓰고 바둥거릴 필요도 없다.

그러므로 나는 그저 하나님과의 화목을 믿고 가지가 포도나무에 붙어 있
듯 주님 안에 거하면서 주님 말씀대로 살도록 노력하며 주님과의 친밀한
교제를 지켜 나가면 된다.

하나님의 사랑에 감사하며 보답하기 위하여 하나님의 뜻에 맞게 하나님
을 기쁘시게 할 일을 하는 것이다.

내가 그 모든 것을 누릴 수 있는 원인은 나의 어떠함에 있는 것이 아니
고 당연히 오직 예수님의 십자가 덕분이다. (2005. 2. 10. 기도 중) (2006. 2.11.
묵상)

94
내가 나 된 것은

'그러나 내가 나 된 것은 하나님의 은혜로 된 것이니 내게 주신 그의 은혜가 헛되지 아니하여 내가 모든 사도보다 더 많이 수고하였으나 내가 한 것이 아니요 오직 나와 함께 하신 하나님의 은혜 로라'(고린도전서 15:10)

고린도전서 15:3부터 10절까지에서 바울이 말한 바는 다음과 같이 이해된다. 즉

— 예수님께서 죽은 지 3일 만에 다시 살아나신 것은 너무나 분명하다. 많은 제자들이 부활하신 예수님을 만났고 보았다. 그리고 맨 마지막에는 나에게까지도 부활하신 예수님이 보여 주셨다. 그건 내가 그럴듯해서 그러신 것이 아니다. 나는 팔삭둥이 같고 지극히 작고 감히 사도라고 불리어질 수도 없는 그런 사람이다.

그럼에도 내가 사도라 칭함을 받는 것, 오늘의 내가 되어 있는 것, 내가 지금처럼 되어 있는 것은 오직 나와 함께 해 주신 하나님의 은혜 덕분이다.—

'내가 나 된 것은 하나님의 은혜로 된 것'이라는 의미는 하나님의 은혜에 의하여 지금의 내가 되어 있다는 뜻이다.

95
내 능력이 약한데서 온전하여 짐이라

'나에게 이르시기를 내 은혜가 네게 족하도다. 이는 내 능력이 약한데서 온전하여 짐이라 하신지라. 그러므로 도리어 크게 기뻐함으로 나의 여러 약한 것들에 대하여 자랑하리니 이는 그리스도의 능력이 내게 머물게 하려 함이라'(고린도후서 12:9)

바울에게는 그를 괴롭히는 육체의 가시가 있었다. 가시는 대체적으로 질병일 것이라고 짐작하고 있지만 다른 고난과 고통일 수도 있다.

그 가시를 없애 달라는 기도에 대하여 주님께서는 가시를 없애 주시지 않으면서 오히려 가시를 보는 관점을 바꾸도록 말씀하신다.

주님께서는 바울이 하소연 하는 가시 즉 그런 육체의 연약함 때문에 오히려 주님의 온전한 능력을 나타내어 주신다고 한다.

뒤집어 보면, 바울에게 주님의 크신 능력을 온전히 드러내어 주시는 이유는 바울의 가시 즉 육체적 연약함 때문이라는 것이다.

가시가 주님의 온전한 능력을 경험하는 통로가 된다는 의미도 포함된다.

그래서 바울이 생각을 바꾸어 가시를 기뻐하게 된다.

육체의 가시뿐만 아니라 바울의 여러 약한 것들과 그가 당하는 능욕과 궁핍과 박해와 곤고까지도 기뻐한다.

왜냐하면 그러한 어려움으로 인하여 바울이 약한 그 때에 그리스도의 능력이 바울에게 머물고, 주님의 강하심을 드러내어 함께 해주신다는 사실을 알았기 때문이다(고후 12:10).

만약 우리가 너무 잘났고 부요하여 아쉬움이 없다면 교만해지기 쉽고 주님의 돌보심과 능력도 끼어들 틈이 없을 것이다.

주님 앞에서 내가 약해져야 주님의 강함을 드러내신다.

나의 약점과 약함을 주님의 강함, 강하신 능력으로 덮어주시어서 나의 약함은 감추어지고 주님의 강함이 온전히 드러나게 된다.

그것을 새기면 우리도 바울처럼 고난에 대한 시각이 달라질 것이다.

96
내가 십자가에 못 박혔다고? 언제?

'내가 그리스도와 함께 십자가에 못 박혔나니 그런즉 이제는 내가 사는 것이 아니요 오 직 내 안에 그리스도께서 사시는 것이라'(갈라디아서 2:20)

예수님이 십자가에서 죽으신 것은 나의 죄 값을 치르시기 위하여 대신 죽으신 것이므로 내가 나의 죄로 인하여 죽은 것과 같다.

죄성에 끌려 내 마음대로 살던 나의 옛 사람은 예수님의 그 십자가에서 예수님과 함께 이미 죽어 끝나고 이전 것은 지나갔다.

그러므로 이전에 나와 함께 있으면서 나를 주장하여 끌고 다니던 옛사 람, 죄의 속성과 자아(自我)도 모두 죽어서 힘을 쓸 수 없고 더 이상 나를 다스리지 못하며 내가 그에 종노릇하지도 아니한다.

그리스도와 함께 십자가에 못 박힌 나는 구원 받기 이전의 나이다.

예수님께서 다시 사신 것은 나도 예수님과 연합하여 다시 사는 것이다. 예수님과 연합하여 다시 살도록 살려 주셨으니 이제는 내 마음대로 내 속 성대로 사는 것이 아니라 예수님의 뜻에 따라 그가 인도하고 주장하시는 대로 이끌려 산다.

내 자의로 사는 것이 아니고 내 안에 내주하시는 예수님이 그의 뜻에 따라 이끄시는 대로 사는 것이니 예수님이 나를 통하여 사시는 것이지 내가 산다고 할 수가 없다

97

하늘에 속한 모든 신령한 복

'찬송하리로다. 하나님 곧 우리 주 예수 그리스도의 아버지께서 그리스도 안에서 하늘에 속한 모든 신령한 복을 우리에게 주시되'(에베소서 1:3)

'하늘에 속한'은 하나님의 영역에 해당한다는 뜻이다.

그리하여 본문은 하나님께서, 원래 그 분의 영역에 속하는 신령한 복을 우리에게 주신다는 말씀이다.

'신령한 복'은 흔히들 성령의 특별한 은사를 의미하는 것으로 풀이한다.

그러나 에베소서 1:3 내지 5절에 의하면 신령한 복은 하나님께서 '우리를 …… 예수 그리스도로 말미암아 자기의 아들들이 되게'(엡 1:5) 하신 것을 말하며 그것은 이미 창세전에 우리를 택하시고 예정하신 복이다(4, 5절).

그리고 그렇게 하신 이유는 '그의 은혜의 영광을 찬송하게 하려는 것'이다(엡 1:6, 12, 14절).

98
우리의 씨름

'우리의 씨름은 혈과 육을 상대하는 것이 아니요 통치자들과 권세들과 이 어둠의 세상 주관자들과 하늘에 있는 악의 영들을 상대함이라'(에베소서 6:12)

육신의 싸움에서는 육신의 무기로, 영적 싸움에서는 당연히 영적 무기로 대항하여야만 이길 수 있다. 일상에서 우리가 부딪히는 씨름(싸움)은 육신의 싸움이 아니고 영적 전쟁이다.

그러므로 우리의 육신적 무기로는 이길 수 없고 오직 하나님이 공급하시는 영적 무기 특히 믿음(엡 6:16)과 말씀(엡 6:17)과 기도(엡 6:18)로써만 이길 수 있다.

그럼에도 불구하고 우리는 영적 전쟁에서도 흔히 상대방보다 더 강력한 육신적 무기, 더 그럴듯한 이생의 자랑거리를 동원하여 육신적으로 싸우려한다.

그러나 성경은 다시 말씀하신다.

'우리가 육신으로 행하나 육신에 따라 싸우지 아니하노니 우리의 싸우는 무기는 육신에 속한 것이 아니요 오직 어떠한 견고한 진도 무너뜨리는 하나님의 능력이라(고린도후서 10:4)'

99

일체의 비결

'나는 비천에 처할 줄도 알고 풍부에 처할 줄도 알아 모든 일 곧 배부름과 배고픔과 풍부와 궁핍에도 처할 줄 아는 일체의 비결을 배웠노라'(빌립보서 4:12)

바울은 빌립보서 4:11절에서 '내가 궁핍하므로 말하는 것이 아니니라. 어떠한 형편에든지 나는 자족하기를 배웠노니'라고 한다. 그리고 그 어떠한 형편이라는 것의 예로 든 것이 묵상 본문의 비천, 풍부, 배고픔, 배부름, 궁핍 등이다.

결국 이러한 비천, 풍부, 배고픔, 배부름, 궁핍 등 모든 형편들에 처할 줄 아는 일체의 비결을 배웠는데(12절) 그 비결은 어떤 형편에든지 자족(11절)하는 것이라고 한다.

그러면서 바울은 '내게 능력 주시는 자 안에서 내가 모든 것을 할 수 있느니라(빌 4:13)'고 한다.

더러는 이 구절만을 떼어 내어 주님을 믿고 의지하면 못 이룰 것이 없다는 뜻으로 이해하는 견해도 있다.

그러나 이 구절은 위의 빌립보서 4:11, 12절의 연장선에서 조명되어야 하며 그렇다면 이 말씀은 주님께서 초인적인 능력을 주시어서 그 능력으로 내가 모든 일을 이룰 수 있다거나 불가능이 없다는 뜻이 아니다.

내가 어떤 상황에 처하더라도 선하신 주님의 능력을 신뢰하기 때문에 '어떤 형편에든지 자족(11절)' 할 수 있다는 뜻이다.

영어 성경에서는 I can do all this through him who gives me strength 라고 한다. 즉 내게 능력(힘)을 주시는 그 분을 통하여, 또는 그 분이 지금도(현재형) 내게 능력을 주시니까, 이 '모든 것' 즉 배고픔, 풍부, 궁핍 등을 해낼 수 있다.

그것이 비결이다 라고 해석해야 할 것 같다

100
쉬지 말고 기도

'**쉬지 말고 기도하라**' (데살로니가전서 5:17)

기도하라는 말씀은 부담을 지우기 위해서 그냥 하시는 말씀이 아니다. 그것이 나에게 유익이 되기 때문이다.

주실 선물을 준비하여 손에 쥐고 계시는데 내가 입을 꾹 다물고 있어서 입에 넣어 주지 못하기 때문에 기도로 입을 열라고 하시는 것이다.

기도를 하되 쉬지 말고 하라고 하신다. 사무엘은 기도하기를 쉬는 것은 죄라고 하였다 (사무엘상 12:23).

구하여도 얻지 못하는 것은 그것이 나에게 장기적으로 볼 때 유익하지 않거나, 그것 보다 더 좋은 것이 있는데 내가 수준 낮은 것을 구하기 때문에 안 주시는 것이다.

기도에 기교를 부리지 말고 정직하고 순수하게 구하기만 해라, 그동안 내가 안 주는 것이 없지 않느냐고 하나님께서 말씀 하신다 (2017. 01. 14 새벽 기도 중)

나에게 지금 당장 주시지 않는 것은 하나님 보시기에는 그것이 지금 당장 나에게 필요하지 않기 때문이며 그것보다 더 좋은 것을 주시려고 예비해 놓으신 다른 것이 있기 때문이다. (2017. 02. 08 아침)

101
일하기 싫어하거든

'우리가 너희와 함께 있을 때에도 너희에게 명하기를 누구든지 일하기 싫어하거든 먹지도 말게 하라 하였더니' (데살로니가후서 3:10)

하나님이 천지창조하실 때 아담과 하와를 만드시고 제일 먼저 하신 말씀은 땅에 충만하라 땅을 정복하라 모든 생물을 다스리라는 것이었다. 그리고 바로 곧이어 채소와 나무를 사람들에게 식물(食物)로 주신다고 하셨다.

하나님은 사람으로서의 사명이 무엇인지 무엇을 해야 하는지에 대하여 먼저 말씀하시고 무엇을 먹고 살아야 하는지에 대하여도 말씀하신 것이다.

아담을 에덴동산으로부터 쫓아내실 때에도 '너의 먹을 것은 밭의 채소'인데 '얼굴에 땀을 흘려야' 그것을 먹을 수 있다고 하셨다.

대홍수를 지나고 노아의 가족들이 방주로부터 나왔을 때에도 하나님은 아담에게와 똑같은 사명을 말씀하시고 이어서 이제는 채소와 함께 동물도 먹어도 좋다고 하셨다.

하나님은 왜 번번이 중요한 시기마다 사람들의 먹는 문제에 대하여 말

쓱하셨을까.

그것은 사람을 만드실 때에 먹어야 사는 존재로 만드셨고 그래서 그것이 사람에게는 매우 중요한 문제라는 것을 하나님 스스로 잘 알고 계셨기 때문이다.

예수님은 무엇을 먹을까 무엇을 마실까 염려하지 말라고 하셨지만 그것은 하나님을 신뢰하면서 그러한 문제에 매이거나 염려하지 말라는 것이지 중요하지 않다는 말씀은 아니다.

오늘날 하나님이 우리로 하여금 먹을 것을 취하도록 하시는 방법은 ‘일’이다.

우리는 일을 함으로써 하나님께서 우리를 위하여 예비해두신 식물(食物)을 얻을 수 있다.

그것은 아담이 얼굴에 땀을 흘려 밭을 가는 것과 같다.

그래서 위 묵상 본문에서도 일하기 싫어하거든 먹지도 말게 하라고 하였다.

생계를 위하여 어떤 일을 계속 · 반복적으로 한다면 그것이 직업이다. 그러므로 직업은 생계유지를 위해서 하나님이 우리에게 내려 주신 수단이요 기회인 것이다.

동시에 일과 직업은 그것을 통하여 하나님께서 사람에게 주신 사명 즉 땅에 충만하고 세상을 정복하고 다스리는 일을 수행하도록 하시는 수단이다. 즉 사명이요 소명(召命)이다.

세상을 정복하고 다스리므로써 하나님의 주권과 나라가 굳건히 세워지도록 하는 것 그것이 바로 예수님이 말씀하신 하나님의 의와 나라를 구하는 일이 아니겠는가.

바로 그 일을 이룩하는 데에 우리 각자가 동참할 수 있도록 베풀어주시는 수단과 기회가 직업인 것이다.

그리하여 하나님은 우리에게 다양한 직업을 주시고 적재적소에 배치하시어서 적시에 꼭 적합한 사람을 사용하신다.

옛날에도 그랬고 지금도 그렇다.

102
착한 양심

'믿음과 착한 양심을 가지라 어떤 이들은 이 양심을 버렸고 그 믿음에 관하여는 파선하였느니라' (디모데전서 1:19)

하나님이 사람을 지어셨으므로 사람은 옳고 그름의 기본적인 기준을 알고 있다.

그 기준을 위반하면, 사람의 마음속에 죄의식, 수치심, 회의, 두려움, 걱정, 절망을 일으킴으로써 죄를 알려 주어 경고하기 위하여 두신 것이 양심이다.

즉 양심은 사람에게 스스로 동기와 행동에 대해 반성하고 무엇이 옳고 그른가에 대한 도덕적 평가를 내리게 하는 경고체계이다.

그리하여 스스로 죄와 악을 멈추고 돌이키게 한다.

양심의 경고를 반복적으로 무시하면 양심이 마비되고 또한 마음이 더러우면 양심이 제대로 작동하지 못하게 된다.

당연히 죄의식, 수치심, 두려움 등도 느끼지 못하게 되고 죄악에 대하여 무디어진다.

성경은 선한 양심, 착한 양심, 깨끗한 양심을 가지도록 여러 곳에서 권면한다.

양심은 사람마다 모두 달라서 불완전하며 궁극적으로는 하나님만이 정확하게 판단하실 수 있다.

오직 성령께서 양심을 통제하실 때에만 양심을 신뢰할 수 있고 양심의 경고는 언제나 하나님 말씀에 비추어 검토되어야 한다.

숨기는 죄가 없이 하나님의 말씀 아래 사는 삶에서 거리낌 없는 선한 양심(베드로전서 3:16)을 가질 수 있을 것이며 선한 양심의 확증과 확신, 평화, 기쁨을 누린다.

디모데전서 4:2에서 양심이 화인(火印)을 맞는다는 것은 양심의 감각이 마비되었다는 의미다.

103
하나님의 감동으로

'모든 성경은 하나님의 감동으로 된 것으로 교훈과 책망과 바르게 함과 의로 교육하기에 유익하니' (디모데후서 3:16)

성경은 '하나님'의 감동으로 된 것이므로 불변의 진리이다.

그리고 하나님이 '감동'을 주시지 아니하면 성경을 통한 교훈, 책망, 바르게 함, 교육 등을 받을 수 없다.

성경의 교훈과 책망과 바르게 함과 의로 교육함, 이 중에서 내가 가장 많이 받는 것은 책망이다.

104
믿음은

'믿음은 바라는 것들의 실상이요 보이지 않는 것들의 증거니'(히브리서 11:1)

이 말씀의 해석에 대하여는, 믿음이 무엇이냐로 부터 시작하여 다양한 견해가 제시되고 있고 사실 난해한 말씀이다.

우리가 바라는 것이 지금 현실적으로 우리 앞에 존재하지 않고 보이지도 않지만 마치 그것이 지금 실제로 존재하는 것처럼 그 모습을 마음으로 보고 말(시인)하고 행동하는 것, 그것이 믿음이다.

실체(實體)를 대면(對面)한 것처럼, 증거를 본 것처럼 확신하는 것이 믿음이다.

거꾸로 말하면 현재 실상이 없고 보이지 않는데도 불구하고 실상이 있다고, 또 보인다고 어떻게 증명해 낼 수 있느냐?

믿음으로 증명할 수 있다는 것이다.

믿음이 있으면 실상이 실제로 있다고, 또 보인다고 증명하게 된다는 것이다.

아브라함은 하나님께서 죽은 자를 살리시는 것을 본 적이 없다.

그리고 무(無)에서 유(有)를 만드시는 것을 본 적도 없다.

그러나 아브라함은 마치 그러한 현장을 본 사람처럼 '하나님은 죽은 자를 살리시며 없는 것을 있는 것으로 부르시는 이시니라'(로마서 4:17)고 한다.

그것은 믿음에 의하여 증언하는 것이다.

그렇다면 '믿음으로 기도한다'는 것은 기도로 구하는 그것이 현실적으로 이루어져 내 앞에 실존하고 있는 것으로 마음으로 보고 선포하며 기도하는 것이다.

히브리서 11:3은 '믿음으로 모든 세계가 하나님의 말씀으로 지어진 줄을 우리가 아나니 보이는 것은 나타난 것으로 말미암아 된 것이 아니니라'고 하신다.

모든 세계가 하나님 말씀으로 지어 지는 현장을 보지는 못하였지만 우리가 그 사실을 아는 것은 천지창조에 대한 하나님의 말씀을 믿기 때문에 즉 믿음으로 의심 없이 아는 것이다.

왜냐하면 눈으로 볼 수 있도록 밖으로 나타난 현상만 볼 수 있는(보이는) 것이 아니고 밖으로 드러나지 않은 것도 믿음의 눈으로 볼 수 있기 때문이다.

믿음이란 가시적이고 현상적인 것을 보는 것이 아니고 비가시적(非可視的)인 것을 아는 것이다. 'was not made out of what was visible'

또 예컨대 예수님과 맹인 간에 '내가 능히 이 일 할 줄을 믿느냐, 주여 그러하오이다, 너희 믿음대로 되라'는 대화(마 9:28)에서 맹인은 아직 눈을 뜨기 전이었지만 그가 바라는 실상은 '눈 뜸'이고 그 실상이 나타날 줄로 믿은 것, 그것이 믿음일 것이다.

105
행함이 없는 믿음

'이와 같이 행함이 없는 믿음은 그 자체가 죽은 것이라' (야고보서 2:17)

나에게 믿음이 있느냐 없느냐, 내 믿음이 참된 믿음이냐 아니냐는 그 믿음에 부합하는 행위를 하고 있느냐 않느냐로 측정하면 된다.

내면적 믿음이 밖으로 드러나는 증거가 행함이기 때문이다.

말로써 믿노라고 하면 그 말하는 대로 행동이 뒷받침 되어야 진짜로 믿는 줄 인정할 수 있다는 것이다.

말로써만, 생각으로만 믿는다고 하면서 그 말하고 생각하는 대로 행동이 따르지 않는다면 그것은 참된 믿음이 있다고 할 수가 없다.

행함으로 구원 받는 것이 아니라 믿음으로 구원 받는 것이지만 믿음이 없으면 행위로 나타날 것이 없고 믿음이 있으면 자연이 행위로 드러난다고 한다.

내가 아주 어렸을 때에는 주위에 기독교인이 드물었다. 그 무렵 대화 중에 제3자를 가리켜 '그 사람 어떤 사람이냐?' '잘 모르지만 예수 믿는 다

카더라'는 대화를 듣곤 했다. 그 말은 정직하게 살려고 애쓰는 사람, 그래서 믿어도 괜찮을 것 같은 사람이라는 뜻이다.

불신자들이 기독교인에 대해 그렇게 평가해 주었다.

그 후 기독교인의 수가 폭발적으로 증가하면서 한 때, 우리 사회에서 '말 잘하는 예수쟁이'라는 말이 쓰인 적이 있다.

구변이 좋다는 뜻과 함께 다소간의 빈정거림도 포함되어 있었다.

실제의 인격이나 생활은 그렇지 못하면서 말만 번지르르 하게 잘 한다거나 말은 그럴듯하게 하면서도 행실은 딴판이라는 뜻이리라.

어쩌면 우리의 신앙생활 속에서 심각하게 부딪히는 갈등 중의 하나가 입으로 하는 고백 그대로 살지 못한다는 점일 것이다.

위 성경 본문에서는 아주 단호하게 그것을 죽은 믿음이라고 한다.

즉 믿음이 아니고 아무 것도 아니라고 한다.

예수님께서는 서기관들과 바리새인들이 말만하고 행하지 아니한다고 꾸짖어셨다(마태복음 23:3)

106

맡기라

'너희 염려를 다 주께 맡기라 이는 그가 너희를 돌보심이라' (베드로전서 5:7)

'맡기라'는 말씀은 달리 표현하면 맡아 주시겠다는 뜻이다.

무엇을 다른 사람에게 맡기면 그것은 맡긴 자의 손을 떠나 맡은 자의 소관과 책임으로 넘어간다.

마찬가지로 주님께 맡기면 그 문제는 우리의 손을 떠나 주님의 손으로 넘어 가는 것이므로 주님께서 책임져 주셔야 한다.

위 묵상 본문에서는 실제로 주님께서 우리를 돌보실 터이니 맡기라고 하신다.

염려 중 일부만 맡기는 것이 아니고 다 맡기라고 하신다.

맡기고 더 이상 염려하지 말라는 것이다. 주님께 맡긴다고 말하면서도 계속 염려한다면 그것은 덜 맡긴 것이다.

어떻게 맡길 수 있느냐? 당연히 기도로 맡길 수 있다.

성경에는 염려 외에도 주님께 맡기도록 말씀하신 것이 있다.

네 길을, 네 짐을, 너의 행사를, 원수 갚는 것 등이다.

① 네 길을 여호와께 맡기라. 그를 의지하면 그가 이루시고 (시편 37:9).

② 네 짐을 여호와께 맡기라. 그가 너를 붙드시고 의인의 요동함을 영원히 허락하지 아니하시리로다 (시편 55:22).

③ 너의 행사를 여호와께 맡기라. 그리하면 네가 경영하는 것이 이루어지리라 (잠언 16:3).

④ 너희가 친히 원수를 갚지 말고 하나님의 진노하심에 맡기라 (로마서 12:19).

107

손으로 만진 바라

'태초부터 있는 생명의 말씀에 관하여는 우리가 들은 바요 눈으로 본 바요 자세히 보고 우리의 손으로 만진 바라'(요한일서 1:1)

보통 본문의 '말씀'은 예수님의 별명이라고 설명되고 있다. 생명을 주시는 분, 그 자신이 생명의 원천이신 분이라는 뜻이 담겼다.

사도 요한은 예수님이 성육신(成肉身)하신 분임을 강조한다.

초대 기독교에 들어 온 이단 중 영지주의는 헬라 철학의 영향을 받아 영과 정신은 선하고 육과 물질은 악한 것이라는 이원론 사상이었다.

육은 영을 가두어 두는 감옥에 불과하므로 어떻게 하든 육을 통제해야 하고 육적인 것은 막아야한다고 주장했다.

그리하여 선한 예수님의 영이 악한 인간의 육을 입는다는 것은 있을 수 없는 일이며 실제로는 인간의 육신을 입은 것이 아니고 그렇게 보였을 뿐이라고 주장한다.

한마디로 예수님의 성육신(成肉身) 사실을 부인하는 것이다.

만약 예수님의 성육신을 부인하면, 예수님이 동정녀 마리아에게서 태어나신 것, 우리와 똑같이 시험을 받으시다가(히브리서 4:15), 십자가에서 피 흘려 죽으시고 몸이 다시 사신 것을 모두 부인하게 된다.

그래서 사도 요한은 예수님의 실물을 직접 대하였다고 강조한다.

예수님으로부터 직접 들었고, 보았고, 만졌었다고 한 것은 예수님은 분명히 육신을 입고 오셨으며 바로 그 예수를 증언하는 것이라고 서두부터 2중 3중으로 강조하고 있다.

108
도둑같이 이르리니

'그러므로 네가 어떻게 받았으며 어떻게 들었는지 생각하고 지켜 회개하라 만일 일
깨지 아니하면 내가 도둑같이 이르리니 어느 때에 네게 이를는지 네가 알지 못하리라'
(요한계시록 3:3)

본문의 '도둑같이 이르리니'는 예수님께서 아무도 예측하지 못하게 오
신다는 뜻이다.

나는 오래 전 비몽사몽간에 주님이 내 곁을 스쳐 지나가시는 꿈을 꾼 적
이 있다.

어디선가 '주님이 오신다'는 소리가 들리고 이어서 주님인 듯한 어떤 존
재가 내 앞을 지나갔다. 그 표정은 딱딱하게 굳어 있었고 나를 보지도 않고
보려고도 하지 않고 표정 변화도 없고 눈길도 주지 않고 앞만 보면서 지나
갔다. 나는 그 존재물이 석고상처럼 차갑게 느껴졌다.

'도적처럼 오리니…… 도적처럼 오리니……' 동시에 이러한 소리가 들
리거나 느껴졌다.

그리고는 주위는 너무나 너무나 깜깜해 졌다.

그 때 나는 만약 내가 그 당시와 같이 살면 주님으로부터 외면당할 것이니 고치라는 메시지로 받았었다. (2004. 12. 18 묵상)

109

빛나고 깨끗한 세마포 옷

'우리가 즐거워하고 크게 기뻐하며 그에게 영광을 돌리세 어린 양의 혼인 기약이 이르렀고 그의 아내가 자신을 준비하였으므로 그에게 빛나고 깨끗한 세마포 옷을 입도록 허락하셨으니 이 세마포 옷은 성도들의 옳은 행실이라' (요한계시록 19:7, 8절)

(1) 지상교회는 곧잘 예수님의 신부로 묘사된다.

위 묵상 본문의 '어린 양의 혼인'은 예수님과 교회가 만나는 장면을 말하는 것이지 남녀들이 행하는 통속의 결혼식을 의미하는 것은 아니다.

(2) '그의 아내가 자신을 준비'하였다고 하는데 자신을 어떻게 준비하였다는 것일까?

유대인의 결혼 풍습으로는 신랑과 신부가 정혼(定婚)하면 신랑은 자기의 집으로 돌아가 신부와 거처할 집을 마련하고 그 준비가 끝나면 다시 신부의 집으로 와서 신부를 데리고 가서 결혼식을 하게 된다.

정혼 기간은 보통 1년 정도이며 그 동안은 동거를 할 수 없다.

그 기간 동안 신부는 순결, 정절을 지키며 다시 올 신랑을 기다린다. 그것이 지켜지지 않으면 결혼식을 할 수가 없다.

본문에서 '그의 아내가 자신을 준비'하였다는 것은 신부(→ 교회)가 신랑 예수님을 위하여 순결, 정절을 지켜 왔다는 것이다.

그래서 드디어 신부로 하여금 '빛나고 깨끗한 세마포' 결혼 예복을 입도록 허락되었는데 그 예복은 '성도들의 옳은 행실'을 상징한다.

(3) '성도들의 옳은 행실'의 의미에 대하여는, 대체로 두 견해가 괄목할 만하다.

(가) 그리스도로 말미암아 성도들이 누리는 의라는 견해(성서원성경의 주석 란)

(나) 구원 시 신자에게 전가되는 그리스도의 의(義)가 아니라 그 의가 신자의 생활에서 만들어 내는 실천적 결과, 곧 내적인 미덕이 외적으로 드러나는 것이다라는 견해(맥아더 성경 주석).

이 견해는 결국 행위까지도 보게 된다는 의미 또는 자기 스스로의 의도 포함된다는 의미로 여겨진다.

고대 근동의 왕실이나 부자 집에서 혼인 잔치에 손님을 초대할 때에는 혼주가 예복을 준비하여 손님들에게 보냈다. 그러므로 손님은 주인이 제공하는 예복을 반드시 입고 와야 하며 만약 예복을 입지 않은 채 잔치에 참여할 경우에는 잔치자리에서 쫓겨나게 된다.

위 묵상 본문의 빛나고 깨끗한 세마포 옷은 신부가 입는 예복이지 손님 용은 물론 아니다.

그렇다고 하더라도 손님의 경우와 마찬가지로 신부에게도 혼주이신 하나님께서 제공하신다고 봄이 옳다.

신부 스스로가 마련하는 것이 아니라는 뜻이다.

우리 성경에는 세마포 옷을 '입도록 허락하셨다'고 하였으나 영어 성경에는 더 명확히 '입도록 주어졌다'(was given her to wear)고 되어 있다.

은혜로 거저 주신 것이다.

이 세마포 옷은 하나님의 거룩한 백성들의 옳은 행실을 상징한다.

빛나고 깨끗한 세마포 옷 = 성도들의 옳은 행실이다.

옳은 행실(righteous acts)은 의롭다는 뜻이다.

즉 성도들의 의로움 때문에 하나님께서 교회에게 세마포 예복을 주셨는데 성도들은 그 자신의 행실로는 의로워 질 수가 없고 오직 예수님의 보혈로 인한 의(義)를 입어 의로워 지는 것이므로 본문의 옳은 행실은 결국 성도 자신의 의가 아니라 어린 양의 피에 그 옷을 씻어 희게 된(계 7:14) 의(義) 즉 그리스도의 의를 보시는 것이다.

결국 성도에게 전가된 그리스도의 의에 의하여 빛나고 깨끗한 세마포 옷을 하나님께서 주시는 것이다.

덧붙여 요한계시록 19:9에는 '어린 양의 혼인 잔치에 청함을 받은 자들은 복이 있도다'라고 한다.

이들은 신부(교회)가 아니라 손님이다. 손님은 오순절 전에 구원받은 사람들 즉 교회의 탄생(사도행전 2:1이하) 이전에 믿음을 통해 은혜로 구원받은 모든 신실한 신자이다(맥아더 성경주석 1667 쪽).

110
알파와 오메가

'나는 알파와 오메가요 처음과 마지막이요 시작과 마침이라' (요한계시록 22:13)

요한계시록 22:11~14의 말씀은 각 절마다 따로따로 하시는 말씀이 아
니고 한 덩어리로 묶어진 말씀이다. 연결해보면 다음과 같이 풀이된다.

— 불의를 행하는 자는 그대로 불의를 행하고 더러운 자는 그대로 더럽고
의로운 자는 그대로 의를 행하고 거룩한 자는 그대로 거룩하게 하라 (11절).
내가 속히 와서 각 사람이 행한 불의, 더러움, 의로움, 거룩함에 따라 갚아
주겠다 (12절). 반드시 그렇게 하겠다. 나는 알파와 오메가, 처음과 마지막, 시
작과 마침이니 내가 시작한 일은 반드시 끝을 내고야 말기 때문이다 (13절).

자기 두루마리를 빠는 자는 구원을 받아 성에 들어갈 것이요 (14절) 행악
자들은 다 성 밖에 있을 것이다 (15절).

그러므로 구원 받고자 하는 자는 자기의 불의와 더러움 등 행위를 씻어
야 한다. —

'알파와 오메가요 처음과 마지막이요 시작과 마침이라' (계 22:13)는 말씀
은 모든 것을 하나님이 주관하신다는 말씀이다.

세상의 창조부터 심판까지, 모든 생명의 출생부터 사망에 이르기까지, 만물이 생길 때부터 소멸할 때까지, 만물과 만사의 모든 역사까지 그 전부가 하나님의 통치 아래 있다는 말씀이다.

동시에 그 말씀은, 하나님이 시작하신 일은 하나님이 끝까지 완성하신다는 뜻이기도 하다.

그렇다면 우리의 구원도 하나님이 예정하시고 선택하신 일일진대 하나님의 열심과 고집으로 끝내 완성하시고야 만다.

'너희 안에서 착한 일(→ 구원받게 하시는 하나님의 역사)을 시작하신 이가 그리스도 예수의 날까지 이루실 줄을 우리는 확신하노라'(빌립보서 1:6). '주께서 너희를 우리 주 예수 그리스도의 날에 책망할 것이 없는 자로 끝까지 견고하게 하시리라'(고린도전서 1:8).

요한계시록 22:14에는 자기 두루마리를 빠는 자들 즉 회개함으로 어린 양의 피로 깨끗함을 입어 구원 받은 자들이 받는 복을 두 가지로 제시한다.

① 그 하나는 그들이 생명나무에 나간다고 하였다.

생명나무는 요한계시록 22:2에 나오는 생명나무이다. 생명수 강이 하나님과 및 어린 양의 보좌로부터 나와서 새 예루살렘 성의 길 가운데로 흐르는데 그 생명수 강 좌우에 생명나무가 있어 달마다(즉 일 년 내내 항상) 12가지 열매를 맺고 그 나무 잎사귀들이 만국을 치료하기 위하여 있다는 그 생명나무이다.

② 그리고 둘째 복은, '문들을 통하여 성에 들어갈 권세'를 받는다는 것이다.

이 성은 요한계시록 21:9 이하에 소개되는 '하나님께로부터 하늘에서 내려오는 거룩한 성 예루살렘' 즉 새 예루살렘이다.

두루마리를 빨지 않는 자들은 '다 성 밖에 있으리라'(계 21:15)

알파와 오메가라는 말씀은 요한계시록에 반복하여(1:17, 2:8, 21:6, 22:13) 말씀하시지만 계시록에서 처음으로 하시는 말씀은 아니다.

그 보다 훨씬 이전에 기록된 이사야서에 이미 '나는 처음이요 나는 마지막이라 나 외에 다른 신이 없느니라'(사 44:6), '나는 그니 처음이요 또 나는 마지막이라'(사 48:12)고 하셨다. (2019. 10. 14. 묵상)